AUTOTUTELA EXECUTIVA

EXECUÇÃO EXTRAJUDICIAL POSITIVADA

O GEN | Grupo Editorial Nacional – maior plataforma editorial brasileira no segmento científico, técnico e profissional – publica conteúdos nas áreas de concursos, ciências jurídicas, humanas, exatas, da saúde e sociais aplicadas, além de prover serviços direcionados à educação continuada.

As editoras que integram o GEN, das mais respeitadas no mercado editorial, construíram catálogos inigualáveis, com obras decisivas para a formação acadêmica e o aperfeiçoamento de várias gerações de profissionais e estudantes, tendo se tornado sinônimo de qualidade e seriedade.

A missão do GEN e dos núcleos de conteúdo que o compõem é prover a melhor informação científica e distribuí-la de maneira flexível e conveniente, a preços justos, gerando benefícios e servindo a autores, docentes, livreiros, funcionários, colaboradores e acionistas.

Nosso comportamento ético incondicional e nossa responsabilidade social e ambiental são reforçados pela natureza educacional de nossa atividade e dão sustentabilidade ao crescimento contínuo e à rentabilidade do grupo.

Humberto Theodoro Júnior
Érico Andrade

AUTOTUTELA EXECUTIVA

EXECUÇÃO EXTRAJUDICIAL POSITIVADA

■ Os autores deste livro e a editora empenharam seus melhores esforços para assegurar que as informações e os procedimentos apresentados no texto estejam em acordo com os padrões aceitos à época da publicação, e todos os dados foram atualizados pelos autores até a data de fechamento do livro. Entretanto, tendo em conta a evolução das ciências, as atualizações legislativas, as mudanças regulamentares governamentais e o constante fluxo de novas informações sobre os temas que constam do livro, recomendamos enfaticamente que os leitores consultem sempre outras fontes fidedignas, de modo a se certificarem de que as informações contidas no texto estão corretas e de que não houve alterações nas recomendações ou na legislação regulamentadora.

■ Fechamento desta edição: *16.08.2023*

■ Os Autores e a editora se empenharam para citar adequadamente e dar o devido crédito a todos os detentores de direitos autorais de qualquer material utilizado neste livro, dispondo-se a possíveis acertos posteriores caso, inadvertida e involuntariamente, a identificação de algum deles tenha sido omitida.

■ **Atendimento ao cliente: (11) 5080-0751 | faleconosco@grupogen.com.br**

■ Direitos exclusivos para a língua portuguesa
Copyright © 2024 *by*
Editora Forense Ltda.
Uma editora integrante do GEN | Grupo Editorial Nacional
Travessa do Ouvidor, 11 – Térreo e 6º andar
Rio de Janeiro – RJ – 20040-040
www.grupogen.com.br

■ Reservados todos os direitos. É proibida a duplicação ou reprodução deste volume, no todo ou em parte, em quaisquer formas ou por quaisquer meios (eletrônico, mecânico, gravação, fotocópia, distribuição pela Internet ou outros), sem permissão, por escrito, da Editora Forense Ltda.

■ Capa: Fabricio Vale

■ **CIP – BRASIL. CATALOGAÇÃO NA FONTE.
SINDICATO NACIONAL DOS EDITORES DE LIVROS, RJ.**

T355a

    Theodoro Júnior, Humberto
      Autotutela executiva : execução extrajudicial positivada / Humberto Theodoro Júnior, Érico Andrade. - 1. ed. - Rio de Janeiro : Forense, 2024.
      176 p. ; 24 cm.

      Inclui bibliografia
      ISBN 978-65-5964-886-3

      1. Autotutela executiva - Brasil. 2. Execuções (Direito) - Brasil. 3. Dívidas - Renegociação - Brasil. 4. Devedores e credores - Brasil. I. Andrade, Érico. II. Título.

23-85609   CDU: 34:(336.2:330.567.22)(81)

Gabriela Faray Ferreira Lopes - Bibliotecária - CRB-7/6643

SOBRE OS AUTORES

Humberto Theodoro Júnior

Professor Titular Emérito da Faculdade de Direito da UFMG. Doutor em direito. Desembargador aposentado do TJMG. Advogado. Parecerista. E-mail: htj@htj.adv.br.

Érico Andrade

Professor Adjunto de Processo Civil da Faculdade de Direito da UFMG. Professor Visitante *Università degli Studi di Trento* – 2022. Pós-doutorado *Università degli Studi di Milano* – 2019/2020. Doutor em Direito Processual Civil pela UFMG/*Università degli Studi di Milano*. Advogado. E-mail: ericoandrade@ufmg.br.

APRESENTAÇÃO

O cenário das garantias no direito brasileiro encontra-se, atualmente, em plena efervescência, por exemplo, com a apresentação de projeto de lei no Congresso Nacional para revisitar o tema no Código Civil e especialmente na Lei 9.514/1997 (PL 4.188-A/2021, aprovado na Câmara dos Deputados em 1º de junho de 2022, aprovado no Senado Federal em 5 de julho de 2023 e remetido novamente para a Câmara dos Deputados em 12 de julho de 2023); e a apresentação em 2021, pelo Governo Federal, por meio da Secretaria de Acompanhamento Econômico – SEAE do Ministério da Economia, de "Anteprojeto de Lei de Reforma das Garantias Reais", elaborado por grupo de estudos temáticos para propor ampla reforma do regime de garantias de crédito no país, submetido a consulta pública no período de 9 de agosto a 9 de setembro de 2021 (Consulta Pública SEAE 03/2021).

Busca-se, assim, colocar o direito brasileiro em linha com as reformas mais recentes havidas no cenário internacional, como ocorreu no direito francês, em 2006, e no direito italiano, nos anos de 2015 e 2016, com interessante reformulação dos mecanismos de garantia, não só para rever aqueles tradicionais, mas para criar novos, como generalização do penhor não possessório, hipotecas recarregáveis, admissão do pacto marciano como corretivo adequado para a vedação do pacto comissório, bem como admitindo, em linha geral, o mecanismo da autotutela executiva, para permitir, na via extrajudicial, a satisfação do direito de crédito do credor.

Todas essas discussões, internas e no direito comparado, incentivaram os autores a empreender este estudo, ainda que panorâmico, na tentativa de organizar os temas juridicamente e participar e contribuir para o debate atual, ora em curso no direito brasileiro, com o olhar mais voltado para prática negocial, na tentativa de aproximar mais o direito contratual das práticas de mercado.

A doutrina estrangeira citada não foi inserida no corpo do texto, mas apresentada em notas de rodapé, nas quais se manteve o texto na língua estrangeira originária, sem tradução, e em linha com a ideia de apresentar contribuições ao relevante e atual tema das garantias e suas formas de excussão extrajudicial foram apresentadas, ao final dos capítulos, breves indicações conclusivas.

Os Autores

SUMÁRIO

Capítulo 1 – A AUTONOMIA PRIVADA E SUA INCIDÊNCIA NA VIDA DAS OBRIGAÇÕES... 5

1.1. A autonomia privada: linhas gerais... 5

1.2. As diversas fases da vida das obrigações e o impacto da autonomia privada.. 10

1.3. Conclusões parciais.. 13

Capítulo 2 – DA VEDAÇÃO AO PACTO COMISSÓRIO À LICITUDE DO PACTO MARCIANO: CENÁRIOS DE DIREITO COMPARADO...................... 17

2.1. O pacto comissório e o pacto marciano no direito comparado: do direito romano às codificações modernas.. 17

2.2. A diretiva europeia de 2002 e seu acolhimento pelo direito italiano.............. 21

2.3. A reforma do direito francês das garantias..................................... 24

2.4. Atualização jurisprudencial mais recente na Itália em torno do pacto comissório e do pacto marciano... 31

2.5. O cenário atual do direito italiano com as atualizações legislativas de 2015 e 2016: a admissão legislativa do pacto marciano na legislação bancária...... 37

    2.5.1. O pacto marciano do novo art. 48-bis T.U.B. para garantia de financiamento a empresas... 41

    2.5.2. O pacto marciano do novo art. 120-quinquiesdecies T.U.B. para garantia de financiamento ao consumidor................................. 45

    2.5.3. O pacto marciano no novo penhor "não possessório"............... 48

2.6. Cenários atuais da vedação do pacto comissório × licitude estrutural e funcional do pacto marciano no direito comparado....................... 51

2.7. Conclusões parciais.. 66

Capítulo 3 – O PACTO COMISSÓRIO E O PACTO MARCIANO NO DIREITO BRASILEIRO.. 73

3.1. Introdução.. 73

3.2. Breve apanhado histórico de mecanismos que permitiam ao credor a autossatisfação do crédito no direito brasileiro............................... 73

3.3. A legislação especial de alienação fiduciária e os mecanismos de tipo marciano para autossatisfação do crédito pelo credor 75

3.4. Mecanismos atuais de autossatisfação do crédito no Código Civil de 2002 .. 80

3.5. O pacto comissório e o pacto marciano no direito brasileiro atual 81

3.6. Correção dos excessos do pacto comissório por obra do pacto marciano 84

3.7. A presença do pacto marciano na jurisprudência brasileira 87

3.8. Presença da sistemática marciana dentro do procedimento judicial da execução 90

3.9. Acolhida do pacto marciano pela doutrina, em nome da atual valorização da autonomia privada 90

3.10. Conclusões parciais 93

Capítulo 4 – A AUTOTUTELA EXECUTIVA NO DIREITO COMPARADO E NO DIREITO BRASILEIRO 97

4.1. Contextualização da "desjudicialização" no âmbito do direito brasileiro 97

4.2. O negócio processual e outras formas de atuação da autonomia privada para tutela dos direitos 101

4.2.1. O negócio processual no direito brasileiro 101

4.2.2. A autossatisfação executiva e o pactum de *non exequendo* 103

4.2.3. Legitimidade da criação negocial de procedimentos executivos especiais judiciais ou extrajudiciais 104

4.2.4. A perícia contratual do direito italiano 105

4.2.5. A perícia contratual e os negócios processuais no direito brasileiro 106

4.3. A autotutela executiva nos direitos italiano e brasileiro 107

4.3.1. A autotutela executiva na atualidade 110

4.3.2. A autotutela moderna e a repulsa à autotutela primitiva baseada na força do próprio credor 114

4.3.3. O papel importante do pacto marciano na moderna autotutela executiva 116

4.3.4. Reflexos benéficos do pacto marciano para o credor e para o devedor 119

4.3.5. O pacto marciano e a política legislativa brasileira de valorização da autonomia privada 122

4.3.6. A preservação do veto ao pacto comissório no direito brasileiro ... 123

4.4. Conclusões parciais 123

Capítulo 5 – O PACTO MARCIANO E A AUTOTUTELA EXECUTIVA NO DIREITO BRASILEIRO: PERSPECTIVAS ATUAIS E FUTURAS...... 129

5.1 Introdução.. 129

5.2. O pacto marciano e a autotutela executiva no direito brasileiro vigente (*de lege lata*).. 131

5.3 O pacto marciano e a autotutela executiva no direito brasileiro em perspectiva futura (*de lege ferenda*)... 137

CONCLUSÕES 149

BIBLIOGRAFIA... 155

INTRODUÇÃO

A economia de mercado, implantada pela civilização de maneira irreversível, à base do dinamismo da circulação das riquezas, passou a exigir da ordem jurídica estruturas normativas negociais que incrementassem não só a segurança jurídica, mas a liquidez das operações mercadológicas. É nesse terreno que o direito mercantil engendrou os títulos de crédito, liberando a respectiva cobrança dos entraves do processo de conhecimento e, mais modernamente, se tem concentrado na criação de novas garantias reais, cuja execução no caso de inadimplemento, passa a ser realizada diretamente pelo credor, fora da estrutura burocrática e pouco eficiente da execução judicial.

Atualmente, defende-se, inclusive, que o contrato e a teoria contratual devem considerar como contexto o mercado, até porque as trocas contratuais ocorrem no ambiente do mercado, de modo que o direito contratual tem importância menor fora de tal ambiente,[1] já que as práticas de mercado ganham importância e devem passar a integrar o contexto contratual e obrigacional que pauta a atuação das partes.[2]

A partir dessa contextualização mais ampla do mercado e do direito contratual, o tema ora proposto envolve interessante ligação ou interseção entre o direito privado e o direito processual, no que tange a instituição de mecanismos ou remédios negociais para atuação do direito obrigacional, permitindo que o credor realize diretamente a execução do seu crédito, sem passar pela execução forçada judicial.[3]

Surgem novas análises em relação ao antigo mecanismo de realização de responsabilidade patrimonial do devedor e atuação do crédito do credor diretamente, por meio de previsão negocial que não esbarra no tradicional obstáculo da vedação do pacto comissório[4] – cuja

---

[1]   CANTALI, Rodrigo Ustárroz. Da teoria contratual clássica à sua reformulação: o mercado como contexto do contrato. *Revista dos Tribunais*, São Paulo, v. 1047, p. 37-59, jan. 2023.

[2]   CANTALI, Rodrigo Ustárroz. Da teoria contratual clássica à sua reformulação: o mercado como contexto do contrato. *Revista dos Tribunais*, São Paulo, v. 1047, p. 49, jan. 2023: "Por isso, o Direito Contratual deve conter um conjunto de conceitos jurídicos empregados simultaneamente na análise das operações de mercado para, então, regular a conduta das partes; deve focar nas práticas de mercado, determinando assim qual o momento de ingresso em relações e quando surgem obrigações referentes a um comportamento futuro a ser adotado pelas partes".

[3]   Lembrando que, modernamente, como destaca PERLINGIERI. Pietro. Il "giusto remedio" nel diritto civile. *Il Giusto Processo Civile*. Napoli: Edizioni Scientifiche Italiane, anno VI, n. 1, p. 6, 2011, os remédios ou mecanismos para tutela dos direitos podem ser tanto judiciais como extrajudiciais: "La questione presuppone che ci si intenda sulla nozione di rimedio. L'eccezione di compensazione e l'eccezione di prescrizione, se sollevate in sede stragiudiziale, sono rimedi oppure non? Se – come sembra preferibile – la risposta è affermativa, perde di veridicità l'equazione rimedio-strumento di attuazione di interesse giustiziabili".

[4]   LEPORE, Andrea. *Autotutela e autonomia negoziale*. Napoli: Edizioni Scientifiche Italiane, 2019, p. 132: "Rivolgendo, infatti, la nostra attenzione verso le forme de autotutela convenzionale ed esecutiva, che rappresentano oggi il campo nel quale è più vivace il dibattito in merito alla possibilità di superare la prospettiva di eccezionalità di simili meccanismi, è inevitabile imbattersi nella valutazione di una norma

vedação opera reconhecida *vis attractiva* que impede o desenvolvimento de outras formas de solução das obrigações[5] – como é o caso do pacto marciano[6] – figura ainda pouco explorada, que ressurge hoje com grande força, derivada de nova interpretação e releitura da vedação do pacto comissório,[7] temática, que, aliás, como se verá adiante, se coloca como "elemento-chave" na matéria[8] –, que se apresenta como campo fértil para desenvolvimento de novo remédio para tutela do crédito, de matriz negocial, que vem sendo chamado de "autotutela executiva".[9]

A crise que nas últimas décadas tem investido as garantias reais, com o aumento do uso das garantias pessoais, tem levado o direito, diante das novas exigências de mercado globalizado, a retomar a discussão da vedação do pacto comissório,[10] razão pela qual surge o atual debate sobre a inidoneidade das formas típicas de garantias reais, para fazer face às necessidades do mercado de concessão de crédito e financiamento,[11] ao lado da ineficiência do próprio sistema de justiça estatal para atuar tempestiva e eficientemente os direitos de crédito no âmbito da execução judicial.[12] Tal cenário permitiu que as legislações de diversos países admitissem

---

    che prima tra tutte potrebbe costituire un ostacolo a tale espansione: il divieto del patto commissorio (art. 2744 c.c.)".

[5]   DE MENECH, Carlotta. Il patto marciano e gli incerti confini del divieto di patto commissorio. *I Contratti*. Milano: IPSOA-Wolters Kluwer, n. 8-9, p. 823 e ss., 2015: "Il divieto del patto commissorio ha rivelato una particolare vis attrattiva, sì da divenire punto di riferimento privilegiato nella valutazione dell'ammissibilità delle garanzie reali atipiche via via elaborate dall'esperienza negoziale".

[6]   FOLLIERI, Luigi. Il patto marciano tra diritto "comune" e "speciale". *La Nuova Giurisprudenza Civile*. Padova: Cedam-WKI, n. 12, p. 1857 e ss., 2018: "È in questo senso significativo osservare che il patto marciano è sempre stato letto alla luce del divieto del patto commissorio e tralatiziamente annoverato fra quegli strumenti che non ricadono nell'ambito di tale divieto, specie in ragione del fondamento classico che giustifica la nullità delle convenzioni commissorie".

[7]   DOLMETTA, Aldo Angelo. La ricerca del "marciano utile". *Rivista di Diritto Civile*. Padova: Cedam: Wolters Kluwer, anno LXIII, n. 4, p. 811 e ss., 2017: "Sembra tempo, in effetti, di aprire, di svolgere un dibattito sul patto marciano. Che è sempre stato poco esplorato, già lo si è detto: al di là della notazione tanto tradizionale, quanto in fondo fumosa, che questo patto ben può rivelarsi utile – se costruito in termini opportuni – a superare lo scoglio rappresentato da quello commissorio".

[8]   CIPRIANI, Nicola. *Patto commissorio e patto marciano*. Napoli: Edizioni Scientifiche Italiane, 2000, p. 25.

[9]   LEPORE, Andrea. *Autotutela e autonomia negoziale*. Napoli: Edizioni Scientifiche Italiane, 2019, p. 132, destaca que "è possibile ammettere anche forme negoziali di autotutela tipiche o atipiche nella fase esecutiva del rapporto, di là dello stretto dato normativo".

[10]   BRIANDA, Giovanni. Le prospettive del divieto del patto commissorio tra normativa comunitaria, *lex mercatoria* e tradizione. *Contratto e impresa*. Milano: Cedam: Wolters Kluwer, n. 3, p. 830, 2016: "La crisi che negli ultimi decenni ha investito il sistema delle garanzie reali, soprattutto mobiliari, con il conseguente sviluppo ipertrofico che, almeno in Italia, ha avuto quello delle garanzie personali, ha obbligato l'interprete a prendere coscienza di una nuova crisi del diritto, incapace di farsi carico all'interno di un mercato globalizzato delle nuove esigenze dei mercati".

[11]   DE MENECH, Carlotta. Il patto marciano e gli incerti confini del divieto di patto commissorio. *I Contratti*. Milano: IPSOA-Wolters Kluwer, n. 8-9, p. 823 e ss., 2015: "La lamentata inidoneità strutturale delle forme nominate di garanzia reale e la nota inefficienza delle modalità legali di attuazione della responsabilità patrimoniale sono foriere di inconvenienti che si riverberano sul sistema creditizio. Crescente difficoltà di accesso al credito per l'impresa e per i privati; costante discriminazione tra debitori forti e debitori deboli in ordine alle condizioni del finanziamento; progressiva diminuzione della concorrenza tra istituti di credito a vantaggio di quelli economicamente più forti e, perciò, in grado di svolgere approfondite indagini sulla solvibilità del debitore, con conseguente ulteriore riduzione del numero dei prestiti ed incremento dei relativi costi: sono questi soltanto alcuni tra i molteplici effetti negativi di un apparato legale di garanzie ad efficacia reale complessivamente inadeguato".

[12]   D'AMICO, Giovanni. La resistibile ascesa del patto marciano. In: D'AMICO, Giovanni; PAGLIANTINI, Stefano; PIRAINO, Fabrizio; RUMI, Tiziana. *I nuovi marciani*. Torino: G. Giappichelli Editore, 2017,

novas formas de garantias e de realização de créditos, como aquelas do pacto marciano e da autotutela executiva.[13] O debate se apresenta com evidente interesse multidisciplinar, pois perpassam, por exemplo, o direito civil, o direito comercial e o direito processual civil.[14]

A discussão em torno das novas ferramentas para realização dos créditos no ambiente obrigacional, propício à atuação da autonomia privada, traz, processualmente, interessante perspectiva de atuação da autotutela executiva, ajustada negocialmente entre credor e devedor, que, no caso de inadimplemento, vai permitir a satisfação direta do crédito pelo credor.

Nesse sentido, a junção dessa possibilidade negocial de autossatisfação dos créditos no campo obrigacional com o surgimento de técnicas enquadráveis, no que tem sido chamado de "autotutela executiva", traz à tona novo e interessante campo de estudo, para promover a atuação integrada destes dois cenários – o obrigacional e o processual –, objeto de estudos mais recentes na doutrina estrangeira.[15]

A ideia, não obstante a complexidade do tema,[16] é desenvolver o trabalho a partir da base da autonomia privada com sua linha de atuação nas diversas fases da vida das obrigações (Capítulo 1), passando, na sequência, para análise da atuação da autonomia privada no campo da realização/efetivação das obrigações, mediante atuação do pacto marciano, analisado em seus contornos mais atuais no cenário comparado (direitos italiano e francês) e, especialmente, sua concatenação com a vedação do pacto comissório (Capítulo 2); passa-se, depois, para análise dos pactos comissório e marciano no direito brasileiro (Capítulo 3); desaguando, em seguida, no tratamento da autotutela executiva como mecanismo de realização de crédito diretamente pelo credor, sem necessidade de intervenção judicial, permeando os estudos neste campo também pela análise comparativa, especialmente com o direito italiano (Capítulo 4); e, finalmente, para tentar traçar os possíveis rumos do pacto marciano e da autotutela executiva no direito brasileiro (Capítulo 5).

---

p. 9: "Sotto questo profilo l'esplicito riconoscimento (da parte del legislatore) della validità del patto marciano si collega strettamente all'esigenza di porre un rimedio alla vera e propria 'crisi' delle procedure esecutive pubbliche, rivelatasi sempre più inefficienti sia per i tempi eccessivi del loro svolgimento, sia per i deludenti risultati in termini di realizzazione del valore dei beni sottoposti ad esecuzione coattiva".

[13]   LUMINOSO, Angelo. *Patto commissorio, patto marciano e nuovi strumenti di autotutela esecutiva.* *Rivista di Diritto Civile.* Padova: Cedam/Wolters Kluwer, anno LXIII, n. 1, p. 21, 2017: "Le considerazione appena svolte mostrano che, nella attuale realtà processuale – di fronte ai moderni risultati ottenuti, quanto alla riduzione dei tempi del processo esecutivo, mediante le numerose riforme approvate negli ultimi tempi –, un efficace antidoto rispetto alla lentezza delle procedure di espropriazione forzata potrebbe essere rappresentato dall'impiego diffuso di strumenti di autotutela esecutiva, sia nella forma dell'autodifesa satisfattoria consensuale' sia in quella della 'esecuzione forzata in autotutela'".

[14]   MURINO, Filippo. *L'autotutela nell'escussione della garanzia finanziaria pignoratizia.* Milano: Giuffrè Editore, 2010, p. 1, destaca que os contratos de garantia bancária e financeira instituídos no direito europeu a partir da Diretiva 47/2002 da Comunidade Europeia se encontram "al crocevia di più discipline", pois "la materia in passato ha interessato non solo la dottrina civilistica ma anche quella commercialistica e processualistica, pur registrandosi una maggiore propensione della seconda e verso forme semplificate di autotutela".

[15]   FOLLIERI, Luigi. *Esecuzione forzata e autonomia privata.* Torino: G. Giappichelli Editore, 2016, p. 3-4, destaca que, em tal ambiente, são questões importantes a serem analisadas "il ruolo dell'autonomia privata rispetto all'inattuazione del rapporto obbligatorio ed all'operatività delle regole legali di tutela coattiva del credito".

[16]   A mesma advertência sobre a complexidade do tema é encontrada em CIPRIANI, Nicola. *Patto commissorio e patto marciano.* Napoli: Edizioni Scientifiche Italiane, 2000, p. 29.

Capítulo 1

A AUTONOMIA PRIVADA E SUA INCIDÊNCIA NA VIDA DAS OBRIGAÇÕES

Sumário: 1.1. A autonomia privada: linhas gerais – 1.2. As diversas fases da vida das obrigações e o impacto da autonomia privada – 1.3. Conclusões parciais.

1.1. A AUTONOMIA PRIVADA: LINHAS GERAIS

Todo o estudo de mecanismos que podem ser enquadrados no ambiente da autotutela executiva – que, como se verá adiante, permite ao credor a realização direta do seu direito de crédito, sem necessidade de intermediação judicial, promovendo uma espécie de autossatisfação do direito de crédito – parte da perspectiva da construção negocial de tal solução, por meio da autonomia privada.

Noutras palavras, a autonomia privada pode não só criar o regulamento dos interesses das partes, mas também regular a forma de atuação de tais interesses, optando, inclusive, por mecanismos extrajudiciais, entre os quais se pode alocar a autotutela executiva[1] que, por isso, se insere no contexto de realização dos direitos sem intermediação judicial.

Assim, os privados podem escolher, com base na sua autonomia, na esteira do que já ocorre, por exemplo, com a arbitragem, a mediação e a conciliação extrajudiciais, formas de tutela dos direitos admissíveis fora da jurisdição estatal,[2] perspectiva com a qual o direito brasileiro se alinha plenamente, como se extrai das normas fundamentais inseridas no art. 3º, §§ 1º a 3º, do CPC, que admite a quebra do "monopólio" da jurisdição para solucionar as crises jurídicas.[3]

---

[1] LEPORE, Andrea. *Autotutela e autonomia negoziale*. Napoli: Edizioni Scientifiche Italiane, 2019, p. 38: "l'autonomia negoziale crea un regolamento di interessi, l'autotutela difende gli interessi dedotti nel regolamento. Ciononostante le due figure hanno un comun denominatore: la libertà del privato. La libertà del privato di regolare i propri interessi nel modo migliore possibile, la libertà del privato di difendere tali interessi mediante strumenti giuridici funzionali a tale scopo. Entrambe, l'autonomia negoziale e l'autotutela, hanno tuttavia, senza dubbio, medesimo limite: il rispetto dei principi dell'ordinamento".

[2] LEPORE, Andrea. *Autotutela e autonomia negoziale*. Napoli: Edizioni Scientifiche Italiane, 2019, p. 38-39: "Sono numerosi gli strumenti concessi ai privati – l'arbitrato, ma si pensi anche alle ADR – che a livello nazionale e internazionale oramai ammettono di derogare alla centralizzazione delle forme di tutela. Il vero limite è nel rispetto dei principi costituzionale dell'ordinamento, gerarchicamente sovraordinati all'art. 2907 c.c. Sì che, come recita l'art. 24 cost., 'tutti possono agire in giudizio per la tutela dei propri diritti e interessi legittimi', e in questo senso le forme di autotutela (legali o convenzionali, tipiche o atipiche che siano) non derogano nella maniera più assoluta a tale principio, ma ammettono delle alternative le quali, se dovessero operativamente mostrarsi nel caso concreto, non adeguate, potranno essere impugnate dalla parte lesa davanti all'autorità giudiziaria competente, nel pieno rispetto del dettato costituzionale".

[3] Como leciona PICARDI, Nicola. *La giurisdizione all'alba del terzo millennio*. Milano: Giuffrè Editore, 2007, p. 181, "in definitiva, il principio del monopolio statuale della giurisdizione si è vistosamente sgre-

Os cenários de tutela dos direitos privados engendrados pela autonomia negocial das partes passam a integrar e compor o rico mosaico atual da tutela dos direitos, em que se combinam meios extrajudiciais com a própria atuação jurisdicional, sendo certo que, como destaca a doutrina, tais meios extrajudiciais de solução de conflitos não traduzem uma espécie de "privatização" da justiça e da solução dos conflitos jurídicos, mas sim como mecanismos não jurisdicionais de solução de conflitos que se colocam ao lado da justiça estatal e se coordenam com esta para apoiar a resolução de controvérsias.[4]

Certo que tal cenário não afasta a sempre presente possibilidade de acesso à tutela jurisdicional, que tem importante papel de garantia para coibir eventuais inadequações e abusos na utilização dos remédios para atuação dos direitos fora da jurisdição estatal,[5] resguardando, assim, o princípio constitucional do acesso à justiça.

Dessa forma, como passo inicial para o desenvolvimento do trabalho, importa destacar, ainda que brevemente, o contexto de atuação das partes no âmbito contratual, permeada pela autonomia privada.

---

tolato: la giurisdizion0e non è più esclusiva funzione dello Stato; gli organi cui sono affidate le funzioni giurisdizionale non sono sempre organi dello Stato". Cf., ainda, sobre a quebra do monopólio estatal do serviço justiça, PUNZI, Carmine. Dalla crisi del monopolio statale della giurisdizione al superamento dell'alternativa contrattualità-giurisdizionalità dell'arbitrato. *Rivista di Diritto Processuale*, Padova: Cedam, anno LXIX, n. 1, p. 19, 2014: "Appare, dunque, pienamente giustificata la profonda revisione operata dalla dottrina contemporanea dell'assioma della giurisdizione quale attribuzione esclusiva della sovranità e la conclusione che il monopolio statale della giurisdizione si è andato vistosamente sgretolando". No direito brasileiro, cf. THEODORO JÚNIOR, Humberto; ANDRADE, Érico. Impactos da Constituição Federal na evolução do processo civil. In: MORAES, Guilherme Peña de (Org.). *30 Anos da Constituição Federal e o direito brasileiro*. Rio de Janeiro: Forense, 2018, p. 334-336.

[4] ANDREWS, Neil. La "doppia elica" della giustizia civile: i legami tra metodi privati e pubblici di risoluzione delle controversie. *Rivista Trimestrale di Diritto e Procedura Civile*. Milano: Giuffrè editore, v. LXIV, p. 529, 2010: "Questo saggio esamina il rapporto tra giustizia c.d. alternativa e processo civile tradizionale. La scelta del titolo e, in particolare, il riferimento alla 'doppia elica' si giustificano considerando che il processo e i metodi alternativi (mediazione, arbitrato e così via) sono complementari e si intrecciano tra di loro. Questa considerazione vale certamente per l'Inghilterra. Insieme, giustizia formale e ADR hanno una forza notevole. Per mantenere vitale la giustizia civile, in Europa come dovunque, è necessario che gli operatori del diritto ed i legislatori consolidino e raffinino le due parti della 'doppia elica'". No mesmo sentido, cf. COSTANTINO, George. La istituzione dell'"arbitrato bancario finanziario". In: FERRUCCIO, Auletta; CALIFANO, Gian Paolo; DELLA PIETRA, Giuseppe; RASCIO, Nicola (a cura di). *Sull'arbitrato – Studi offerti a Giovanni Verde*. Napoli: Jovene Editore, 2010, p. 299: "Come, in altre sedi, si è ripetutamente posto in evidenza, gli strumenti alternativi di composizione delle controversie (Adr), quale che ne sia la forma, sono destinati ad affiancarsi, non a sostituire la tutela giudiziale". Especificamente em relação à autotutela executiva, LEPORE, Andrea. *Autotutela e autonomia negoziale*. Napoli: Edizioni Scientifiche Italiane, 2019, p. 43, leciona que a autotutela "come notavano alcuni, 'non è alternativa alla tutela statale, e non tende a sostituirla', in senso sovversivo, aggiungerei. L'affianca e va esercitata nei limiti che l'ordinamento individua nei suoi principi e nelle sue regole. Non è in pericolo la giustizia se viene ampliato il potere dei privati di autotutelarsi anche convenzionalmente: il privato può regolare un proprio interesse in accordo con la controparte del rapporto, esercitando diritti o rinunziandovi, nel rispetto del sistema giuridico".

[5] Por essa razão, como destaca LEPORE, Andrea. *Autotutela e autonomia negoziale*. Napoli: Edizioni Scientifiche Italiane, 2019, p. 40, a tutela dos direito fora da justiça estatal "significa conferir un potere, utile alla comunità e al sistema giuridico, senza eliminare i mezzi per riparare ad eventuali abusi", razão pela qual, continua o mesmo autor, ob. cit., p. 48, o sistema estatal de tutela jurisdicional "è sempre presente, con un ruolo fondamentale, di garanzia".

Pietro Perlingieri destaca que definir autonomia privada não é tarefa simples,[6] pois se insere entre aqueles temas de grande complexidade, tanto em razão das contribuições já produzidas quanto diante das transformações e atualizações que vem sofrendo nos tempos atuais.[7]

Numa primeira aproximação, a autonomia privada pode ser entendida como o poder concedido pelo ordenamento jurídico ao indivíduo, ou a um grupo de indivíduos (a chamada autonomia coletiva), de determinar, com certa margem de atuação, os próprios cenários jurídicos ou "fatos jurídicos".[8]

Assim, em linha de tendência, o "motor" da autonomia privada, ou seu pano de fundo, residiria na "liberdade" conferida às pessoas para regular, por si mesmas, os comportamentos e as regras mediante acordo ou entendimento recíproco.[9]

As transações, especialmente econômicas, não encontrariam regulação direta na lei, mas naquela dada pelas próprias partes na via contratual/negocial,[10] sendo de se registrar, inclusive, o fundamento ou base constitucional da autonomia privada, que pode ser encontrada na liberdade de iniciativa econômica,[11] prevista na Constituição brasileira no art. 170, parágrafo único, e detalhada, por exemplo, na chamada Lei de Liberdade Econômica (Lei 13.874/2019).

A atual valorização da autonomia privada é reflexo da chamada "crise estatal", decorrente da percepção de que não é mais possível entender que a normatização ou regramento das situações jurídicas concretas derive sempre do ambiente estatal, até porque se pode afirmar que não existe mais uma "fonte jurídica exclusiva".[12]

A autonomia privada assume papel regulamentar importante, para permitir que as partes regulem diretamente os seus próprios interesses ou situações jurídicas, ainda que tal papel regulamentador venha a ser limitado ou balizado por garantias do seu correto exercício.[13]

---

[6] PERLINGIERI, Pietro. *Il diritto civile nella legalità costituzionale*. Terza edizione. Napoli: Edizioni Scientifiche Italiane, 2006, p. 314.

[7] CRISCUOLO, Fabrizio. *Autonomia negoziale e autonomia contrattuale*. Napoli: Edizioni Scientifiche Italiane, 2008, p. 1-2.

[8] PERLINGIERI, Pietro. *Il diritto civile nella legalità costituzionale*. Terza edizione. Napoli: Edizioni Scientifiche Italiane, 2006, p. 315: "Una definizione usuale, da considerare, peraltro quale mero punto di avvio per successivi sviluppi critici, intende per 'autonomia privata', in genere, il potere, riconosciuto o concesso dall'ordinamento statale ad un individuo o a un gruppo, di determinare 'vicende giuridiche' in conseguenza di comportamenti – in qualche misura – liberamente tenuti".

[9] PERLINGIERI, Pietro. *Il diritto civile nella legalità costituzionale*. Terza edizione. Napoli: Edizioni Scientifiche Italiane, 2006, p. 315: "Al fondo di questa concezione risiede, spesso in modo soltanto tendenziale, la libertà di regolare da sé le proprie azioni o, più precisamente, di consentire a tutti gli individui coinvolti in un comportamento comune di determinare le regole mediante una concorde intesa".

[10] CRISCUOLO, Fabrizio. *Autonomia negoziale e autonomia contrattuale*. Napoli: Edizioni Scientifiche Italiane, 2008, p. 3.

[11] PERLINGIERI, Pietro. *Il diritto dei contratti fra persona e mercato*. Napoli: Edizioni Scientifiche Italiane, 2003, p. 26: "Quanto al fondamento dell'autonomia privata, contrariamente ad una posizione recentemente espressa, la quale nega l'esistenza di un fondamento costituzionale, deve ribadirsi che esso non soltanto esiste ma va altresì rinvenuto in più norme. L'art. 41 cost., infatti, nel garantire la libertà di iniziativa economica può fungere da fondamento costituzionale per i contratti in genere, e per quelle di impresa in particolare".

[12] PERLINGIERI, Pietro. *Il diritto dei contratti fra persona e mercato*. Napoli: Edizioni Scientifiche Italiane, 2003, p. 16: "La crisi della statualità significa che non è più possibile intendere che la norma sia sempre necessariamente statale: non c'è più nessuna fonte esclusiva".

[13] CRISCUOLO, Fabrizio. *Autonomia negoziale e autonomia contrattuale*. Napoli: Edizioni Scientifiche Italiane, 2008, p. 3: "Nessun dubbio che la valenza normativa del contratto, l'attitudine di esse a svol-

Modernamente, a autonomia privada evolui para deixar de ser simples manifestação da "liberdade" e passa a ser vista como poder privado para criar, em concurso com outras fontes, regras objetivas de conduta, ou normas jurídicas, para reger determinada situação jurídica a partir da atuação das próprias partes.[14] Noutras palavras, a autonomia privada passa a ser tida como fonte do direito, deixando-se de lado o aspecto estrutural do ato de autonomia para sua valorização sob a perspectiva funcional.[15]

Registre-se que, já em meados do século passado, a doutrina italiana destacava que, por meio da atividade negocial, os particulares criam normas jurídicas, normalmente individuais, que passam a fazer parte do ordenamento jurídico,[16] de modo que a autonomia privada poderia ser conceituada como poder atribuído pela lei aos particulares de criar normas jurídicas.[17]

Assim, as partes envolvidas em determinada situação jurídica, por meio do instrumento maior da autonomia privada, que é o negócio jurídico, têm a possiblidade de editar regras que operam na sua própria esfera jurídica e na de outrem.[18]

Certo, porém, que a autonomia privada, ao se colocar como fonte do direito, se posiciona de forma subordinada hierarquicamente às fontes estatais, como a constituição e as leis, que se situam em plano hierarquicamente superior, mas, de qualquer modo, todas as fontes concorrem para a qualificação dos fatos humanos, inclusive para superação dos conflitos.[19]

---

gere il ruolo regolamentare ne esca enfatizzata, ancorché tutto ciò imponga riflessioni e considerazioni sull'uso del potere privato e sulle garanzie di un corretto esercizio di esso".

[14] CRISCUOLO, Fabrizio. *Autonomia negoziale e autonomia contrattuale*. Napoli: Edizioni Scientifiche Italiane, 2008, p. 3: "questo approccio impone di considerare l'essenza ed il fondamento dell'autonomia, non tanto nel suo pur indiscutibile atteggiarsi a manifestazione di libertà, sibbene proprio nel suo essere manifestazione di 'potere', e più precisamente del potere anche dei privati di creare, in concurso con altre fonti, regole oggettive di condotta, o, se si preferisce, regole (norme) giuridiche".

[15] CRISCUOLO, Fabrizio. *Autonomia negoziale e autonomia contrattuale*. Napoli: Edizioni Scientifiche Italiane, 2008, p. 3-4: "La sua rinnovata attualità consente di procedere ad una rilettura (invera un po' stantia) polemica sul negozio giuridico e – come già anticipato – ad una svalutazione dei profili strutturali dell'atto di autonomia (così distanti dall'essenza del problema) a beneficio di un'analisi funzionale ed in una dimensione più propriamente relazionale". Como destaca BOBBIO, Noberto. *Dalla struttura alla funzione*. Bari: Editori Laterza, 2007, p. 54, o quadro social atual não permite mais ao direito restar preso à estrutura, devendo caminhar para a análise funcional do fenômeno jurídico: "l'analisi funzionale è rimasta ferma al concetto di ordinamento coattivo, cioè a un concetto del diritto che non sembra del tutto adatto a rappresentare la complessità e la multidirezionalità del diritto in una società moderna, e non sembra tener conto delle grandi trasformazioni che una società industriale importa anche nelle varie forme di controllo sociale".

[16] FERRI, Luigi. *L'autonomia privata*. Milano: Giuffrè Editore, 1959, p. 64: "Attraverso l'attività negoziale i singoli creano delle norme giuridiche (normalmente individuali), le quali entrano a far parte dell'ordinamento giuridico in senso ampio".

[17] FERRI, Luigi. *L'autonomia privata*. Milano: Giuffrè Editore, 1959, p. 66-67: "Attraverso l'espressione 'autonomia privata' ho designato il potere attribuito dalla legge ai singoli di creare norme giuridiche in particolari campi ad essi riservati. Ho poi aggiunto che di autonomia si deve parlare anche con riferimento alle norme che i singoli vengono a creare. Queste norme sono norme autonome".

[18] SACCO, Rodolfo. Voce Autonomia nel diritto privato. *Digesto delle Discipline Privatistiche*, Torino: UTET-WKI, 1987, destacando, inclusive, que "uno degli strumenti principe dell'autonomia è il negozio".

[19] CRISCUOLO, Fabrizio. *Autonomia negoziale e autonomia contrattuale*. Napoli: Edizioni Scientifiche Italiane, 2008, p. 44/45: "La Costituzione, le fonti comunitarie, la legge, l'autonomia dei soggetti privati e pubblici (e così via) sono, a questa stregua, tutte fonti normative, ordinate secondo una gerarchia corrispondente ai vari livelli di identità ed ai vari livelli sistematici di riferimento, ognuno segnato dai propri limiti intrinseci e dalle proprie caratteristiche anche di struttura formale; e tutte concorreranno alla qualificazione dei fatti umani, alla ricerca del superamento dei conflitti e della realizzazione dell'eguaglianza sostanziale".

Nesse sentido, inclusive, destaca-se que nos dias atuais **o principal instrumento de inovação jurídica é o contrato,**[20] que traduz importante mecanismo de evolução do direito e cada vez mais toma o lugar da lei para regular muitos setores da vida social.[21] Daí a grande importância para evolução do direito contratual dos negócios atípicos, que a experiência e a circulação internacional apresentam para os direitos internos, de modo que muitas vezes o juízo de adequação de tais contratos atípicos é feito justamente com base na aceitação internacional do modelo contratual,[22] o que permite a doutrina indicar o surgimento até mesmo de uma nova *lex mercatoria.*[23]

A doutrina italiana destaca que, sob o aspecto econômico, a mais importante exteriorização da autonomia privada é a autonomia contratual, cujo exercício pelas partes interessadas dá origem ao contrato,[24] sendo de se registrar que mesmo os negócios de conteúdo não patrimonial também se inserem na autonomia privada,[25] que, por isso, lhe permite ganhar contexto mais amplo, para abarcar também a autonomia pública e se transformar atualmente em autonomia negocial, hábil a atingir tanto os negócios não patrimoniais quanto aqueles engendrados pelo poder público.[26]

---

[20] GALGANO, Francesco. *Lex mercatoria.* Bologna: il Mulino, 2001, p. 243: "Il principale strumento della innovazione giuridica è il contratto".

[21] GALGANO, Francesco. *Lex mercatoria.* Bologna: il Mulino, 2001, p. 243: "I contratti fra privati prende il posto della legge in molti settori della vita sociale".

[22] GALGANO, Francesco. *Lex mercatoria.* Bologna: il Mulino, 2001, p. 246-247: "Analogo atteggiamento si riscontra quando si tratta di giudicare sulla validità dei contratti atipici a grande diffusione internazionale. Qui il giudizio di meritevolezza degli interessi perseguiti, richiesto dal diritto interno, è influenzato dalla uniformità internazionale del modello contrattuale. Per quanto il nostro giudice debba, a rigore, esprimere qual giudizio sulla base del nostro ordinamento giuridico, ben difficilmente egli riterrà invalido, alla stregua di questo modello contrattuale ovunque riconosciuto come valido. Egli sarà consapevole dell'isolamento economico nel quale altrimenti collocherebbe il proprio paesi nel contesto internazionali; sarà portato ad esprimere il giudizio di meritevolezza, piuttosto che rispetto al solo ordinamento interno, con riferimento ai principi accolti nelle 'nazioni di civiltà affine': ciò che è valido in tutte queste nazioni non può essere invalido nella nostra nazione".

[23] GALGANO, Francesco. *Lex mercatoria.* Bologna: il Mulino, 2001, p. 248: "Altro diritto a carattere globale, il cui raggio di azione tende a coincidere con i mercati internazionali, è quello al quale si dà il nome di *lex mercatoria.* L'espressione ha origine colta: vuole alludere alla rinascita, in epoca moderna, di un diritto altrettanto universale quanto fu universale il diritto dei mercanti medioevali. Questo era stato *lex mercatoria,* o *ius mercatorum,* non solo perché regolava i rapporti mercantili, ma anche e soprattutto perché era un diritto creato dai mercanti (...) Del pari, per nuova *lex mercatoria* oggi si intendi un diritto creato dal ceto imprenditoriale, senza la mediazione del potere legislativo degli Stati, e formato da regola destinate a disciplinare in modo uniforme, al di là delle unità politiche degli Stati, i rapporti commerciali che si instauravano entro l'unità economica dei mercati".

[24] PERLINGIERI, Pietro. *Il diritto civile nella legalità costituzionale.* Terza edizione. Napoli: Edizioni Scientifiche Italiane, 2006, p. 316, destaca que "l'ipotesi più frequente e, sotto l'aspetto economico, più rilevante di estrinsecazione dell'autonomia privata, vale a dire l'autonomia c.d. contrattuale (art. 1322 c.c.)".

[25] PERLINGIERI, Pietro. *Il diritto dei contratti fra persona e mercato.* Napoli: Edizioni Scientifiche Italiane, 2003, p. 30: "Peraltro dinanzi ad atti che non sono contratto o a negozi a contenuto non patrimoniale, l'interprete che si limiti a collocare tali figure al di fuori della autonomia privata non contribuisce certamente ad interpretare compiutamente la realtà: occorre invece operare una ricostruzione delle categorie generali, in modo da poter alle stesse ricondurre tutte le fattispecie che attuano l'autonomia".

[26] PERLINGIERI, Pietro. *Il diritto civile nella legalità costituzionale.* Terza edizione. Napoli: Edizioni Scientifiche Italiane, 2006, p. 317-318: "Alla luce di quanto sin qui esposto, la locuzione 'autonomia privata' si mostra addirittura fuorviante: qualsiasi senso s'intenda ascrivere all'attributo 'privata' esso rischia d'ingenerare seri disguidi. Quanto all'espressione, altrettanto diffusa, 'autonomia contrattuale', essa coglie esclusivamente quell'attività che si manifesta con il compimento di un negozio bi- o plurilaterale

De qualquer forma, todas as manifestações da autonomia (privada, contratual, negocial) têm um ponto comum, de atribuir-se aos privados o poder de conformar a própria esfera jurídica e aquela de outrem, com a criação de regulamentação jurídica específica.[27]

Nesse contexto, o contrato deve ser valorizado como fonte de regulamentação jurídica, independentemente da discussão de se colocar como expressão da vontade ou da liberdade, de ser estruturalmente consenso ou declaração de vontade, e se insere hoje como fonte de regulação objetiva, com possibilidade de os sujeitos interessados criarem direito, não só para regular o cenário da criação de direitos e obrigações, mas também para regular o programa procedimental voltado à solução dos conflitos que porventura venham a surgir na execução contratual.[28]

Por conseguinte, no que interessa aqui mais de perto, **a autonomia negocial se coloca como perspectiva de as partes regularem, no ambiente contratual-obrigacional, as formas de garantia e de realização do crédito do credor, via atuação de mecanismo extrajudicial de autotutela executiva,[29] que se insere na zona cinzenta que se coloca entre o inadimplemento e a execução forçada, de modo a permitir por meio de acordo o afastamento do cenário da execução judicial, com a criação de mecanismos alternativos para satisfação do crédito,**[30] tema que se coloca como um dos mais atuais à luz das recentes evoluções, tanto no campo contratual das garantias quanto da atuação da justiça estatal,[31] até porque o contrato, como instrumento da autonomia privada, vem sendo considerado atualmente um dos principais mecanismos de inovação jurídica.[32]

1.2. AS DIVERSAS FASES DA VIDA DAS OBRIGAÇÕES E O IMPACTO DA AUTONOMIA PRIVADA

Diante das discussões que serão trabalhadas nos capítulos seguintes, envolvendo a realização ou satisfação do direito de crédito pelo próprio credor, em que se apresentam meca-

---

a contenuto patrimoniale; si che la locuzione più idonea a cogliere la vasta gamma delle estrinsecazioni dell'autonomia è quella di 'autonomia negoziale', giacché in grado di riferirsi anche alle ipotesi dei negozi a struttura unilaterale o dei negozi a contenuto non patrimoniale".

[27] CRISCUOLO, Fabrizio. *Autonomia negoziale e autonomia contrattuale*. Napoli: Edizioni Scientifiche Italiane, 2008, p. 41.

[28] CRISCUOLO, Fabrizio. *Autonomia negoziale e autonomia contrattuale*. Napoli: Edizioni Scientifiche Italiane, 2008, p. 4-5: "È anzitutto in questa prospettiva che deve essere valorizzato il dato per il quale il contratto, a prescindere dal sua essere o meno espressione di volontà o libertà degli individui, dal suo essere strutturalmente consenso o dichiarazione di volontà, è oggi più che mai regola oggettiva, espressione del potere (sia esso originario o derivato) dei soggetti di creare diritto".

[29] FOLLIERI, Luigi. *Esecuzione forzata e autonomia privata*. Torino: G. Giappichelli Editore, 2016, p. 3-4, destaca que são questões importantes a serem analisadas "il ruolo dell'autonomia privata rispetto all'inattuazione del rapporto obbligatorio ed all'operatività delle regole legali di tutela coattiva del credito".

[30] FOLLIERI, Luigi. *Esecuzione forzata e autonomia privata*. Torino: G. Giappichelli Editore, 2016, p. 4: "Occorre, dunque, chiedersi se, nella zona *grigia* che si colloca tra l'inadempimento e l'esecuzione forzata (individuale o concorsuale), vi sia spazio per l'esercizio di poteri negoziali; e se, segnatamente, debitore e creditore possano accordarsi per limitare od escludere l'operatività delle norme di esecuzione coattiva, regolando con modalità alternative la fase di soddisfazione dell'interesse creditorio".

[31] FOLLIERI, Luigi. *Esecuzione forzata e autonomia privata*. Torino: G. Giappichelli Editore, 2016, p. 4: "Il tema – che per lungo tempo è rimasto negletto nella letteratura giuridica privatistica – merita oggi nuova attenzione e propone nuovi profili di interesse, anche alla luce delle recentissime linee evolutive del sistema normativo".

[32] CRISCUOLO, Fabrizio. *Autonomia negoziale e autonomia contrattuale*. Napoli: Edizioni Scientifiche Italiane, 2008, p. 5: "il contratto, quale paradigma codificato dell'atto di autonomia privata, ci appare realmente 'il principale strumento di innovazione' giuridica del tempo che viviamo".

nismos variados que o credor pode adotar para realização do seu crédito, uns já tradicionais no ambiente obrigacional – como dação em pagamento, obrigação alternativa e obrigação facultativa –, outros nem tanto – como alienação em garantia ou pacto marciano –, é interessante abordar neste capítulo inicial, ainda que resumidamente, a forma em que a atuação da autonomia privada pode se inserir nas diversas fases da vida das obrigações.

A disciplina legal das obrigações, como destaca a doutrina, deixa ampla margem para atuação da autonomia privada, podendo os interessados alterar boa parte da disciplina legal ou mesmo integrar as regras legislativas mediante ajustes que podem se inserir em todo o arco da vida da relação obrigacional.[33]

Assim, na prática contratual, encontram-se convenções que permitem identificar variada tipologia de acordos, uns gravitando no perímetro do adimplemento, outros na área do inadimplemento e, ainda, outros na zona da realização coativa do crédito.[34]

É possível, por conseguinte, isolar os pactos que incidem nas diversas fases de atuação das obrigações, como as cláusulas que disciplinam o perfil do inadimplemento e suas consequências, e as convenções que regulam a responsabilidade patrimonial do devedor no caso de inadimplemento,[35] conforme a seguinte sistematização da doutrina italiana, em ordem lógico-cronológica das fases da vida das obrigações:[36]

a) convenções relativas à atuação das obrigações, como mecanismos de pagamento, em cuja tipologia podem ser enquadradas a dação em pagamento, a compensação voluntária, as convenções que regulam adimplemento por terceiros;

b) convenções que regulam o inadimplemento, entre as quais podem ser mencionadas as cláusulas que definem o inadimplemento relevante, as que fixam critérios para imputação do inadimplemento, as que estabelecem pressupostos ou condições para caracterizar o inadimplemento;

c) convenções que, em fase mais avançada da vida das obrigações, disciplinam as consequências do inadimplemento e regulam responsabilidades ou remédios que podem

---

[33] LUMINOSO, Angelo. Patto marciano e sottotipi. *Rivista di Diritto Civile*. Padova: Cedam/Wolters Kluwer, anno LXIII, n. 6, p. 1398 e ss., 2017: "Per rendere più chiaro il discorso, è opportuno prendere le mosse dal rilievo che la disciplina legale dell'obbligazione lascia ampio margine all'autonomia privata, avendo gli interessati il potere di modificare e integrare le regole legislative mediante pattuizioni che possono riguardare l'intero arco della vita del rapporto obbligatorio". No direito brasileiro, cf. GOMES, Orlando. *Obrigações*. 8. ed. Rio de Janeiro: Ed. Forense, 1992, p. 4: "o *direito das obrigações* não tem limites senão em princípios gerais que deixam à vontade individual larga margem à provocação de efeitos jurídicos consoantes aos mais variados interesses que tutela. Sob esse aspecto, apresenta-se como suprema expressão da liberdade individual, no exercício das atividades privadas de ordem patrimonial, o campo de eleição da *autonomia privada*".

[34] LUMINOSO, Angelo. Patto marciano e sottotipi. *Rivista di Diritto Civile*. Padova: Cedam/Wolters Kluwer, anno LXIII, n. 6, p. 1398 e ss., 2017: "Una rapida analisi della disciplina positiva e soprattutto delle prassi contrattuali permette infatti di individuare svariate tipologie di convenzioni, talune delle quali gravitano entro il perimetro dell'adempimento, altre nell'area dell'inadempimento, ed altre ancora nella zona della realizzazione coattiva del credito".

[35] LUMINOSO, Angelo. Patto marciano e sottotipi. *Rivista di Diritto Civile*. Padova: Cedam/Wolters Kluwer, anno LXIII, n. 6, p. 1398 e ss., 2017: "In quest'ordine di idee, possono essere pertanto isolate pattuizioni dirette a regolare la fase dell'attuazione dell'obbligazione, clausole che disciplinano il profilo dell'inadempimento e delle conseguenze di esso, e infine convenzioni con le quali gli interessati dettano regole sulla responsabilità patrimoniale alla quale soggiace il debitore inadempiente".

[36] LUMINOSO, Angelo. Patto marciano e sottotipi. *Rivista di Diritto Civile*. Padova: Cedam/Wolters Kluwer, anno LXIII, n. 6, p. 1398 e ss, 2017.

ser utilizados, ambiente no qual surgem as mais variadas possibilidades de cláusulas, como aquelas que indicam o critério para fixação do ressarcimento dos danos, cláusulas penais, cláusulas que preveem juros moratórios, cláusulas de exclusão, limitação ou agravamento da responsabilidade, cláusulas que disciplinam a resolução dos contratos;

d) por fim, surgem as convenções que disciplinam as possibilidades de realização coativa do crédito (a própria prestação e/ou ressarcimento dos danos decorrente do inadimplemento): aqui é que surge a perspectiva da autotutela executiva, como ocorre no penhor irregular, nos acordos de caução, na cessão de bens ao credor e, especialmente, por meio das figuras conhecidas como pacto comissório e pacto marciano.

Certo, pois, como se pode extrair desta rápida perspectiva da atuação negocial no âmbito das obrigações, que a autonomia da vontade pode atuar em todas as fases das obrigações: não só em relação à sua criação, mas também quanto à atuação das obrigações (inadimplemento, consequências do inadimplemento e responsabilidade); e quanto a mecanismos ou instrumentos para tutela das obrigações. Portanto, tais negócios, diferentes entre si, ditam regras ou regulamentação para todo o curso da existência das obrigações.[37]

Ademais, veja que tal cenário das fases da atuação das obrigações permite a sua interessante visualização como processo/procedimento, ou seja, como já destacava clássico da doutrina brasileira, "a obrigação é um processo, vale dizer, dirige-se ao adimplemento, para satisfazer o interesse do credor", de modo que a relação obrigacional, "como um todo, é um sistema de processos",[38] em que a separação procedimental da obrigação separando os planos do nascimento, do desenvolvimento e do adimplemento,[39] até porque a visualização da obrigação como processo permite indicar que se desenvolve para alcançar um fim determinado e, uma vez atingido o fim, a obrigação tende a se extinguir.[40]

A doutrina mais atual destaca, ainda, que a visão da obrigação "como processo polarizado pelo adimplemento" traduz "fenômeno dinâmico, um processo polarizado a um fim específico", passando-se da obrigação como perspectiva estática para a perspectiva dinâmica,[41] cenário importante na atualidade exatamente por permitir o destaque para a compreensão da obrigação, sob o ponto de vista do próprio direito substancial, como processo.

Modernamente, portanto, é possível situar o cenário obrigacional, por exemplo, entre negócio e procedimento, de modo que, como indica a doutrina italiana mais atual, a linha

---

[37] LUMINOSO, Angelo. Patto marciano e sottotipi. *Rivista di Diritto Civile*. Padova: Cedam/Wolters Kluwer, anno LXIII, n. 6, p. 1398 e ss., 2017: "la regolamentazione convenzionale può riguardare tutte le fasi che, nell'arco della sua vita, il rapporto obbligatorio può attraversare e non soltanto il profilo dell'adempimento (ossia quello *stricto sensu* solutorio). La classificazione sopra abbozzata mette in luce soprattutto le differenze di natura funzionale esistenti tra i negozi che dettano regole per ciascuna di tali fasi e, con riguardo a ciascuna fase, la varietà di tipologie di pattuizioni che le parti possono impiegare".

[38] COUTO E SILVA, Clóvis V. do. *A obrigação como processo*. Rio de Janeiro: Editora FGV, 2006, p. 167.

[39] COUTO E SILVA, Clóvis V. do. *A obrigação como processo*. Rio de Janeiro: Editora FGV, 2006, p. 167.

[40] LARENZ, Karl. *Derecho de Obligaciones*. Santiago: Ediciones Olejnik, 2020, p. 45: "Ahora bien, per he hecho mismo de que en toda relación de obligación late el fin de la satisfacción del interés en la prestación de acreedor, puede y debe considerarse la relación de obligación como un proceso. Está desde un principio encaminada a alcanzar un fin determinado y a extinguirse con la obtención de ese fin".

[41] PACHECO, Danilo Sanchez. O adimplemento visto sob a perspectiva da obrigação como processo. *Revista dos Tribunais*, São Paulo, v. 1047, p. 61-81, jan. 2023.

Capítulo 1 • A AUTONOMIA PRIVADA E SUA INCIDÊNCIA NA VIDA DAS OBRIGAÇÕES | **13**

procedimental também pode ser utilizada para dar vazão à autonomia privada, como ato de organização dos interesses envolvidos.[42]

Assim, a visualização da obrigação como procedimento permite inserir a perspectiva da realização coativa da prestação, pelo credor, no arco procedimental da vida das obrigações, e tal visualização da obrigação sob o aspecto procedimental traz uma junção, como se verá adiante, das perspectivas de direito substancial e direito processual, especialmente no mecanismo negocial do pacto marciano.

Pretende-se, nos próximos capítulos, dar destaque a algumas dessas convenções baseadas na autonomia privada das partes, que atuam especificamente na fase de realização coativa da obrigação, quais sejam, os pactos comissório e marciano, em relação aos quais se opera interessante revisão atual do entendimento doutrinária tradicional, que enxergava tanto o pacto comissório quanto o pacto marciano como exercentes da função de garantia das obrigações, mas que, agora, parte da doutrina passa a enquadrá-los como ferramentas voltadas à satisfação direta do crédito,[43] ou seja, como convenções que, ao permitirem a autossatisfação do crédito pelo seu titular, caminham para inserção no campo da autotutela executiva.[44]

1.3. CONCLUSÕES PARCIAIS

Importante, neste ponto, extrair algumas ideias centrais em torno da autonomia privada e sua atuação no campo das obrigações, como premissa para o desenvolvimento subsequente do trabalho, e que depois serão retomadas na parte final para construir a perspectiva da

---

[42] FERRI JR., Giuseppe. L'attività di liquidazione tra negozio e procedimento. *Rivista del Diritto Commerciale*. Padova: Piccin, n. 1, p. 83 e ss., 2014, por exemplo, leciona que o procedimento, que até então vinha sendo reservado para a esfera pública, para atuação de interesses públicos, enquanto o negócio se prestaria apenas a atuar a autonomia privada, hoje é visto também como instrumento de atuação da autonomia privada para organização dos interesses e atuação das partes: "Ben più convincente appare l'impostazione, che come è noto ha trovato la sua più raffinata e compiuta espressione nel pensiero di Paolo Ferro-Luzzi, volta a ricollegare la contrapposizione tra negozio e procedimento a quella tra sfera individuale e, rispettivamente, collettiva, o, come pure si dice, meta-individuale, e cioè tra interesse del singolo e quello appunto di una collettività: in questa diversa prospettiva, il negozio non vale ad indicare, genericamente, ogni espressione dell'autonomia dei privati, ma esclusivamente gli atti di auto-regolamentazione di interessi individuali (e per ciò solo privati), e dunque di diritti soggettivi, o comunque di posizioni giuridiche soggettive, mentre il procedimento assume il valore, tecnicamente definibile come organizzativo, di strumento di etero-regolamentazione di interessi collettivi, siano essi pubblici, e dunque riferibili alla generalità dei consociati, e quindi indisponibili, o privati, relativi cioè ad una specifica collettività". a seguir, o mesmo autor, *ob. cit.*, completa que "è proprio nel valore organizzativo che le caratterizza, nel fatto cioè che esse si risolvono nel riconoscimento (non già di diritti, ma) di poteri, destinati per definizione a riflettersi anche sulla sfera giuridica di terzi".

[43] LUMINOSO, Angelo. Patto marciano e sottotipi. *Rivista di Diritto Civile*. Padova: Cedam/Wolters Kluwer, anno LXIII, n. 6, p. 1398 e ss., 2017: "le vedute della tradizionale dottrina italiana, che attribuisce al patto commissorio – e, di conseguenza, al patto marciano – una funzione di garanzia, sono state messe in discussione, all'incirca sul finire del secolo scorso, da quegli studiosi che hanno rinvenuto nell'alienazione commissoria una causa non di garanzia bensì solutoria, uno scopo cioè di soddisfacimento del credito".

[44] LUMINOSO, Angelo. Patto marciano e sottotipi. *Rivista di Diritto Civile*. Padova: Cedam/Wolters Kluwer, anno LXIII, n. 6, p. 1398 e ss., 2017: "nella alienazione commissoria e in quella marciana deve individuarsi 'la previsione pattizia di un congegno di autosoddisfacimento a favore del creditore' che esprime la funzione primaria degli stessi; funzione che mette in luce un ulteriore angolo visuale dal quale le due figure debbono essere riguardate, quello cioè dell'autotutela esecutiva di cui esse costituiscono applicazione".

atuação da autonomia privada no campo obrigacional, especialmente voltadas para a fase de realização das obrigações:

1) a autonomia privada pode não só criar o regulamento dos interesses das partes, mas também regular a forma de atuação de tais interesses, optando, inclusive, por mecanismos extrajudiciais, entre os quais se pode alocar a autotutela executiva que, por isso, se insere no contexto de realização dos direitos sem intermediação judicial;

2) a autonomia privada, modernamente, evolui para deixar de ser simples manifestação da "liberdade" e passa a ser vista como poder privado para criar, em concurso com outras fontes, regras objetivas de conduta, ou normas jurídicas, para reger determinada situação jurídica a partir da atuação das próprias partes, razão pela qual a autonomia privada passa a ser tida como fonte do direito;

3) o contrato deve ser valorizado como fonte de regulamentação jurídica, com possibilidade de os sujeitos interessados criarem direito, não só para regular o cenário da criação de direitos e obrigações, mas também para regular o programa procedimental voltado à solução dos conflitos que porventura venham a surgir na execução contratual;

4) assim, a autonomia negocial se coloca como perspectiva de as partes regularem, no ambiente contratual-obrigacional, as formas de garantia e de realização do crédito do credor, via atuação de mecanismo extrajudicial de autotutela executiva;

5) a disciplina legal das obrigações deixa ampla margem para atuação da autonomia privada, podendo os interessados alterar boa parte da disciplina legal ou mesmo integrar as regras legislativas mediante ajustes que podem se inserir em todo o arco da vida da relação obrigacional;

6) é possível, por conseguinte, isolar os pactos que incidem nas diversas fases de atuação das obrigações, conforme a seguinte sistematização apresentada em ordem lógico-cronológica das fases da vida das obrigações:

   a) convenções relativas à atuação das obrigações, como mecanismos de pagamento, em cuja tipologia podem ser enquadradas a dação em pagamento, a compensação voluntária, as convenções que regulam adimplemento por terceiros;

   b) convenções que regulam o inadimplemento, entre as quais podem ser mencionadas as cláusulas que definem o inadimplemento relevante, as que fixam critérios para imputação do inadimplemento, as que estabelecem pressupostos ou condições para caracterizar o inadimplemento;

   c) convenções que, em fase mais avançada da vida das obrigações, disciplinam as consequências do inadimplemento e regulam responsabilidades ou remédios que podem ser utilizados, ambiente no qual surgem as mais variadas possibilidades de cláusulas, como aquelas que indicam o critério para fixação do ressarcimento dos danos, cláusulas penais, cláusulas que preveem juros moratórios, cláusulas de exclusão, limitação ou agravamento da responsabilidade, cláusulas que disciplinam a resolução dos contratos;

   d) convenções que disciplinam as possibilidades de realização coativa do crédito, sendo este o campo da autotutela executiva, como ocorre por meio das figuras conhecidas como pacto comissório e pacto marciano.

7) Tal forma de visualização das fases da vida das obrigações reforça sua moderna visão como processo/procedimento, ou seja, enxergar a obrigação como processo/procedimento que traduz a atuação negocial das partes de forma organizada a concatenada, de modo a permitir a inserção procedimental, por exemplo, do pacto marciano, no último nível ou fase de atuação coativa das obrigações, cenário que permite o desenvolvimento da procedimentalização tanto sob o aspecto substancial quanto processual.

Capítulo 2

DA VEDAÇÃO AO PACTO COMISSÓRIO À LICITUDE DO PACTO MARCIANO: CENÁRIOS DE DIREITO COMPARADO

Sumário: 2.1. O pacto comissório e o pacto marciano no direito comparado: do direito romano às codificações modernas – 2.2. A diretiva europeia de 2002 e seu acolhimento pelo direito italiano – 2.3. A reforma do direito francês das garantias – 2.4. Atualização jurisprudencial mais recente na Itália em torno do pacto comissório e pacto marciano – 2.5. O cenário atual do direito italiano com as atualizações legislativas de 2015 e 2016: a admissão legislativa do pacto marciano na legislação bancária: 2.5.1. O pacto marciano do novo art. 48-*bis* T.U.B. para garantia de financiamento a empresas; 2.5.2. O pacto marciano do novo art. 120-*quinquiesdecies* T.U.B. para garantia de financiamento ao consumidor; 2.5.3. O pacto marciano no novo penhor "não possessório" – 2.6. Os cenários atuais da vedação do pacto comissório × licitude estrutural e funcional do pacto marciano no direito comparado – 2.7. Conclusões parciais.

2.1. O PACTO COMISSÓRIO E O PACTO MARCIANO NO DIREITO COMPARADO: DO DIREITO ROMANO ÀS CODIFICAÇÕES MODERNAS

Numa primeira aproximação, o pacto comissório e o pacto marciano, como destaca a doutrina italiana, são convenções acessórias no âmbito das garantias reais que comportam, no caso de inadimplemento da obrigação garantida, a transferência definitiva ao credor do bem dado em garantia.[1]

A diferença fundamental entre um e outro consiste no fato de que o pacto comissório implicaria a extinção da obrigação garantida com a transferência da propriedade ao credor, enquanto no pacto marciano o valor do bem, a partir da sua avaliação, é imputado para pagamento da dívida, de modo que, se o valor do bem for maior, o devedor tem direito a receber a diferença.[2] O pacto comissório é vedado no Código Civil italiano (art. 2.744), enquanto o pacto marciano não é sequer mencionado no Código, mas é considerado lícito pela jurisprudência e pela doutrina majoritária.[3]

---

[1] CIPRIANI, Nicola. *Patto commissorio e patto marciano*. Napoli: Edizioni Scientifiche Italiane, 2000, p. 11: "Il patto commissorio e il patto marciano sono convenzioni accessorie delle garanzie reali che comportano, in caso di inadempimento dell'obbligazione garantita, il trasferimento definitivo al creditore del bene conferito in garanzia".

[2] CIPRIANI, Nicola. *Patto commissorio e patto marciano*. Napoli: Edizioni Scientifiche Italiane, 2000, p. 12.

[3] CIPRIANI, Nicola. *Patto commissorio e patto marciano*. Napoli: Edizioni Scientifiche Italiane, 2000, p. 12.

A vedação do pacto comissório remonta ao direito romano, sendo encontrado pela primeira vez na célebre constituição de Constantino, de 324 d.C.,[4] sendo que, até então, o pacto comissório vinha sendo utilizado nos contratos de garantia para permitir ao credor a venda do bem dado em garantia para realizar seu crédito, com a aplicação da *lex commissoria*, considerada lícita no direito romano do período clássico.[5] Porém, tal esquema contratual de garantia que vinha sendo utilizado no âmbito do pacto comissório, com a vedação de Constantino de 324 d.C., deixa de ser empregado,[6] sob pretextos éticos, ligados especialmente à repressão da usura e da imoralidade,[7] combatida por preceitos religiosos cristãos, acatados, a certa altura, pelo direito romano.[8]

Todavia, no próprio direito romano, após a vedação do pacto comissório, a prática comercial engendrou soluções lícitas para permitir a satisfação do crédito do credor por meio da transferência da propriedade do bem dado em garantia, em esquemas contratuais que, ao mesmo tempo, salvaguardavam a posição do devedor, como constituição de hipoteca com *ius vendendi* do credor, pactos similares à anticrese, dação em pagamento no penhor e, na-

---

[4]   CIPRIANI, Nicola. *Patto commissorio e patto marciano*. Napoli: Edizioni Scientifiche Italiane, 2000, p. 35: "Le prime tracce del patto commissorio risalgono al diritto romano. La dottrina civilistica si è sovente soffermata sull'evoluzione storica del patto commissorio, ma lo ha fatto soprattutto al fine de precisarne la funzione e individuare la ratio del relativo divieto, apparso per la prima volta in una celebre costituzione di Costantino del 324 d.C.". No mesmo sentido, cf. LUMINOSO, Angelo. Patto commissorio, patto marciano e nuovi strumenti di autotutela esecutiva. *Rivista di Diritto Civile*. Padova: Cedam/Wolters Kluwer, anno LXIII, n. 1, p. 10-32, 2017: "Con una costituzione dell'imperatore Costantino – emanata intorno al 324 d.c. – la stipulazione della convenzione venne vietata, e il diritto giustinianeo manteneve il divieto".

[5]   LUMINOSO, Angelo. Patto commissorio, patto marciano e nuovi strumenti di autotutela esecutiva. *Rivista di Diritto Civile*. Padova: Cedam/Wolters Kluwer, anno LXIII, n. 1, p. 10-32, 2017: "La *Lex commissoria* – con la quale il debitore conveniva con il creditore che in caso di inadempimento un suo bene sarebbe passato in proprietà di quest'ultimo – risale al periodo romano classico dove tale stipulazione era considerata lecita nell'ambito del sistema di realizzazione del credito, all'interno del quale si poneva quale valida alternativa all'istituto dello *ius vendendi* del creditore.

[6]   CIPRIANI, Nicola. *Patto commissorio e patto marciano*. Napoli: Edizioni Scientifiche Italiane, 2000, p. 42-43: "La *fiducia* continuò ad essere utilizzata come contratto di garanzia ancora per tutto il I sec. d.C., per poi cominciare un declino che la portò ad essere gradualmente sostituita dal *pignus* e a scomparire definitivamente nel III sec. La *lex commissoria* fu utilizzata nei contratti di garanzia fino al divieto di Costantino del 324 d.C. Da allora, come già detto, essa è stata regolarmente vietata fino alle codificazioni moderne".

[7]   BIANCA, Cesare Massimo. *Il divieto del patto commissorio*. Napoli: Edizioni Scientifiche Italiane, 1959, riproduzione 2013, p. 210: "Non si è mancato di assumere la iniquità del patto commissorio anche sotto gli aspetti della immoralità e della usura".

[8]   DE MENECH, Carlotta. Il patto marciano e gli incerti confini del divieto di patto commissorio. *I Contratti*. Milano: IPSOA – Wolters Kluwer, n. 8-9, p. 823 e ss., 2015, indica que a vedação ao pacto comissório teria sido instituída sob o influxo da ideologia cristã para tutelar a classe dos devedores: "fu verosimilmente l'influsso dell'ideologia cristiana ad indurre l'imperatore Costantino a tutelare la classe dei debitori, reprimendo ogni operazione potenzialmente usuraria, ivi compresa naturalmente la *lex commissoria* sino ad allora lecita". No mesmo sentido, NAVONE, Livia Clelia. Il divieto del patto commissorio nell'ermeneutica contrattuale: la linea di confine tra il patto vietato e la *datio in solutum*. *Nuova Giurisprudenza Civile*, Padova: Cedam-WKI, n. 12, p. 1435 e ss., 2008, destaca que as teses mais antigas para a vedação comissória indicavam o combante à usura: "Secondo la tesi più risalente, il divieto in questione si spiega con l'esigenza di contrastare fenomeni di usura nell'interesse del debitore, il quale deve essere tutelato sia dalla coartazione del creditore, sia dalla perdita economica dovuta alla sproporzione tra l'ammontare del debito e il valore del bene in garanzia".

turalmente, o mais importante que ficou conhecido como pacto marciano,[9] idealizado pelo jurista romano Elio Marciano,[10] uma espécie de corretivo da *lex commissoria* para prever o direito do devedor de receber a diferença de valor, acaso superior o valor do bem dado em garantia em relação à dívida,[11] corrigindo, assim, as condições de equidade entre as partes, ausentes no pacto comissório.[12]

Nesse sentido, o pacto marciano surge como espécie de ajuste para atenuação da rigorosa vedação do pacto comissório, para evitar ser apanhado pela invalidade, especialmente por eliminar o problema decorrente da apropriação do bem dado em garantia pelo credor, quando o bem era de maior valor que a dívida, de modo que, no pacto marciano, além de o bem ser avaliado por um terceiro, o credor deveria restituir ao devedor o eventual excesso do valor do bem em relação à dívida.[13]

Interessante registrar, portanto, que as duas convenções, pacto comissório e pacto marciano, encontram-se ligadas pela origem comum no direito romano, pois o pacto marciano – assim denominado por Elio Marciano, que primeiro tratou do instituto via inserção no Digesto – começou a se difundir logo depois que o pacto comissório foi vedado, em 324 d.C., pelo imperador Constantino.[14]

---

[9] CIPRIANI, Nicola. *Patto commissorio e patto marciano*. Napoli: Edizioni Scientifiche Italiane, 2000, p. 43: "A séguito del divieto di patto commissorio, la prassi assistette al fiorire di convenzioni che conducevano comunque al soddisfacimento del creditore attraverso il trasferimento della proprietà del bene offerto in garanzia, ma utilizzando schemi che salvaguardassero la posizione del debitore e, quindi, non fossero sanzionabili dal divieto. Oltra alla vendita del pegno al creditore, le fonti ci consegnano numerosi esempi di ipoteca con tacito *ius vendendi* del creditore, pattuizioni simili all'anticresi, la *datio in solutum* del pegno nonché, naturalmente, il patto marciano".

[10] BIANCA, Cesare Massimo. *Il divieto del patto commissorio*. Napoli: Edizioni Scientifiche Italiane, 1959, riproduzione 2013, p. 203: "Anche qui la tradizione, ricollegata al diritto romano, si pronunzia per la validità del patto, espressamente affermata nella compilazione giustinianea, nel noto passo di Marciano, da cui il patto ha preso e conservato il nome di patto marciano". Cf. ainda DE MENECH, Carlotta. Il patto marciano e gli incerti confini del divieto di patto commissorio. *I Contratti*. Milano: IPSOA – Wolters Kluwer, n. 8-9, p. 823 e ss., 2015: "D'altro canto, l'esigenza di rafforzare le pretese dei creditori attraverso la costituzione di adeguate garanzie reali era già particolarmente sentita in epoca romana; cosicché – una volta proibite le convenzioni commissorie – il giurista Elio Marciano ideò uno schema negoziale che continuasse ad assicurare la restituzione del finanziamento attraverso il trasferimento al creditore di beni appartenenti al debitore, ma, al contempo, fosse idoneo a salvaguardare quest'ultimo da abusi ed iniquità".

[11] LUMINOSO, Angelo. Patto commissorio, patto marciano e nuovi strumenti di autotutela esecutiva. *Rivista di Diritto Civile*. Padova: Cedam/Wolters Kluwer, anno LXIII, n. 1, p. 10-32, 2017: "Nel frattempo, il giurista Elio Marciano, vissuto intorno al II-III secolo d.c., aveva elaborato un correttivo della *Lex commissoria* che prevedeva il diritto del debitore a ricevere dal creditore l'eventuale eccedenza tra l'entità del credito e il maggior valore del bene trasferito in garanzia".

[12] BIANCA, Cesare Massimo. *Il divieto del patto commissorio*. Napoli: Edizioni Scientifiche Italiane, 1959, riproduzione 2013, p. 204, destaca "la fondamentale giustificazione del patto marciano si è costantemente risolta nel richiamo alle mancate condizioni di iniquità che caratterizzano il patto commissorio".

[13] DE MENECH, Carlotta. Il patto marciano e gli incerti confini del divieto di patto commissorio. *I Contratti*. Milano: IPSOA – Wolters Kluwer, n. 8-9, p. 823 e ss., 2015: "Così, divenne perfettamente lecito stipulare il c.d. patto marciano, ovverosia un accordo 'con cui si conviene che, in caso di inadempimento di un debito, il creditore acquisti la proprietà di un bene del debitore, con l'obbligo, per il creditore, di versare al debitore l'eventuale eccedenza di valore del bene stimato da un terzo, rispetto all'importo del debito inadempiuto'. Il patto marciano fu dunque congegnato come correttivo del divieto di patto commissorio, come rimedio all'invalidità di quest'ultimo, onde consentire alla prassi negoziale di impiegare strumenti di garanzia reale del credito dotati di particolare efficacia".

[14] CIPRIANI, Nicola. *Patto commissorio e patto marciano*. Napoli: Edizioni Scientifiche Italiane, 2000, p. 13: "In questo senso, i destini delle due convenzioni si mostrano legati sin dalle origini: il patto marciano,

A vedação do pacto comissório, a partir da sua instituição em 324 d.C., prosseguiu no período medieval, confirmada, por exemplo, por um decreto pontifício de Inocêncio III em 1198, e encontrou regular confirmação nos códigos que surgiram no curso dos séculos, inclusive nas grandes codificações do século XIX,[15] como no Código de Napoleão, no BGB alemão e no Código Civil italiano de 1865.[16]

Todavia, apesar da vedação do pacto comissório ter perdurado nas modernas codificações, o pacto marciano permaneceu ignorado nas codificações do século XIX,[17] sem embargo da histórica complementariedade entre ambos e de, em todo esse período histórico, o pacto marciano ter sido considerado, como indica a doutrina italiana, "unanimemente lícito".[18]

Nesse contexto, nos tempos mais recentes, o pacto marciano tem sido reavivado ou redescoberto em várias legislações e mesmo no âmbito doutrinário e jurisprudencial, como instrumento idôneo a amortecer o rigor da vedação do pacto comissório e, consequentemente, restituir à prática negocial maior autonomia em matéria de garantias das obrigações,[19] inclusive porque o pacto marciano, em seu aspecto funcional, atua como mecanismo que permite a realização de um reequilíbrio econômico entre as posições do credor e do devedor,[20] o que traz extrema atualidade às discussões em torno do pacto marciano,[21] que até pouco tempo atrás seriam tidas como obsoletas.[22]

---

che trae la sua denominazione dal giurista romano dell'età dei Severi Elio Marciano, che per primo lo tratteggiò in un brano poi inserito nel Digesto, cominciò a diffondersi proprio dopo che il patto commissorio, nel 324 d.C., fu vietato da una nota costituzione dell'imperatore Costantino".

[15] CIPRIANI, Nicola. *Patto commissorio e patto marciano*. Napoli: Edizioni Scientifiche Italiane, 2000, p. 44-45: "In epoca medievale, dopo un periodo nel quale, anche sulla spinta della tradizione giuridica germano-longobarda, ritornò a diffondersi il ricorso alla fiducia e al patto commissorio, il divieto della convenzione nei contratti di garanzia fu confermato da una decretale di Innocenzo III del 1198 e, da allora, ha trovato regolare conferma nel corso dei secoli, fino alle grandi codificazioni del XIX secolo".

[16] CIPRIANI, Nicola. *Patto commissorio e patto marciano*. Napoli: Edizioni Scientifiche Italiane, 2000, p. 45-48.

[17] DE MENECH, Carlotta. Il patto marciano e gli incerti confini del divieto di patto commissorio. *I Contratti*. Milano: IPSOA – Wolters Kluwer, n. 8-9, p. 823 e ss., 2015: "Eppure, malgrado la sua storica complementarietà con la proibizione delle stipulazioni commissorie, il patto marciano è del tutto ignoto al codice civile vigente e neppure è mai stato particolarmente in auge nel diritto vivente".

[18] CIPRIANI, Nicola. *Patto commissorio e patto marciano*. Napoli: Edizioni Scientifiche Italiane, 2000, p. 49: "Il patto marciano, invece, continuò ad essere unanimemente considerato lecito".

[19] DE MENECH, Carlotta. Il patto marciano e gli incerti confini del divieto di patto commissorio. *I Contratti*. Milano: IPSOA – Wolters Kluwer, n. 8-9, p. 823 e ss., 2015: "Va detto, però, che in tempi recenti sembra riaffiorare l'idea di origine romanistica secondo cui la logica del patto marciano rappresenta lo strumento più idoneo ad attutire il rigore del divieto del patto commissorio e, conseguentemente, a restituire alla prassi negoziale maggiore autonomia in materia di garanzie reali atipiche".

[20] CIPRIANI, Nicola. *Patto commissorio e patto marciano*. Napoli: Edizioni Scientifiche Italiane, 2000, p. 22: "Anche per il patto marciano, infatti, si è posto in risalto l'aspetto funzionale: di conseguenza, si è dato rilievo al meccanismo di riequilibrio economico che esso consente".

[21] CIPRIANI, Nicola. *Patto commissorio e patto marciano*. Napoli: Edizioni Scientifiche Italiane, 2000, p. 22: "Tali proposte ricostruttive hanno infine restituito attualità alla convenzione marciana, che, non a caso, proprio in questi anni ha fatto la sua comparsa, per la prima volta, anche nella manualistica più attenta a cogliere le linee di sviluppo dell'ordinamento".

[22] DE MENECH, Carlotta. Il patto marciano e gli incerti confini del divieto di patto commissorio. *I Contratti*. Milano: IPSOA – Wolters Kluwer, n. 8-9, p. 823 e ss, 2015.

2.2. A DIRETIVA EUROPEIA DE 2002 E SEU ACOLHIMENTO PELO DIREITO ITALIANO

O reflorescimento das discussões em relação à vedação do pacto comissório e da possibilidade de utilização do pacto marciano surge normativamente, no panorama comunitário europeu, com a edição da Diretiva 47/2002-CE, depois modificada pela Diretiva 44/2009-CE, que admite, em seu art. 4º, a constituição de garantias reais que podem ser apropriadas diretamente pelo credor, nos próprios instrumentos contratuais de financiamento, mediante prévio acordo entre as partes, trazendo à tona o debate noticiado e que vem sendo resolvido, no curso do tempo, diversamente, segundo a predominância da linha de preocupação com o destino do devedor ou aquela mais voltada para o interesse do credor, de rápida liquidação dos negócios para assegurar a realização dos negócios e das obrigações.[23]

A Diretiva 47/2002-CE buscou, segundo seu terceiro considerando, regular a matéria das garantias financeiras para instituir regime comunitário comum, com a finalidade de favorecer a integração e a eficiência do mercado financeiro em termo de custos e promover a estabilidade do sistema financeiro da União Europeia e a livre prestação de serviços e circulação de capitais no mercado único dos serviços financeiros.[24]

Mais recentemente, a Diretiva 17/2014-EU permite, no campo de mútuos imobiliários ao consumidor, no art. 28, § 4º, que as partes possam convencionar a transferência da garantia real ou dos valores provenientes da venda da garantia real para o pagamento do crédito, prevendo sempre, em qualquer caso, a obrigação do credor de restituir para o devedor a eventual diferença a maior do valor do bem em relação à dívida.[25]

O impacto no ordenamento italiano de tais diretivas da Comunidade Europeia foi definido como "sísmico" e anunciador de uma revolução silenciosa em tema de garantias reais, de modo a desafiar os estudiosos de direito privado a rever várias categorias clássicas,[26]

---

[23] MURINO, Filippo. *L'autotutela nell'escussione della garanzia finanziaria pignoratizia*. Milano: Giuffrè Editore, 2010, p. 1.

[24] BRIANDA, Giovanni. Le prospettive del divieto del patto commissorio tra normativa comunitaria, *lex mercatoria* e tradizione. *Contratto e impresa*. Milano: Cedam-Wolters Kluwer, n. 3, p. 823, 2016: "A mente del terzo considerando della Direttiva 2002/47/CE, l'intervento regolatore della materia delle garanzie finanziarie si è reso necessario per 'creare un regime comunitario per la fornitura in garanzia di titoli e contante, con costituzione del diritto reale di garanzia o tramite trasferimento del titolo di proprietà, compresi i contratti di pronti contro termine', allo scopo di favorire 'l'integrazione e l'efficienza del mercato finanziario in termini di costi, nonché la stabilità del sistema finanziario dell'Unione europea e pertanto la libera prestazione dei servizi e la libera circolazione dei capitali nel mercato unico dei servizi finanziar'".

[25] DE MENECH, Carlotta. Il patto marciano e gli incerti confini del divieto di patto commissorio. *I Contratti*. Milano: IPSOA – Wolters Kluwer, n. 8-9, p. 823 e ss., 2015: "Principale contesto di tale reviviscenza è senza dubbio il panorama comunitario. In ordine di tempo, si pensi all'art. 4 della Dir. 2002/47/CE in materia di *financial collateral arrangements*, secondo cui è ammessa la costituzione di garanzie reali mediante appropriazione diretta da parte del creditore degli strumenti finanziari oggetto del contratto, previo accordo tra le parti in ordine alle modalità di valutazione degli stessi. Si consideri, poi, il recente art. 28, par. 4, della Dir. 2014/17/UE che, in tema di mutui immobiliari ai consumatori, consente alle parti di convenire che 'il trasferimento della garanzia reale o dei proventi della vendita della garanzia reale è sufficiente a rimborsare il credito'; fermo restando ovviamente l'obbligo del creditore di restituire l'eventuale *surplus* al debitore".

[26] MURINO, Filippo. *L'autotutela nell'escussione della garanzia finanziaria pignoratizia*. Milano: Giuffrè Editore, 2010, p. 9: "l'impatto nell'ordinamento interno del recepimento della Direttiva è stato, in ogni caso, definito 'sismico' e foriero di una 'rivoluzione silenziosa' in tema di garanzie reali; tanto che la dottrina ha osservato come 'nuove compiti (...) si profilino anche per lo studioso del diritto privato,

e, ao mesmo tempo, traz o ressurgimento de antigos esquemas de excussão de garantia da *lex mercatoria*, eliminados na esteira da codificação napoleônica em nome da igualdade dos credores e da vedação do pacto comissório.[27]

Assim, no ambiente europeu se percebe nítida abertura, no âmbito da regulação das garantias financeiras, das legislações para formas de excussão direta das garantias, ajustadas em sede de autotutela consensual, em razão da necessidade da rápida liquidação dos negócios, para evitar o chamado risco sistêmico e efeitos de contágio em relação à concessão de crédito,[28] sendo que, do ponto de vista da estruturação contratual, com ou sem a transferência da propriedade da garantia para o credor, os novos cenários de autotutela apresentados reproduzem o modelo do pacto marciano.[29]

No direito italiano, a Diretiva 47/2002-CE foi recebida pelo Decreto Legislativo 170/2004 na mesma linha comunitária de reduzir o risco sistêmico, ou seja, o perigo que a insolvência de um operador financeiro ativo no mercado transnacional possa contaminar todo o mercado, de modo que, por meio de particulares técnicas de redução do risco de crédito, se busca atingir uma finalidade microeconômica e outra macroeconômica: a primeira no sentido de diminuir ao máximo o custo de recuperação do crédito pelo credor; e a segunda, consequência da primeira, reduzir o custo do crédito.[30]

Em tal contexto, se permitiu o ingresso nos ordenamentos nacionais da figura da transferência da propriedade em função de garantia, ao menos no âmbito do mercado financeiro,[31] cenário em que tanto a *ratio* da Diretiva 47/2002-CE quanto a do decreto de recepção da diretiva no direito italiano permitiram visualizar melhor a superação da vedação do pacto comissório,[32]

---

con la sfida proveniente, nel caso specifico, delle regole del diritto finanziario, tendente a provocare l'adeguamento delle categorie civilistiche alla nuova realtà normativa'".

[27] MURINO, Filippo. *L'autotutela nell'escussione della garanzia finanziaria pignoratizia.* Milano: Giuffrè Editore, 2010, p. 1-2.

[28] MURINO, Filippo. *L'autotutela nell'escussione della garanzia finanziaria pignoratizia.* Milano: Giuffrè Editore, 2010, p. 2.

[29] MURINO, Filippo. *L'autotutela nell'escussione della garanzia finanziaria pignoratizia.* Milano: Giuffrè Editore, 2010, p. 2: "In effetti, nel potenziare i poteri di autotutela, dal punto di vista delle strutture contrattuali, sia i *security financial collaterals* (ossia le garanzie che non determinano il trasferimento della proprietà dei beni oggetto di garanzia) che i *title transfer financial collaterals* (in cui vi è un trasferimento in funzione di garanzia) di primo acchito ricalcano l'antico modello negoziale del patto marciano.

[30] BRIANDA, Giovanni. Le prospettive del divieto del patto commissorio tra normativa comunitaria, *lex mercatoria* e tradizione. *Contratto e impresa.* Milano: Cedam-Wolters Kluwer, n. 3, p. 823, 2016: "La *ratio* ispiratrice della Direttiva, e conseguentemente del decreto legislativo italiano di recepimento n. 170 del 2004, è stata dunque la volontà di ridurre il c.d. 'rischio sistemico', ossia il pericolo che l'insolvenza di un operatore finanziario attivo su un mercato transnazionale possa comportare conseguenze pregiudizievoli anche per l'intero mercato o, comunque, per gli altri operatori che con esso sono entrati in contatto. Così, attraverso particolari tecniche di riduzione del rischio di credito, tra le quali può annoverarsi la stessa introduzione della moneta unica, è stata perseguita non solo la finalità microeconomica di esonerare il creditore dal costo del recupero di quanto dovutogli, ma anche quella macroeconomica, alla prima direttamente conseguente, di ridurre il costo complessivo del credito".

[31] BRIANDA, Giovanni. Le prospettive del divieto del patto commissorio tra normativa comunitaria, *lex mercatoria* e tradizione. *Contratto e impresa.* Milano: Cedam-Wolters Kluwer, n. 3, p. 823, 2016: "È noto che con la Direttiva si sia fondamentalmente dato ingresso negli ordinamenti nazionali alla figura del trasferimento della proprietà in funzione di garanzia, quantomeno nell'ambito delle contrattazioni finanziarie".

[32] BRIANDA, Giovanni. Le prospettive del divieto del patto commissorio tra normativa comunitaria, *lex mercatoria* e tradizione. *Contratto e impresa.* Milano: Cedam-Wolters Kluwer, n. 3, p. 824, 2016: "Le considerazioni sulla ratio della Direttiva e del suo Decreto di attuazione consentono di contestualizzare meglio l'abrogazione che è stata fatta del divieto del patto commissorio, il quale sarebbe stato considerato

quando, por exemplo, o art. 6, n. 2, do Decreto Legislativo 170/2004 dispôs que nos contratos de garantia financeira, que prevejam a transferência de propriedade com função de garantia, não se aplica a vedação do pacto comissório prevista no art. 2.744 do Código Civil italiano.[33]

Tal previsão gerou, na doutrina italiana, divergência de posições, já que alguns entenderam que o decreto legislativo teria promovido a revogação da vedação do pacto comissório prevista no art. 2.744 do Código Civil;[34] enquanto outros visualizaram no cenário da diretiva e sua recepção no direito italiano a introdução da figura do pacto marciano, e, com isso, permaneceria de pé a vedação do pacto comissório.[35] Daí a conclusão de que o decreto interno

---

un ostacolo alla riduzione del rischio sistemico e, soprattutto, all'accesso delle imprese nel mercato del credito".

[33] BRIANDA, Giovanni. Le prospettive del divieto del patto commissorio tra normativa comunitaria, *lex mercatoria* e tradizione. *Contratto e impresa*. Milano: Cedam-Wolters Kluwer, n. 3, p. 824-825, 2016: "Ebbene, il legislatore delegato italiano ha scelto di non avvalersi della clausola di *out put*, ed ha recepito la disposizione comunitaria attraverso l'art. 6 del Decreto, rubricato 'Cessione del credito o trasferimento della proprietà con funzione di garanzia', secondo il quale '(1) I contratti di garanzia finanziaria che prevedono il trasferimento della proprietà con funzione di garanzia, compresi i contratti di pronti contro termine, hanno effetto in conformità ai termini in essi stabiliti, indipendentemente dalla loro qualificazione. (2) Ai contratti di garanzia finanziaria che prevedono il trasferimento della proprietà con funzione di garanzia, compresi i contratti di pronti contro termine, non si applica l'articolo 2744 del codice civile'".

[34] BRIANDA, Giovanni. Le prospettive del divieto del patto commissorio tra normativa comunitaria, *lex mercatoria* e tradizione. *Contratto e impresa*. Milano: Cedam-Wolters Kluwer, n. 3, p. 825, 2016: "Quest'ultimo inciso è stato salutato con notevole soddisfazione dalla dottrina che vedeva nel divieto un ostacolo al definitivo ingresso dell'Italia nel mercato della finanza globalizzata; tuttavia, se si considera il resto della disciplina dettata in materia di escussione del pegno avente ad oggetto strumenti finanziari si scopre, per un verso, che il *collateral taker* (ossia il creditore), qualunque sia la modalità di escussione utilizzata (vendita, appropriazione o utilizzo del contante) è comunque obbligato a restituire l'eccedenza eventualmente *maturatae*, per un altro, che condizioni di realizzo e valutazione monetaria delle obbligazioni garantite devono avvenire sulla base di un criterio di 'ragionevolezza commerciale'. Quest'ultima, consistente in una clausola generale identificabile, almeno in parte, nella buona fede (oggettiva) in fase di esecuzione del contratto, può essere fatta valere in giudizio ai fini del ricalcolo di quanto dovuto dal *collateral provider* (ossia il debitore)".

[35] BRIANDA, Giovanni. Le prospettive del divieto del patto commissorio tra normativa comunitaria, *lex mercatoria* e tradizione. *Contratto e impresa*. Milano: Cedam-Wolters Kluwer, n. 3, p. 825-826, 2016: "Tali considerazioni non possono che indurre a considerare la deroga di cui all'art. 6 con spirito differente, nel senso che la drastica valutazione della norma come pietra tombale del divieto del patto commissorio certamente subisce qualche ammorbidimento una volta contestualizzata con il resto della disciplina. Deve essere dato conto, infatti, di quella diffusa posizione dottrinale, basata su una lettura unilaterale dell'art. 6, per la quale la scelta del legislatore italiano di introdurre, nonostante la facoltà di out put, la figura dell'alienazione in garanzia e la deroga al divieto del patto commissorio rappresenti la presa di coscienza del superamento di quest'ultimo, non solo nell'ambito del diritto finanziario, ma anche in quello più ampio delle garanzie mobiliari in generale. La Direttiva, prima, e il Decreto, poi, denuncerebbero l'irragionevolezza di previsioni che si oppongono all'ammissibilità del patto commissorio, dando un segnale forte di cesura e svolta rispetto al passato. Ebbene, la previsione, da una parte, della necessità di restituzione al debitore del *surplus* maturato, e, dall'altra, di un criterio di valutazione come la ragionevolezza commerciale azionabile anche in via giudiziale, depongono nella direzione già prospettata quando si è affrontato il tema della riforma delle garanzie reali in Francia, ossia nel senso che il legislatore, più che abrogare il divieto del patto commissorio, abbia voluto in verità dare ingresso nell'ordinamento al patto marciano, ormai prepotentemente invalso nella prassi commerciale e meritevole di idonea consacrazione positiva".

que recebeu a diretiva não implicou a revogação da vedação do pacto comissório, porque as novas figuras provenientes da diretiva se inserem no contexto do pacto marciano.[36]

2.3. A REFORMA DO DIREITO FRANCÊS DAS GARANTIAS

Vale a pena, na sequência cronológica, quebrar a análise do direito italiano para introduzir as importantes reformas do sistema francês de garantias, ocorrida em 2006, que se mostram de grande relevo no sentido de evidenciar a erosão da vedação do pacto comissório,[37] e que influenciaram as discussões no direito italiano na sequência da incorporação da Diretiva 47/2002-CE, por meio do Decreto Legislativo 170/2004. Além de tais reformas poderem ser tidas como uma das mais importantes referências para construção de um direito privado europeu de garantias.[38]

Antes, porém, de adentrar na reforma francesa de 2006, é interessante anotar, até para destacar o impacto da reforma, as linhas gerais do tradicional sistema francês de garantias, inserido no Código Civil e que se encontrava vigente desde 1804, não obstante as várias reformas no setor promovidas por leis especiais fora da sistemática codificada, no curso do século passado, tornando, assim, fragmentária a regulação das garantias na França.[39]

Podem ser indicadas, exemplificativamente, algumas das características do sistema codificado francês originário: *a)* concepção das garantias reais como exceção ao princípio da responsabilidade patrimonial geral do devedor; *b)* sujeição das garantias reais ao princípio da tipicidade legal, com limitação à autonomia privada; *c)* dissonância entre a regulação legal no Código e as práticas adotadas no mercado.[40]

---

[36] BRIANDA, Giovanni. Le prospettive del divieto del patto commissorio tra normativa comunitaria, *lex mercatoria* e tradizione. *Contratto e impresa*. Milano: Cedam-Wolters Kluwer, n. 3, p. 827, 2016: "Se, allora, il patto marciano deve essere considerato diversamente e favorevolmente rispetto al patto commissorio (pur in base a motivi in parte differenti rispetto a quelli tradizionalmente ritenuti), e se le disposizioni di cui alla Direttiva ed al Decreto introducono figure certamente assimilabili più al primo che al secondo, si spiega il motivo per il quale il legislatore abbia deciso di non servirsi della clausola di out put prevista in sede di recepimento della normativa comunitaria. Quest'ultima, infatti, non si pone in contrasto con il principio del divieto di patto commissorio, sì che non si è reso necessario impedirne il completo assorbimento nell'ordinamento italiano".

[37] MURINO, Filippo. *L'autotutela nell'escussione della garanzia finanziaria pignoratizia*. Milano: Giuffrè Editore, 2010, p. 35: "Occorre premettere che, come anticipato, in Europa già a livello di legislazione nazione e di diritto privato generale si stia assistendo ad una progressiva e rapida erosione del divieto del patto commissorio. L'evento di maggior rilievo sotto tale profilo è dato dal fatto che proprio il *Code Napoléon* – che del divieto del patto commissorio aveva costituito il referente legislativo del codificatore italiano – ha recentemente subito in occasione del bicentenario della sua promulgazione un'importante riforma del titolo secondo del Libro IV relativo alle garanzie, anche mobiliari".

[38] MURINO, Filippo. *L'autotutela nell'escussione della garanzia finanziaria pignoratizia*. Milano: Giuffrè Editore, 2010, p. 37: "Sia la disciplina delle garanzie finanziarie che la riforma francese costituiscono i riferimenti più importante per la costruzione di un diritto privato europeo delle garanzie mobiliari".

[39] FIORENTINI, Francesca. La riforma francese delle garanzie nella prospettiva comparatistica. *Europa e diritto privato*. Milano: Giuffrè Editore, n. 3, p. 1.160, 2006: "Per comprendere contenuti ed impatto della riforma francese delle garanzie reali occorre, in via preliminare, ricordare i tratti salienti dell'attuale disciplina della materia, la quale risiede, da un lato, nell'apparato codicistico, così come disegnato da *Code civil* de 1804 e, dall'altro lato, in una congerie di frammentarie riforme introdotte nel corso del Novecento da leggi speciali, e per la tutela di interessi particolari, le quali hanno derogato in maniera disorganica alle direttive tracciate dal codice".

[40] FIORENTINI, Francesca. La riforma francese delle garanzie nella prospettiva comparatistica. *Europa e diritto privato*. Milano: Giuffrè Editore, n. 3, p. 1160-1163, 2006.

O sistema francês do Código de Napoleão era marcado por excessivo formalismo no trato das garantais[41] e registrava a mesma proibição/vedação, advinda do direito romano, em relação ao ajustamento do pacto comissório,[42] em razão do temor de que o credor, diante da necessidade de crédito do devedor, pudesse se apropriar do bem dado em garantia de valor muito superior, o que poderia mascarar uma operação de usura.[43]

Tal tradição não impediu, entretanto, o legislador francês, neste início de século XXI, de atender as renovadas exigências advindas da globalização dos mercados, a partir da adoção da visão mais ampla da propriedade como importante mecanismo para atuar a função de garantia,[44] sendo de anotar, aliás, que a própria jurisprudência já vinha admitindo várias hipóteses em que o credor poderia se apropriar do bem dado em garantia.[45]

Interessante anotar, ainda, que a doutrina francesa se refere à posição de Photier, elaborada no século XIX, na qual já destacava que convenção diversa do pacto comissório vedado seria aquela em que as partes preveem que a coisa pode ser apropriada pelo credor não de forma simples e direta, como ocorreria no pacto comissório "puro", mas, sim, mediante avaliação prévia por pessoa escolhida pelas partes e previsão de devolução do eventual valor excedente da garantia em relação à dívida, pacto este que seria lícito e não esbarraria na vedação do pacto comissório.[46] Por isso, destaca a doutrina, a reforma de 2006 não teria nada de revolucionário ao admitir tal pacto.[47]

---

[41] BRIANDA, Giovanni. Le prospettive del divieto del patto commissorio tra normativa comunitaria, *lex mercatoria* e tradizione. *Contratto e impresa*. Milano: Cedam-Wolters Kluwer, n. 3, p. 820, 2016: "Tuttavia, la vicenda più interessante degli ultimi anni è certamente quella francese. L'ordinamento transalpino, esattamente come quello italiano, si è sempre caratterizzato per connotati marcatamente formalisti".

[42] THÉRY, Philippe; GIJSBERS, Charles. *Droit des sûretés*. Paris: LGDJ, 2022, p. 200: "Pareille stipulation avait été fermement prohibée par le Code de 1804 (anc. art. 2078), come elle l'état déjà sous l'Ancien Régime et en droit romain". Cf. ainda AYNÈS, Laurent; CROCQ, Pierre; AYNÈS, Augustin. *Droit des sûretés*. 16. ed. Paris: LGDJ, 2022, p. 349.

[43] AYNÈS, Laurent; CROCQ, Pierre; AYNÈS, Augustin. *Droit des sûretés*. 16. ed. Paris: LGDJ, 2022, p. 349, destacavam que a vedação do pacto comissório na legislação então vigente se justificativa porque "elle craignait que le gagiste n'imposât cette attribution au constituant à un moment où celui-ci était sous l'empire d'un besoin d'argent, moyennant une estimation inférieure (voire très inférieure) à la valeur de la chose, ce qui rendrait discrètement usuraire l'opération".

[44] BRIANDA, Giovanni. Le prospettive del divieto del patto commissorio tra normativa comunitaria, *lex mercatoria* e tradizione. *Contratto e impresa*. Milano: Cedam-Wolters Kluwer, n. 3, p. 820, 2016: "Quest'ultimo aspetto non ha impedito al legislatore di prendere coscienza delle rinnovate esigenze portate dalla globalizzazione dei mercati (soprattutto finanziari), promuovendo definitivamente la visione della proprietà, e del suo scambio, come possibile strumento per il perseguimento di finalità analoghe a quelle tipiche delle garanzie reali".

[45] THÉRY, Philippe; GIJSBERS, Charles. *Droit des sûretés*. Paris: LGDJ, 2022, p. 200: "Les années passant, la prohibition s'état toutefois émoussée, la jurisprudence lui assignant des limites conformes à sa raison d'être. Ainsi accepta-t-elle de la faire céder en présence de biens portant en eux-mêmes l'indication de leur valeur (titres cotés, numéraire, etc.), aucun risque de spoliation n'existant alors". No mesmo sentido cf. AYNÈS, Laurent; CROCQ, Pierre; AYNÈS, Augustin. *Droit des sûretés*. 16. ed. Paris: LGDJ, 2022, p. 350.

[46] HÉRY, Philippe; GIJSBERS, Charles. *Droit des sûretés*. Paris: LGDJ, 2022, p. 201.

[47] HÉRY, Philippe; GIJSBERS, Charles. *Droit des sûretés*. Paris: LGDJ, 2022, p. 200/201: "Cette innovation de la réforme de 2006 est-elle la révolution que certains ont décrite ? On peut en douter, car la stipulation dont on admet ici la validité n'a, finalement, plus grand-chose à voir avec le pacte commissoire autrefois prohibé. (…) On comprend ainsi que la clause d'attribution en paiement admise par la réforme de 2006 (soumise à expertise préalable et avec obligation de restitution du reliquat) n'a jamais paru choquante et n'a rien de commun avec ce que tous les législateurs, depuis Constantin, ont prohibé sous le nom de « pacte commissoire » (absence d'expertise ainsi que de restitution de l'excédent)".

Em relação à reforma de 2006, tem-se que o Ministério da Justiça francês nomeou, em 2003, comissão, presidida pelo Prof. M. Grimaldi, a partir de iniciativa da Associação Henri Capitant, para apresentar projeto de reforma orgânica das garantias do crédito, concluído em 2005, originando a *ordonnance* n. 2006-346, de 23 de março de 2006,[48] que promoveu reforma das garantias no Código Civil francês, admitindo, por exemplo, a validade do ajustamento do pacto comissório, salvo no caso de concessão de crédito para consumidor, de penhor tendo por objeto mercadoria em estoque e de hipoteca em imóvel que constitui a residência principal do concedente da garantia.[49]

O mote da reforma, além da revisão orgânica e sistemática da matéria até então fragmentária e desorganizada, foi simplificar o direito das garantias reais, a fim de que pudessem constituir aparato homogêneo de fácil compreensão e utilização pelos usuários, de modo a maximizar a eficiência no uso das técnicas de tutela do crédito, sem deixar de lado a tutela do devedor.[50] Noutras palavras, instituir regime jurídico das garantias que permitisse a simplificação dos formalismos e a elasticidade das regras, para que as garantias pudessem satisfazer as necessidades de tutela do crédito, com diminuição de custo e tempo, desencorajando o mercado a utilizar outras técnicas que não aquelas juridicamente reguladas.[51]

As diretrizes fundamentais da reforma de 2006 procuraram se afastar de três grandes dogmas em tema de garantias: *a)* exigência de desapossamento do constituinte da garantia no caso de bens móveis; *b)* acepção rígida do princípio da acessoriedade da garantia; *c)* acepção rígida do princípio da especialidade da garantia. Trata-se de novas diretrizes que já há algum tempo caracterizam as tendências evolutivas mais modernas do setor das garantias reais nos países ocidentais.[52]

---

48 FIORENTINI, Francesca. La riforma francese delle garanzie nella prospettiva comparatistica. *Europa e diritto privato*. Milano: Giuffrè Editore, n. 3, p. 1158-1159, 2006.

49 MURINO, Filippo. *L'autotutela nell'escussione della garanzia finanziaria pignoratizia*. Milano: Giuffrè Editore, 2010, p. 35: "infatti, l'*ordonnance* n. 2006-346 del 23 marzo 2006, ha ammesso la validità del patto commissorio, salvo che in materia di credito al consumo, di pegno su *stock* e di ipoteca su residenza principale del costituenti".

50 FIORENTINI, Francesca. La riforma francese delle garanzie nella prospettiva comparatistica. *Europa e diritto privato*. Milano: Giuffrè Editore, n. 3, p. 1.166-1.167, 2006: "Quella appena schizzata è l'immagine di un sistema complesso, caratterizzato da un alto tasso di diversità degli istituti rilevanti e di frammentazione delle regole di riferimento. Su questo sistema mira ad intervenire la riforma francese come prima opera di revisione organica e sistematica della materia, dopo l'entrata in vigore del *Code civil*. Essa intende semplificare il diritto delle garanzie reali, costituendo un apparato omogeneo di regole certe e facilmente conoscibili da parte di tutti gli utenti del diritto. Il fine ultimo è quello di massimizzare l'efficacia delle tecniche di tutela del credito, senza per questo abbandonare il tradizionale approccio francese e, più in generale, latino, volto a promuovere la tutela del debitore".

51 FIORENTINI, Francesca. La riforma francese delle garanzie nella prospettiva comparatistica. *Europa e diritto privato*. Milano: Giuffrè Editore, n. 3, p. 1.169-1.170, 2006: "La riforma francese appare subito permeata dalla consapevolezza che l'efficacia delle garanzie reali è in grande misura determinata dal convergere, nel regime giuridico che ne governa le vicende essenziali, di due caratteri essenziali: la semplicità dei formalismi e l'elasticità delle regole. In particolare, la flessibilità delle regole deve consentire alle tecniche di garanzia del credito di soddisfare i bisogni del marcato evitando costi e tempi che, non essendo necessari ai fini della tutela degli interessi dei terzi, finiscono con lo scoraggiare il ricorso a queste figure e sono pertanto responsabili della fuga del mercato verso altre tecniche di tutela del credito, spesso più costose e difficili da ottenere, come le garanzie personali".

52 FIORENTINI, Francesca. La riforma francese delle garanzie nella prospettiva comparatistica. *Europa e diritto privato*. Milano: Giuffrè Editore, n. 3, p. 1.170, 2006.

Com isso, o Código Civil reformado busca traçar as linhas essenciais do direito das garantias reais, mantendo, todavia, as disciplinas específicas, mais detalhadas, contidas em leis especiais, como aquelas contidas no *Code de commerce*.[53]

Ponto interessante acolhido na reforma foi o reconhecimento, em via geral, da validade do penhor não possessório, sem, todavia, renunciar à figura do penhor tradicional,[54] em que a garantia é constituída sobre bem móvel, mas a posse do bem continua com o devedor e não é transferida ao credor.

O penhor não possessório, nesses termos, deixa de ser um contrato real e se torna apenas consensual, exigindo-se que o contrato apresente, por escrito, a indicação do crédito garantido e seu montante, bem como a natureza e quantidade dos bens móveis sobre os quais se constitui o penhor.[55] A tipologia do penhor não possessório exige a publicidade de tipo "pessoal", referida ao nome do instituidor da garantia, ou seja, fora do ambiente da publicidade real, cartorária, lançada na matrícula do bem.[56]

Outro ponto interessante da reforma francesa das garantias de 2006 foi a criação da hipoteca "recarregável", tida como uma das mais significativas inovações do projeto,[57] pois traz novidade importante dirigida à maior eficiência e economia de custo e tempo no âmbito da constituição da garantia hipotecária.[58]

A hipoteca recarregável é instituto que pode ser utilizado várias vezes pelo constituinte da garantia, para garantir créditos diversos daquele originário que gerou a hipoteca, em relação ao mesmo credor ou a credores sucessivos, diversos.[59]

A vantagem é evidente: os contratantes são dispensados do ônus de cancelar a hipoteca velha e constituir uma nova, de modo que o crédito, ou créditos, garantido por este tipo de hipoteca tem o benefício de gozar da garantia hipotecária originária, que prevalece sobre os

---

[53] FIORENTINI, Francesca. La riforma francese delle garanzie nella prospettiva comparatistica. *Europa e diritto privato*. Milano: Giuffrè Editore, n. 3, p. 1.169, 2006.

[54] FIORENTINI, Francesca. La riforma francese delle garanzie nella prospettiva comparatistica. *Europa e diritto privato*. Milano: Giuffrè Editore, n. 3, p. 1.173-1.174, 2006.

[55] FIORENTINI, Francesca. La riforma francese delle garanzie nella prospettiva comparatistica. *Europa e diritto privato*. Milano: Giuffrè Editore, n. 3, p. 1.174, 2006: "Ammesso in linea di principio un pegno non possessorio, il contratto di pegno cessa di essere un contratto reale quanto ai modi della sua costituzione. Esso diviene un contratto consensuale (nuovo art. 2.333 c.c.), la cui validità richiederà la redazione di 'uno scritto contenente l'indicazione del o dei crediti garantiti, oltre che della specie, natura e quantità dei beni costituiti in pegno' (nuovo art. 2336 c.c.)".

[56] FIORENTINI, Francesca. La riforma francese delle garanzie nella prospettiva comparatistica. *Europa e diritto privato*. Milano: Giuffrè Editore, n. 3, p. 1.174, 2006: "La pubblicità realizzata dalla registrazione del pegno non possessorio sarà necessariamente una pubblicità personale, riferita cioè al nome del costituente (nuovo art. 2.337, co. 1, c.c.), non essendo possibile una pubblicità di tipo reale su beni mobili corporali che non siano soggetti a regime di immatricolazione".

[57] FIORENTINI, Francesca. La riforma francese delle garanzie nella prospettiva comparatistica. *Europa e diritto privato*. Milano: Giuffrè Editore, n. 3, p. 1.187, 2006: "L'introduzione dell'*hypothèque rechargeable* è senz'altro tra le innovazioni più significative della riforma Grimaldi".

[58] FIORENTINI, Francesca. La riforma francese delle garanzie nella prospettiva comparatistica. *Europa e diritto privato*. Milano: Giuffrè Editore, n. 3, p. 1.190, 2006: "L'ipoteca ricaricabile è il fiore all'occhiello della riforma francese perché costituisce una novità improntata all'efficienza ed ai risparmio di costi e tempi, introdotta a dispetto degli ostacoli culturali e dogmatici che un paese latino come la Francia avrebbe potuto opporre all'istituto".

[59] FIORENTINI, Francesca. La riforma francese delle garanzie nella prospettiva comparatistica. *Europa e diritto privato*. Milano: Giuffrè Editore, n. 3, p. 1.187, 2006: "L'ipoteca 'ricaricabile' è un istituto che può essere utilizzato più volte dal costituente, a garanzia di diversi crediti rispetto a quello originario, nei confronti del medesimo creditore, oppure a garanzia di creditori successivi, diversi del primo".

credores hipotecários posteriores, que inscreveram a garantia hipotecária depois da criação da garantia originária, e tal preferência se aplica mesmo no caso de ser a hipoteca "recarregada" ou redirecionada para outro bem posteriormente.[60]

Segundo a disciplina do novo art. 2.422 do Código Civil francês, a hipoteca pode ser posteriormente utilizada para garantia de outros créditos em relação ao originário, individuado no ato constitutivo, quando haja previsão expressa neste sentido.[61] Nessa linha, nem todas as hipotecas são "recarregáveis", só aquelas em que há previsão expressa no ato constitutivo de tal perspectiva especial e, inclusive, a cláusula de "recarga" da hipoteca deve ser publicizada, mediante inscrição no registro imobiliário.[62]

Também merece destaque a inserção no *code de la consommation* do empréstimo vitalício hipotecário, definido como contrato mediante o qual banco ou instituição financeira concede à pessoa física mútuo sob a forma de capital ou de prestação periódicas, garantido por hipoteca constituída sobre o imóvel de propriedade do mutuário, dirigido ao uso habitacional, com o reembolso do capital e dos juros exigíveis só após a morte do mutuário.[63]

Trata-se de instrumento próprio para desmobilizar uma parte da notável riqueza aplicada hoje na França em imóveis, e mesmo na maior parte dos países europeus, e que permite seu uso para sustentar a liquidez das pessoas anciãs, com menor impacto social e psicológico, por permitir que continue residindo no imóvel, sem necessidade da sua alienação ou da nua propriedade.[64]

Por fim, surge o ponto que neste trabalho interessa mais de perto, qual seja, a "abolição" da vedação do pacto comissório na reforma francesa das garantias de 2006,[65] como importante

---

[60] FIORENTINI, Francesca. La riforma francese delle garanzie nella prospettiva comparatistica. *Europa e diritto privato*. Milano: Giuffrè Editore, n. 3, p. 1.187, 2006: "Il vantaggio dal punto di vista degli interessi del costituente è evidente, poiché costui è dispensato dell'onere di cancellare la vecchia ipoteca, costituita a garanzia del credito originario per crearne una nuova, a garanzia di creditori successivi. Il creditore garantito da questo tipo di ipoteca, da parte sua, ha il beneficio di godere del grado ipotecario originario, potendo così prevale su tutti i creditori che avessero iscritto garanzia sul medesimo bene dopo la costituzione dell'ipoteca 'ricaricabile', ma prima della 'ricarica', ovvero del suo ri-utilizzo".

[61] FIORENTINI, Francesca. La riforma francese delle garanzie nella prospettiva comparatistica. *Europa e diritto privato*. Milano: Giuffrè Editore, n. 3, p. 1.187, 2006.

[62] FIORENTINI, Francesca. La riforma francese delle garanzie nella prospettiva comparatistica. *Europa e diritto privato*. Milano: Giuffrè Editore, n. 3, p. 1.187, 2006: "Questa regola mostra che, nel diritto francese riformato, non tutte le ipoteche saranno *rechargeables*, ma solo quelle che prevedano espressamente nell'atto costitutivo tale particolare natura. Per ragioni di certezza nel credito ipotecario la clausola (o convenzione) di 'ricarica' dovrà essere notarile e riceverà pubblicità mediante annotazione nei registri immobiliari".

[63] FIORENTINI, Francesca. La riforma francese delle garanzie nella prospettiva comparatistica. *Europa e diritto privato*. Milano: Giuffrè Editore, n. 3, p. 1.191, 2006.

[64] FIORENTINI, Francesca. La riforma francese delle garanzie nella prospettiva comparatistica. *Europa e diritto privato*. Milano: Giuffrè Editore, n. 3, p. 1.191-1.192, 2006: "Evidentemente il prestito vitalizio ipotecario è uno strumento adatto a smobilizzare una parte della notevole ricchezza impegnata oggi in immobili, in Francia, come nella maggior parte dei Paesi europei. L'istituto mira a rendere disponibile questa ricchezza per il sostegno del bisogno di liquidità dell'anziano, mediante modalità di minor impatto – dal punto di vista psicologico, ancor più che fiscale – rispetto alla vendita della nuda proprietà".

[65] THÉRY, Philippe; GIJSBERS, Charles. *Droit des sûretés*. Paris: LGDJ, 2022, p. 200: "Sur cette pente, mais de manière encore plus catégorique, la réforme de 2006 consacre la validité du pacte commissoire (C. civ., art. 2348, al 1°)". Cf. também AYNÈS, Laurent; CROCQ, Pierre; AYNÈS, Augustin. *Droit des sûretés*. 16. ed. Paris: LGDJ, 2022, p. 350 : "Aujourd'hui, depuis l'entrée en vigueur de l'ordonnance du 23 mars 2006, c'est-à-dire à l'égard des gages constitués après le 25 mars 2006, le pacte commissoire est autorisé (art. 2.348)".

evolução em matéria de garantias, para permitir maior eficiência e gerar desenvolvimento econômico, com a maximização dos interesses creditórios garantidos, sem deixar de lado a proteção adequada do devedor.[66]

Diz-se "abolição" entre aspas porque, como esclarece a doutrina, não se trata propriamente de eliminação da vedação do pacto comissório, pois o fundamento da proibição ainda persiste na França, para tutelar a posição do devedor, visto como parte mais fraca na relação, contra abusos do credor.[67]

Relembre-se que a vedação do pacto comissório tem por base impedir o enriquecimento sem causa do credor, e, neste ponto, a reforma francesa admitiu expressamente que, asseguradas determinadas condições que evitem a desproporção entre valor do crédito e valor do bem dado em garantia, a previsão de o credor ficar com o bem dado em garantia (pacto comissório) se mostra válida.[68]

Nesse sentido, em matéria de garantia mobiliária, o novo art. 2.348 do Código Civil francês estabelece que pode ser convencionado que o credor se torne proprietário do bem objeto do penhor, desde que seu valor possa ser determinado, no momento da transferência, por meio de procedimento objetivo com cotação de mercado, ou por meio de avaliação realizada por perito designado de comum acordo pelas partes ou judicialmente e, no caso do valor da garantia superar o da dívida, é assegurado ao devedor a restituição do excedente.[69]

Noutras palavras, no caso de garantia mobiliária, por meio do pacto comissório, pode-se ajustar contratualmente, mesmo depois da constituição da garantia, que no caso de inadimplemento do devedor, o credor pode se tornar proprietário da coisa, cujo valor pode ser determinado por comum acordo entre as partes ou por meio de um perito nomeado judicialmente. Se o bem móvel dado em garantia for de valor superior ao crédito garantido,

---

[66] FIORENTINI, Francesca. La riforma francese delle garanzie nella prospettiva comparatistica. *Europa e diritto privato*. Milano: Giuffrè Editore, n. 3, p. 1195-1196, 2006: "L'esperienza anche comparatistica insegna che, per essere efficace, e quindi incentivare lo sviluppo economico, un regime in materie di garanzie reali deve saper massimizzare gli interessi dei creditori garantiti, senza per questo pregiudicare la posizione del costituente la garanzia. In questa prospettiva, la riforma punta ad affinare l'efficacia del diritto francese attraverso uno snellimento delle tecniche di realizzazione delle garanzie. A tal fine esse abolisce il divieto del patto commissorio, in relazione alle garanzie mobiliari come immobiliari, senza per questo pregiudicare la posizione del concedente".

[67] FIORENTINI, Francesca. La riforma francese delle garanzie nella prospettiva comparatistica. *Europa e diritto privato*. Milano: Giuffrè Editore, n. 3, p. 1196-1197, 2006: "A livello declamatorio, sussiste accordo, in Francia come altrove, sul fatto che il fondamento della proibizione sia da ravvisarsi nell'esigenza di tutelare la posizione del debitore/costituente la garanzia, inteso come parte debole del rapporto, contro le possibilità di abuso da parte del creditore".

[68] FIORENTINI, Francesca. La riforma francese delle garanzie nella prospettiva comparatistica. *Europa e diritto privato*. Milano: Giuffrè Editore, n. 3, p. 1198, 2006: "Il divieto di arricchimento ingiustificato è dunque la vera *ratio* del divieto del patto commissorio. E su questa base che la riforma ammette espressamente, a certe condizioni che evitino la sproporzione nell'ambito del rapporto di garanzia, la validità del patto commissorio in materia di *gage*, di *nantissement* di crediti, di anticresi e di ipoteca".

[69] FIORENTINI, Francesca. La riforma francese delle garanzie nella prospettiva comparatistica. *Europa e diritto privato*. Milano: Giuffrè Editore, n. 3, p. 1198, 2006: "Così, in materia di *gage*, il nuovo art. 2348 c.c. stabilisce che 'può essere convenuto che il creditore diverrà proprietario di un bene oggetto di pegno a condizione che il suo valore possa essere determinato al tempo del trasferimento per mezzo di un procedimento obiettivo, come una quotazione sul mercato una stima da parte di un esperto designato in via amichevole o giudiziaria. Qualora questo valore ecceda l'ammontare del credito garantito, il creditore deve al debitore una somma uguale alla differenza; se esistono altri creditori pignoratizi, il creditore deve consegnare loro detta differenza".

o credor beneficiário do pacto comissório deve restituir ao devedor o valor em dinheiro referente a tal diferença.[70]

A doutrina francesa indica que o art. 2.348 do Código Civil, com a redação dada pela reforma de 2006, permite que o credor se torne proprietário do bem dado em garantia no caso de inadimplemento do devedor, mas, diante da sua generalidade, seria do interesse das próprias partes que elas ajustassem no contrato regramento mais detalhado a respeito da incidência do "pacto comissório", tais como forma de constatação do inadimplemento, momento da transferência da propriedade do bem dado em garantia para o credor, possibilidade do credor optar pela venda do bem, entre outras.[71]

Como se percebe, trata-se, apesar da reforma francesa não se referir expressamente, de mecanismo que se enquadra na tipologia do pacto marciano, ou seja, que pode tranquilamente ser visto como pacto marciano que, desde sua origem romana, atua como corretivo da vedação do pacto comissório,[72] até porque, como destaca a doutrina francesa, o novo art. 2.348 do Código Civil colocou severos "garde-fous" na "liberação" do pacto comissório que traduzem, na realidade, a perspectiva do pacto marciano: obrigatoriedade de realização da perícia para avaliação do bem e restituição do valor excedente ao devedor.[73] Outra limitação é que a validade do pacto comissório prevista no art. 2.348 do Código Civil é recusada no caso de concessão de crédito ao consumidor.[74]

Destaca-se, ainda, a importância, ao lado da devolução do valor excedente da garantia em relação à dívida,[75] da avaliação adequada do bem, uma vez que o experto não se coloca como simples avaliador, mas, sim, atua como verdadeiro perito, até porque a precificação adequada do bem dado em garantia atua também para proteção de terceiros, como é o caso

---

[70] MURINO, Filippo. *L'autotutela nell'escussione della garanzia finanziaria pignoratizia*. Milano: Giuffrè Editore, 2010, p. 35-36: "Limitandoci alle novità in tema di garanzie mobiliari, con il patto commissorio può, infatti, convenirsi – anche posteriormente alla costituzione della garanzia – che, in caso di mancato pagamento, il creditore *gagiste* divenga proprietario della cosa, il cui valore sia determinato o di comune accordo dalle parti, ovvero ad opera di un esperto nominato dal giudice. Inoltre, è espressamente previsto che nell'ipotesi in cui il bene dato in *gage* abbia un valore superiore a quello del credito garantito, il creditore beneficiario del patto commissorio debba versare al debitore una somma di denaro pari a tale eccedenza di valore (art. 2348)".

[71] AYNÈS, Laurent; CROCQ, Pierre; AYNÈS, Augustin. *Droit des sûretés*. 16. ed. Paris: LGDJ, 2022, p. 350: "Les parties on intérêt à convenir en détail de son mode de réalisation (constatation de la défaillance, moment du transfert de propriété, possibilité pour le créancier d'y renoncer et de procéder à la vente forcée…) ; car l'article 2348 n'en dit pas grand-chose".

[72] FIORENTINI, Francesca. La riforma francese delle garanzie nella prospettiva comparatistica. *Europa e diritto privato*. Milano: Giuffrè Editore, n. 3, p. 1198, 2006, em relação ao novo art. 2.348 do Código Civil francês: "Secondo questa disposizione, pertanto, il patto commissorio valido è quello stipulato dalle parti *ab initio*, per evitare esistono dei meccanismi idonei ad evitare l'arricchimento ingiustificato del creditore. Come è facile notare, si tratta di meccanismi che ricalcano lo schema del c.d. patto marciano".

[73] THÉRY, Philippe; GIJSBERS, Charles. *Droit des sûretés*. Paris: LGDJ, 2022, p. 200.

[74] AYNÈS, Laurent; CROCQ, Pierre; AYNÈS, Augustin. *Droit des sûretés*. 16. ed. Paris: LGDJ, 2022, p. 352, destacam que a validade do pacto comissório "est refusée dans le cas du gage de droit commun garantissant le remboursement d'un crédit à la consommation (C. consom., art. L. 312-38 et anc. art. L. 311-23)".

[75] AYNÈS, Laurent; CROCQ, Pierre; AYNÈS, Augustin. *Droit des sûretés*. 16. ed. Paris: LGDJ, 2022, p. 352: "La loi impose au créancier bénéficiaire du transfert de payer l'excédent de valeur du bien par rapport à sa créance au débiteur (il eût mieux valu parler du « constituant », ce qui aurait permis de tenir compte du gage pour autrui), ou, s'il existe d'autres gagistes, de le consigner".

Capítulo 2 · DA VEDAÇÃO AO PACTO COMISSÓRIO À LICITUDE DO PACTO MARCIANO | 31

dos demais credores do devedor.[76] Tal perícia avaliativa pode ser descartada quando o bem tem cotação em mercado regulado, como prevê legislação mais atual de setembro de 2021.[77]

Portanto, na realidade, a reforma francesa de 2006 não aboliu propriamente a vedação do pacto comissório, mas adotou de forma expressa a antiga figura do pacto marciano, que vinha atuando, até então, sem reconhecimento legislativo expresso e agora encontra reconhecimento legal no plano geral, via "codificação" do pacto marciano.[78]

Em tal contexto, o direito francês, legislativamente, adotou posição intermediária, que já era notada na jurisprudência, em relação, por exemplo, num extremo, ao direito alemão, cujos tribunais admitem a licitude em geral das alienações comissórias, tornando letra morta a proibição codificada; e, no outro, ao direito italiano, com apego à vedação do pacto comissório, com sua extensão até para as transferências em garantia.[79]

2.4. ATUALIZAÇÃO JURISPRUDENCIAL MAIS RECENTE NA ITÁLIA EM TORNO DO PACTO COMISSÓRIO E DO PACTO MARCIANO

Retornando à evolução do tema no direito italiano, pode-se observar que a jurisprudência mais recente não ficou à margem das discussões doutrinárias em torno da licitude do pacto marciano, mesmo diante da vedação do pacto comissório, e, antes mesmo das reformas legislativas de 2015 e 2016, que serão apresentadas a seguir, vinha admitindo a licitude do pacto marciano em contraposição à vedação do pacto comissório prevista no Código Civil, alterando a linha jurisprudencial mais antiga de máxima expansão da vedação do pacto comissório para apanhar também o pacto marciano.[80]

A Corte de Cassação italiana, em 2013, na Sentença 10986, de 9 de maio de 2013, entendeu que a finalidade de garantia para a transferência da propriedade do bem não permite configurar tal venda como ilícita, porque a vedação legal em relação ao pacto comissório residiria

---

[76] AYNÈS, Laurent; CROCQ, Pierre; AYNÈS, Augustin. *Droit des sûretés*. 16. ed. Paris: LGDJ, 2022, p. 351: "L'article 2348 rende cette évaluation expertale impérative – l'expert dont il s'agit n'est pas un simple évaluateur dont la mission serait analogue à celle de l'estimateur de l'article 1592, car l'estimation est nécessaire à la protection des tiers, notamment les autres créanciers du constituant".

[77] AYNÈS, Laurent; CROCQ, Pierre; AYNÈS, Augustin. *Droit des sûretés*. 16. ed. Paris: LGDJ, 2022, p. 351: "Elle n'est écartée que lorsque le bien est coté sur un marché organisé – « une plate-forme de négociation » depuis l'ordonnance du 15 septembre 2021 (ex :titres cotés, instruments liés au cours des devises…)".

[78] BRIANDA, Giovanni. Le prospettive del divieto del patto commissorio tra normativa comunitaria, *lex mercatoria* e tradizione. *Contratto e impresa*. Milano: Cedam-Wolters Kluwer, n. 3, p. 822, 2016: "Ciò che si vuol dire è che, una volta riconosciuta dignità di figura autonoma al patto marciano secondo i presupposti e i caratteri che si è provato a delineare, la previsione normativa francese, pur nella sua straordinaria valenza (anche culturale), si limita, in realtà, a dare ingresso nell'ordinamento ad un istituto tanto antico quanto estremamente attuale ed utile, che non era giusto relegare ancora nell'angolo del diritto non scritto. Il secondo ed il terzo comma dell'art. 2348 Code Civil svelano, più del primo, l'intento del legislatore francese, poiché se veramente la volontà fosse stata quella di reintrodurre l'ammissibilità del patto commissorio, sarebbe stata necessaria la loro omissione, giacché l'istituto, proprio come stabiliva il vecchio art. 2078, non prevede somme da restituire o interventi di terzi. Invece, con le previsioni che si sono riportate, se, da una parte, è stato dato ingresso dalla porta principale al patto marciano, dall'altra, è stata confermata l'inammissibilità del patto commissorio (puro). Questa posizione è sostanzialmente condivisa da alcuni Autori, secondo i quali 'in realtà, è stato codificato il tradizionale riconoscimento della validità del patto marciano'".

[79] FIORENTINI, Francesca. La riforma francese delle garanzie nella prospettiva comparatistica. *Europa e diritto privato*. Milano: Giuffrè Editore, n. 3, p. 1197, 2006.

[80] Cf. DE MENECH, Carlotta. Il patto marciano e gli incerti confini del divieto di patto commissorio. *I Contratti*. Milano: IPSOA – Wolters Kluwer, n. 8-9, p. 823 e ss., 2015.

na desproporção entre o valor do débito e o valor do bem dado em garantia, de modo que a nulidade da alienação estaria subordinada ao fato de que a garantia fosse de valor excedente àquela do crédito.[81]

Logo em seguida, em curto espaço de tempo, a mesma Corte de Cassação, com a Sentença 1625, de 28 de janeiro de 2015, legaliza a operação de *lease back*, lendo a nulidade do pacto comissório prevista no art. 2.744 do Código Civil italiano de forma a deixar fora do seu espectro o pacto marciano, já revisto na atualidade no sentido de permitir a transferência da garantia, desde que o valor do bem seja apurado por terceiro imparcial, após o inadimplemento do devedor.[82]

Aponta-se doutrinariamente que a Cassação vem, na atualidade, de forma orgânica, admitindo que credor e devedor possam convencionar, originariamente no contrato, a variação de a garantia funcionar como uma espécie de dação em pagamento, subordinada à ocorrência do inadimplemento da prestação ajustada.[83]

A Sentença 1625, de 16 de janeiro de 2015, apresenta a definição do pacto marciano e delimita os requisitos básicos para sua validade, com afastamento da nulidade comissória: o pacto marciano válido surge quando as partes inserem no negócio jurídico cláusula contratual com o objetivo de impedir que o credor, no caso de inadimplemento, possa se apropriar de valores superiores ao do seu crédito, mediante pactuação no sentido de que, no momento do inadimplemento, se proceda a avaliação do bem e que o credor seja obrigado a restituir ao devedor eventual valor excedente ao valor do débito.[84]

---

[81] PAGLIANTINI, Stefano. Sull'art. 48-bis T.U.B.: il "pasticcio" di un marciano bancario quale meccanismo surrogatorio di un mancato adempimento. In: D'AMICO, Giovanni; PAGLIANTINI, Stefano; PIRAINO, Fabrizio; RUMI, Tiziana. *I nuovi marciani*. Torino: G. Giappichelli Editore, 2017, p. 60: "Dapprima è stata Cass. 9 maggio 2013, n. 10986, a sentenziare che lo scopo di garanzia del trasferimento non è sufficiente a connotare la vendita come *illecita* perché il fattore identificativo del divieto di legge è rappresentato 'dalla sproporzione tra l'entità del debito ed il valore dato in garanzia', col risultato che il binomio nullità-disvalore dell'alienazione estintiva è subordinata al fatto che vi sia *una garanzia eccedente il credito*".

[82] PAGLIANTINI, Stefano. Sull'art. 48-bis T.U.B.: il "pasticcio" di un marciano bancario quale meccanismo surrogatorio di un mancato adempimento. In: D'AMICO, Giovanni; PAGLIANTINI, Stefano; PIRAINO, Fabrizio; RUMI, Tiziana. *I nuovi marciani*. Torino: G. Giappichelli Editore, 2017, p. 60: "Le è succeduta, a stretto giro, Cass. 28 gennaio 2015, n. 1625, la quale, nel mentre legalizza il *lease back*, legge pure la nullità dell'art. 2744 alla stregua di una comminatoria che non tocca la fattispecie del marciano, il quale, beninteso, non è più il bizantino *iusto praetio tunc aestimandum* bensì quello rivisto e corretto nel senso di un'*attualizzazione* della stima, imparziale ed entro tempi certi, della garanzia reale al tempo dell'inadempimento".

[83] PAGLIANTINI, Stefano. Sull'art. 48-bis T.U.B.: il "pasticcio" di un marciano bancario quale meccanismo surrogatorio di un mancato adempimento. In: D'AMICO, Giovanni; PAGLIANTINI, Stefano; PIRAINO, Fabrizio; RUMI, Tiziana. *I nuovi marciani*. Torino: G. Giappichelli Editore, 2017, p. 61, aponta que "la Cassazione sembra ormai organicamente ammettere che creditore e debitore possano convenire, già all'atto della stipula, la variabile di una *datio in solutum* il cui inverarsi è subordinato all'inadempimento della prestazione (pecuniaria) dovuta entro il termine pattuito".

[84] FAPPIANO, Giovanni. Il patto marciano: tra tipicità e autonomia contrattuale. *I Contratti*. Milano: IPSOA-WKI, n. 1, p. 86 e ss., 2019: "Nel 2015 la S.C. (Cass. 28 gennaio 2015, n. 1625. Disponível em: www.ilcaso.it), offrendo preliminarmente una definizione del c.d. patto marciano, ha delineato i requisiti essenziali che la clausola marciana deve possedere al fine di essere considerata lecita. Secondo il dettato della Corte si è in presenza del c.d. patto marciano quando le parti inseriscono nel negozio giuridico una clausola contrattuale volta ad impedire che il concedente, in caso di inadempimento, si appropri di un valore superiore all'ammontare del suo credito, pattuendosi che, al termine del rapporto, si proceda alla stima del bene e che il creditore sia tenuto al pagamento in favore del venditore dell'importo eccedente l'entità del credito".

Capítulo 2 · DA VEDAÇÃO AO PACTO COMISSÓRIO À LICITUDE DO PACTO MARCIANO | 33

A Sentença 1625/2015 é vista como decisão importante, por meio da qual a Corte de Cassação traçou uma espécie de "perfil" do pacto marciano, confirmando sua idoneidade para neutralizar os inconvenientes encontrados na vedação legal das alienações comissórias,[85] retratando tentativa de individualizar no ordenamento italiano uma trama normativa por meio da qual se admite a realização coativa do crédito do credor, na via da autotutela executiva, mas que, ao mesmo tempo, resguarda o interesse do devedor e mesmo dos demais credores, para que o credor não receba mais do que o devido.[86]

Nesse sentido, se faz referência, por exemplo, no âmbito do Código Civil italiano, ao penhor irregular (art. 1.851) e ao recebimento de crédito dado em penhor (art. 2.803), que de certa forma contemplam regulação marciana da relação jurídica, quando se admite que no caso de a garantia ser constituída de depósito em dinheiro, mercadorias ou título de crédito, o credor possa dispor de tais valores para realização direta do crédito, devolvendo ao devedor eventual valor excedente.[87]

---

[85] D'AMICO, Giovanni. La resistibile ascesa del patto marciano. In: D'AMICO, Giovanni; PAGLIANTINI, Stefano; PIRAINO, Fabrizio; RUMI, Tiziana. *I nuovi marciani*. Torino: G. Giappichelli Editore, 2017, p. 1: "Esaminando e decidendo un'ennesima controversia in materia di *lease back*, e valutando il tipo de pattuizioni che possono evitare che l'operazione economica in questione incorra in una sanzione di invalidità per violazione del divieto del patto commissorio, la Cassazione tracciava – non più tardi di un paio di anni fa – una sorta di 'profilo' del patto marciano, confermandone (in conformità – del resto – ad una lunga tradizione) la idoneità a neutralizzare i possibili inconvenienti (in particolare in punto di 'equilibrio sinallagmatico') che sono alla base (secondo l'opinione, ribadita – anche in questa occasione – dai giudice della Corte) del divieto delle alienazioni commissorie (a scopo di garanzia)".

[86] D'AMICO, Giovanni. La resistibile ascesa del patto marciano. In: D'AMICO, Giovanni; PAGLIANTINI, Stefano; PIRAINO, Fabrizio; RUMI, Tiziana. *I nuovi marciani*. Torino: G. Giappichelli Editore, 2017, p. 2: "La pronuncia è interessante sotto molteplici profili, e anzitutto perché si ritrova in essa il tentativo di individuare nell'ordinamento una trama di disposizioni nelle quali la realizzazione (coattiva) dei diritti del creditore *in via di autotutela* è esplicitamente prevista (e ammessa) dallo stesso legislatore, epperò salvaguardando anche l'interesse del debitore (e – aggiungiamo – degli altri creditori) a che quel creditore non riceva 'più di quanto in effetti gli spetti'". No mesmo sentido, cf. FOLLIERI, Luigi. Il patto marciano tra diritto "comune" e "speciale". *La Nuova Giurisprudenza Civile*. Padova: Cedam-WKI, n. 12, p. 1857 e ss., 2018: "Tant'è vero che la giurisprudenza degli ultimi anni, da ultimo con un arresto del 2015, ritenendo che l'effettiva ratio del divieto di cui all'art. 2744 cod. civ. consista nell'esigenza di proteggere il debitore da un arricchimento ingiustificato da parte del creditore che approfitta della propria posizione, ha escluso l'illiceità del congegno marciano perché *'ciò garantirebbe contro il pericolo che il debitore subisca una lesione in conseguenza del trasferimento con funzione di garanzia: la stima imparziale del valore del bene ad opera di un terzo e l'obbligo, da parte del creditore, di restituire l'eccedenza al debitore assumono, quindi, il compito di escludere l'abuso, e con esso l'operatività del divieto di patto commissorio e la conseguente illiceità'. 'L'essenziale – sempre per la Cassazione – è che risulti, dalla struttura del patto, che le parti abbiano in anticipo previsto che, nella sostanza dell'operazione economica, il debitore perderà eventualmente la proprietà del suo bene per un prezzo giusto, determinato al tempo dell'inadempimento, perché il surplus gli sarà senz'altro restituito'"*.

[87] FOLLIERI, Luigi. Il patto marciano tra diritto "comune" e "speciale". *La Nuova Giurisprudenza Civile*. Padova: Cedam-WKI, n. 12, p. 1857 e ss., 2018: "Invero, nel codice civile sono rintracciabili disposizioni – in particolare gli artt. 1851 (in tema di pegno irregolare) e 2803 (sulla riscossione del credito dato in pegno) – che contemplano una regolamentazione marciana del rapporto. L'art. 1851 cod. civ. in tema di pegno irregolare prevede, infatti, che la banca creditrice acquisisca la disponibilità di denaro, merci o titoli vincolati a garanzia di un finanziamento, salvo l'obbligo di restituire il *tantundem eiusdem generis* in caso di adempimento oppure l'eccedenza rispetto al credito garantito, 'determinata in relazione al valore delle merci o dei titoli al tempo della scadenza dei crediti', in ipotesi di inadempimento. Nella medesima direzione, in materia di pegno di crediti, l'art. 2803 cod. civ. autorizza il creditore a ritenere del denaro ricevuto in seguito alla riscossione quanto basta per il soddisfacimento delle sue ragioni, con l'obbligo di restituire il residuo al datore di pegno". No mesmo sentido, cf. D'AMICO, Giovanni.

A Corte de Cassação registrou na Sentença 1625/2015, para que a cláusula marciana possa ter efeito "legalizante" do contrato, ser preciso que haja previsão expressa de que, em caso de inadimplemento, quando se ativa a pretensão creditória, se dê início a um procedimento voltado à avaliação do bem, com fixação de prazo e modalidade de avaliação definida, que deve assegurar sempre avaliação imparcial, ancorada em parâmetros objetivos, encarregando-se experto independente para determinar o valor do bem, a fim de se apurar o preço justo para perda da propriedade do bem pelo devedor, prevendo-se, ainda, de forma expressa que, no caso de valor a maior do bem em relação à dívida, haja restituição da diferença ao devedor.[88]

Por conseguinte, a doutrina aponta que das pronúncias mais recentes e importantes da Corte de Cassação podem ser extraídas três indicações na linha da reconstrução do pacto marciano "útil",[89] que possa efetivamente atuar na prática negocial e permitir funcionalmente sua realização como mecanismo de garantia das obrigações,[90] consideradas como mínimo denominador comum das decisões da Corte de Cassação.[91]

A primeira, que aparece em todas as decisões, indica que, para afastar a nulidade do pacto comissório, o credor deve restituir ao devedor eventual saldo a maior do valor do bem transferido em garantia, em relação ao montante do crédito.[92]

La resistibile ascesa del patto marciano. In: D'AMICO, Giovanni; PAGLIANTINI, Stefano; PIRAINO, Fabrizio; RUMI, Tiziana. *I nuovi marciani*. Torino: G. Giappichelli Editore, 2017, p. 3.

[88] FAPPIANO, Giovanni. Il patto marciano: tra tipicità e autonomia contrattuale. *I Contratti*. Milano: IP-SOA-WKI, n. 1, p. 86 e ss., 2019: "Affinché la clausola marciana possa conseguire un *'effetto legalizzante'* del contratto (nel caso di specie, era stato sottoposto a giudizio un contratto di *lease back*) è necessario che essa preveda, in caso di inadempimento, ossia quando si attiverà la pretesa creditoria (art. 1851 c.c.), un procedimento volto alla stima del bene, entro tempi certi e con modalità definite. Le modalità devono assicurare una valutazione imparziale, ancorata a parametri oggettivi automatici ovvero affidata ad una persona indipendente ed esperta (la Corte richiama l'art. 1349 c.c.), al fine di determinare correttamente l'*an* e il *quantum* della eventuale differenza da corrispondere all'utilizzatore. È essenziale, dunque, che le parti, nella stipulazione contrattuale abbiano previsto che, in caso di inadempimento, il debitore perda la proprietà del suo bene ad un 'giusto prezzo', ottenendo l'eventuale *surplus* stabilito da parametri oggettivi".

[89] DOLMETTA, Aldo Angelo. La ricerca del "marciano utile". *Rivista di Diritto Civile*. Padova: Cedam/Wolters Kluwer, anno LXIII, n. 4, p. 811 e ss., 2017: "In questa direzione (della costruzione del marciano 'primo'), del resto, si è in questi ultimissimi anni mossa la stessa Corte di Cassazione. Il punto è assai noto – e molto annotato –, sì che basta un cenno al riguardo. Sintetizzando, e semplificando un poco gli interventi della Corte (a tutt'oggi molto limitati nel numero), questa è venuta a fornire, in sostanza, tre indicazioni".

[90] DOLMETTA, Aldo Angelo. La ricerca del "marciano utile". *Rivista di Diritto Civile*. Padova: Cedam/Wolters Kluwer, anno LXIII, n. 4, p. 811 e ss., 2017: "Si tratta, dunque, di studiare e individuare i contorni che al marciano siano in grado di portare questi margini di effettiva utilità".

[91] FOLLIERI, Luigi. Il patto marciano tra diritto "comune" e "speciale". *La Nuova Giurisprudenza Civile*. Padova: Cedam-WKI, n. 12, p. 1857 e ss., 2018: "Carattere imprescindibile delle pattuizioni marciane è, in primo luogo, la restituzione al debitore dell'eventuale eccedenza rispetto al credito garantito. Minimo comune denominatore delle pronunce giudiziali è infatti costituito dalla seguente asserzione: per evitare la nullità del patto commissorio, occorre, comunque, che il creditore sia tenuto a restituire l'eventuale supero del valore del bene trasmesso in garanzia rispetto all'ammontare del credito garantito".

[92] DOLMETTA, Aldo Angelo. La ricerca del "marciano utile". *Rivista di Diritto Civile*. Padova: Cedam/Wolters Kluwer, anno LXIII, n. 4, p. 811 e ss., 2017: "La prima, patrimonio comune delle pronunce, è che per evitare la nullità del patto commissorio occorre comunque che il creditore sia tenuto a restituire l'eventuale supero del valore del bene trasmesso in garanzia rispetto al montante del credito garantito".

A segunda e a terceira, que integram a primeira como desdobramento ou "acessório",[93] apresentadas com maior detalhe na decisão da Corte de Cassação (Sentença 1625/2015), podem ser assim resumidas: a determinação do valor do bem dado em garantia deve ser avaliado *ad hoc* por um perito especializado e imparcial; e o confronto entre o valor do bem e o valor do crédito deve ser realizado após o vencimento da obrigação garantida.[94]

Tais indicações podem ser consideradas a base ou o ponto de partida para a discussão, derivada da jurisprudência, para a construção e definição do pacto marciano "útil".[95]

Outro ponto importante, como destaca a doutrina, decorrente do entendimento da Corte de Cassação na direção da legalidade do pacto marciano com afastamento do esquema vedado do pacto comissório, é a necessidade de se prever no contrato, ao lado da devolução de eventual excesso do valor do bem em relação ao crédito, procedimento específico, o mais objetivo possível, voltado à avaliação do bem dado em garantia,[96] sendo, inclusive, tido com traço qualificador da validade do pacto marciano.[97]

Com isso, é possível afastar o pacto marciano do espectro de invalidade do pacto comissório, pois se permite que a autonomia privada construa a cláusula atípica da "alienação marciana", para escapar da estrutura ilícita tipificada da "alienação comissória" mediante a adoção das "cautelas" indicadas pela Corte de Cassação, sintetizadas atualmente na Sentença

---

[93] FOLLIERI, Luigi. Il patto marciano tra diritto "comune" e "speciale". *La Nuova Giurisprudenza Civile*. Padova: Cedam-WKI, n. 12, p. 1857 e ss., 2018: "A quest'elemento – correttivo immancabile per evitare di ricadere nell'ambito della norma divietante di cui all'art. 2744 cod. civ. – sono da aggiungere due ulteriori connotazioni, accessorie al principale requisito dianzi richiamato".

[94] DOLMETTA, Aldo Angelo. La ricerca del "marciano utile". *Rivista di Diritto Civile*. Padova: Cedam/ Wolters Kluwer, anno LXIII, n. 4, p. 811 e ss., 2017: "Le altre due – e aggiuntive della prima in via di specificazione – sono state espresse solo dalla pronuncia di Cass. 28 gennaio 2015, n. 1625, relativa a una fattispecie concreta di *lease-back*, e si compendiano in ciò: per la determinazione dell'eventuale supero del bene in garanzia rispetto al credito garantito occorre una stima ad hoc, opera di un perito 'indipendente ed esperto'; il confronto tra i due valori (bene – credito), inoltre, va compiuto con riguardo al tempo della scadenza dell'obbligazione garantita". No mesmo sentido, cf. FOLLIERI, Luigi. Il patto marciano tra diritto "comune" e "speciale". *La Nuova Giurisprudenza Civile*. Padova: Cedam-WKI, n. 12, p. 1857 e ss., 2018: "La stima del bene in garanzia operata da '*persona indipendente ed esperta*'; e il confronto tra il valore del bene oggetto di garanzia e l'importo del credito, operato al tempo della scadenza dell'obbligazione garantita. L'esercizio di un'attività estimativa si spiega facilmente alla luce della circostanza che, per la determinazione dell'eventuale supero del cespite immobiliare rispetto al credito garantito, occorre, appunto, procedere ad una valutazione *ad hoc*".

[95] DOLMETTA, Aldo Angelo. La ricerca del "marciano utile". *Rivista di Diritto Civile*. Padova: Cedam/ Wolters Kluwer, anno LXIII, n. 4, p. 811 e ss., 2017: "Questa, dunque, la base di partenza della discussione relativa, per il nostro diritto vivente, alla costruzione e definizione del 'marciano utile'".

[96] FOLLIERI, Luigi. Il patto marciano tra diritto "comune" e "speciale". *La Nuova Giurisprudenza Civile*. Padova: Cedam-WKI, n. 12, p. 1.857 e ss., 2018: "Da qui la necessità che le parti prevedano un procedimento volto alla stima del bene dato in garanzia, che regoli i tempi e le modalità attraverso le quali giungere all'attribuzione di un valore – il più possibile obiettivo – alla *res* che rappresenta l'oggetto della garanzia"

[97] DOLMETTA, Aldo Angelo. La ricerca del "marciano utile". *Rivista di Diritto Civile*. Padova: Cedam/ Wolters Kluwer, anno LXIII, n. 4, p. 811 e ss., 2017: "Detto questo, occorre portare adesso l'attenzione sull'ultima delle indicazioni fornite dalla Cassazione in materia di marciano. Questa indicazione, che fa sponda sulla necessità di prevedere un 'procedimento volto alla stima del bene' dato in garanzia, si manifesta senz'altro di primaria importanza. In effetti, la previsione pattizia di un simile procedimento viene comunemente ritenuta come un tratto qualificante dello schema marciano, sin da punto di vista storico". Cf., ainda, D'AMICO, Giovanni. La resistibile ascesa del patto marciano. In: D'AMICO, Giovanni; PAGLIANTINI, Stefano; PIRAINO, Fabrizio; RUMI, Tiziana. *I nuovi marciani*. Torino: G. Giappichelli Editore, 2017, p. 4.

1625/2015,[98] pois a cláusula marciana, com tais "cautelas", se mostra idônea a restabelecer o equilíbrio sinalagmático no âmbito contratual, evitando a atuação coativa do crédito sem controle dos valores patrimoniais em jogo.[99]

Destaca-se, inclusive, que tal ponto traduz o diferencial do pacto marciano em relação ao gênero alienação em garantia, ou seja, a inserção de cláusula pactuada contratualmente prevendo mecanismo próprio para avaliação pericial do bem dado em garantia, para fins de exercício da autotutela executiva, regulando a satisfação do crédito do direito garantido fora do ambiente judicial, em razão do inadimplemento da prestação garantida.[100]

Trata-se, pois, como indica a doutrina, de nítida inversão de tendência, pois no passado se assistiu à expansão da vedação do pacto comissório,[101] e, agora, ao redimensionamento do raio de aplicação da vedação do pacto comissório com conexa ampliação da área de possibilidade de ajustamento do pacto marciano, na sua linha histórica de correção da vedação comissória,[102] de modo que a jurisprudência dos últimos anos parece definitivamente autorizar o acordo marciano, emancipando-o da vedação do pacto comissório.[103]

---

[98] D'AMICO, Giovanni. La resistibile ascesa del patto marciano. In: D'AMICO, Giovanni; PAGLIANTINI, Stefano; PIRAINO, Fabrizio; RUMI, Tiziana. *I nuovi marciani*. Torino: G. Giappichelli Editore, 2017, p. 4-5.

[99] FAPPIANO, Giovanni. Il patto marciano: tra tipicità e autonomia contrattuale. *I Contratti*. Milano: IPSOA-WKI, n. 1, p. 86 e ss., 2019: "Il fondamento di un "effetto salvifico" della clausola marciana è da ricercare, dunque, nella idoneità della stessa a ristabilire l'equilibrio sinallagmatico tra le prestazioni del contratto e, dall'altro, nella sua capacità ad evitare un'attuazione coattiva del credito senza il controllo dei valori patrimoniali in gioco".

[100] DOLMETTA, Aldo Angelo. La ricerca del "marciano utile". *Rivista di Diritto Civile*. Padova: Cedam/Wolters Kluwer, anno LXIII, n. 4, p. 811 e ss., 2017: "Qui, in realtà, sembra propriamente risiedere il profilo differenziale dell'alienazione marciana rispetto all'indistinto genere dell'alienazione in garanzia: nella predisposizione pattizia, dunque, di un apposito meccanismo peritale (del bene in garanzia), che viene organizzato in via di autotutela (fuori da strutture di tipo giurisdizionale, cioè) e che è inteso a regolare il soddisfacimento del diritto garantito in via esecutiva (a fronte del mancato adempimento in termini della prestazione garantita)".

[101] FOLLIERI, Luigi. Il patto marciano tra diritto "comune" e "speciale". *La Nuova Giurisprudenza Civile*. Padova: Cedam-WKI, n. 12, p. 1.857 e ss., 2018: "È dunque da segnalare un'inversione di tendenza. In passato si era infatti assistito all'espansione del divieto del patto commissorio: gli sforzi concettuali dei giuristi si concentravano sul divieto, di cui si approfondivano le molteplici *rationes*, al fine di individuare gli schemi negoziali suscettibili di ricadere sotto la scure del divieto in quanto destinati a produrre il risultato riprovato dall'ordinamento".

[102] FOLLIERI, Luigi. Il patto marciano tra diritto "comune" e "speciale". *La Nuova Giurisprudenza Civile*. Padova: Cedam-WKI, n. 12, p. 1.857 e ss., 2018: "In un certo senso, è dato registrare un cambiamento di prospettiva: da una parte, l'attenzione non è più esclusivamente focalizzata verso gli strumenti contrattuali vietati secondo il disposto dell'art. 2744 cod. civ.; dall'altra, si ha un qualche ridimensionamento del raggio di estensione del divieto dettato per le convenzioni commissorie ed un connesso ampliamento dell'area delle pattuizioni marciane, tradizionalmente ideate come correttivo al divieto del patto commissorio".

[103] FOLLIERI, Luigi. Il patto marciano tra diritto "comune" e "speciale". *La Nuova Giurisprudenza Civile*. Padova: Cedam-WKI, n. 12, p. 1.857 e ss., 2018: "Dunque, la giurisprudenza degli ultimi anni sembra dare definitivamente l'imprimatur all'accordo marciano, riconoscendone – in linea generale – la validità ed emancipandolo – per certi versi – dal divieto del patto commissorio".

2.5. O CENÁRIO ATUAL DO DIREITO ITALIANO COM AS ATUALIZAÇÕES LEGISLATIVAS DE 2015 E 2016: A ADMISSÃO LEGISLATIVA DO PACTO MARCIANO NA LEGISLAÇÃO BANCÁRIA

Diante da perspectiva europeia da regulação das garantias no âmbito da Diretiva 47/2002 e da sua incorporação no direito italiano por meio do Decreto Legislativo 170/2004, seguida das alterações no regime das garantias no Código Civil francês operada em 2006, e da evolução jurisprudencial no âmbito da Corte de Cassação, que culminou com a decisão a respeito da legalidade do pacto marciano na Sentença 1625, de 28 de janeiro de 2015, surge, em 2016, na Itália, legislação que regula pela primeira vez figuras contratuais que se enquadram integralmente na tipologia do pacto marciano,[104] quais sejam, o Decreto Legislativo 59, de 3 de maio de 2016, depois convertido na Lei 119, de 30 de junho de 2016; e o Decreto Legislativo 72, de 21 de abril de 2016, que introduziram as novas figuras contratuais no texto único das leis em matéria bancária e creditícia, designado no direito italiano pela sigla T.U.B.[105]

Tal regulamentação legislativa no setor bancário, ao admitir o pacto marciano, inaugura "nova estação" para as convenções marcianas[106] e implica, de plano, duas consequências importantes: *a)* consagra definitivamente a possibilidade de, atendidas certas condições, realizar transferência de propriedade com a finalidade de garantia; e *b)* torna o pacto marciano um negócio típico, de modo a conferir maior segurança jurídica ao retirá-lo da configuração até então de modelo atípico.[107]

Importante destacar, todavia, que, na Itália, não há, atualmente, regulamentação legislativa do pacto marciano chamado de "comum", fora do cenário dos novos pactos marcianos

---

[104] LUMINOSO, Angelo. Patto marciano e sottotipi. *Rivista di Diritto Civile*. Padova: Cedam/Wolters Kluwer, anno LXIII, n. 6, p. 1.398 e ss., 2017: "Il patto commissorio e soprattutto il patto marciano sono tornati di attualità negli ultimi tempi, avendo il nostro legislatore, nel 2016, previsto e regolato per la prima volta figure negoziali riconducibili allo schema del patto marciano, che in tal modo ha ricevuto espresso riconoscimento nel nostro sistema positivo assurgendo a tipo contrattuale legale".

[105] LUMINOSO, Angelo. Patto marciano e sottotipi. *Rivista di Diritto Civile*. Padova: Cedam/Wolters Kluwer, anno LXIII, n. 6, p. 1398 e ss., 2017: "Si tratta, più precisamente del d.l. 3 maggio 2016, n. 59 convertito nella l. 30 giugno 2016, n. 119, con il quale è stato aggiunto nel TUB un art. 48 *bis* nel quale viene previsto 'il finanziamento alle imprese garantito da trasferimento di un bene immobile sospensivamente condizionato', e del d. legisl. 21 aprile 2016, n. 72 che ha inserito nel TUB, al titolo VI, un 'Capo I *bis*' intitolato 'Credito immobiliare ai consumatori» nel quale sono stati collocati gli artt. da 120-*quinquies* a 120-*noviesdecies*, tra il quali va segnalato in particolare l'art. 120-*quinquiesdecies* che disciplina l'inadempimento del consumatore e il patto marciano che le parti possono stipulare".

[106] FOLLIERI, Luigi. Il patto marciano tra diritto "comune" e "speciale". *La Nuova Giurisprudenza Civile*. Padova: Cedam-WKI, n. 12, p. 1857 e ss., 2018: "E paiono proiettati in questa direzione anche i recenti interventi del legislatore speciale che hanno, per così dire, inaugurato una 'nuova stagione' del patto marciano.

[107] D'AMICO, Giovanni. La resistibile ascesa del patto marciano. In: D'AMICO, Giovanni; PAGLIANTINI, Stefano; PIRAINO, Fabrizio; RUMI, Tiziana. *I nuovi marciani*. Torino: G. Giappichelli Editore, 2017, p. 5-6. Interessante registrar que, todavia, como observar o mesmo D'AMICO, *ob. cit.*, p. 6, a consagração legislativa do pacto marciano pode produzir uma espécie de "enrijecimento" que pode, na prática, constituir até mesmo motivo de "fuga" dos pactos marcianos típicos para outros modelos, mais permeáveis à autonomia negocial das partes: "La consacrazione legislativa della ammissibilità di alienazioni in garanzia, invero, se da un lato rimuove indubbiamente un fattore di incertezza che gravava su questo tipo di convenzioni e fungeva da remora al ricorso stesse, dall'altro, avvenendo per il tramite di una regolamentazione legislativa in larga misura inderogabile, comporta al contempo un 'irrigidimento', che potrebbe costituire in futuro un motivo di 'fuga' dai 'patti marciani' tipizzati, capace persino di sopravanzare l'effetto 'incentivante' derivante dal loro 'riconoscimento' da parte del legislatore (e non più solo dei giudici)".

especiais, ora admitidos no setor bancário (Decreto Legislativo 72/2016, Lei 119/2016),[108] em que o credor é sempre um banco ou instituição financeira.[109]

Tal perspectiva deixa em aberto a questão de se o pacto marciano poderia, com base na autonomia contratual, ser estendido à generalidade das relações de crédito sem esbarrar na vedação do pacto comissório, sendo o encaminhamento lógico da resposta no sentido positivo, já que a matriz legislativa dos pactos marcianos especiais pode servir de base também para reconstrução do pacto marciano de direito comum[110] e conformar, assim, sua validade, inclusive como instrumento de autotutela executiva, afastando-se da vedação do pacto comissório.[111]

---

[108] LUMINOSO, Angelo. Patto marciano e sottotipi. *Rivista di Diritto Civile*. Padova: Cedam/Wolters Kluwer, anno LXIII, n. 6, p. 1398 e ss., 2017: "La disciplina vigente nel nostro ordinamento presenta tuttavia una singolarità: il modello generale di patto marciano, o, se si preferisce, il patto marciano di diritto comune, è, al momento, un contratto legalmente atipico mentre i suoi sottotipi sono contratti tipizzati dal legislatore. Per di più – come si è osservato in precedenza – questi sottotipi sono governati da norme (tendenzialmente) cogenti che conferiscono una conformazione rigida a tali convenzioni speciali; conformazione che nelle singole fattispecie normative presenta, oltre tutto, caratteri differenti". Cf., no mesmo sentido, FOLLIERI, Luigi. Il patto marciano tra diritto "comune" e "speciale". *La Nuova Giurisprudenza Civile*. Padova: Cedam-WKI, n. 12, p. 1857 e ss., 2018: "A differenza di ciò che accade in altri ordinamenti – su tutti quello francese – il legislatore italiano non ha introdotto alcuna norma (di valenza generale) diretta a disciplinare il patto marciano ed a sancirne la liceità".

[109] Como destaca FOLLIERI, Luigi. Il patto marciano tra diritto "comune" e "speciale". *La Nuova Giurisprudenza Civile*. Padova: Cedam-WKI, n. 12, p. 1857 e ss., 2018, em todo o contexto normativo italiano dos pactos marcianos chamados de "especiais", o credor é sempre um banco: "Per converso, dall'altra parte ed in tutti e tre i contesti normativi, il soggetto che eroga il finanziamento è sempre una banca (od altro soggetto autorizzato)".

[110] LUMINOSO, Angelo. Patto marciano e sottotipi. *Rivista di Diritto Civile*. Padova: Cedam/Wolters Kluwer, anno LXIII, n. 6, p. 1398 e ss., 2017: "In mancanza di una regolamentazione legislativa di carattere generale del patto marciano – e sino a quando non interverrà una normativa *ad hoc* – compito dell'interprete di diritto italiano è quello di elaborare e ricostruire una disciplina del *tipo generale* in base ai principi e alle regole di diritto comune, tenendo conto delle disposizioni speciali dettate dagli artt. 120-*quinquiesdecies* e 48 *bis* TUB più sopra ricordati". Cf., no mesmo sentido, FOLLIERI, Luigi. Il patto marciano tra diritto "comune" e "speciale". La Nuova Giurisprudenza Civile. Padova: Cedam-WKI, n. 12, p. 1857 e ss., 2018: "Il legislatore speciale è recentemente – e più volte – intervenuto in materia di credito bancario, disciplinando taluni congegni marciani. Gli interpreti hanno quindi iniziato ad interrogarsi soprattutto in relazione alle ricadute di ordine sistematico derivanti dai 'nuovi' meccanismi marciani, allo scopo di focalizzare il rapporto e le eventuali differenze fra questi e la pattuizione marciana, nella configurazione tramandataci dal diritto romano ed 'affinata' dal lavorio della giurisprudenza e degli studiosi. Lo scritto intende approfondire cosa ci possa essere di «nuovo» in simili strumenti di 'stampo' marciano. Così, muovendo in questa direzione, andranno opportunamente colti gli aspetti essenziali del patto marciano, contestualizzandolo nel 'diritto comune'; e, più segnatamente, enucleate le connotazioni imprescindibili della pattuizione marciana".

[111] D'AMICO, Giovanni. La resistibile ascesa del patto marciano. In: D'AMICO, Giovanni; PAGLIANTINI, Stefano; PIRAINO, Fabrizio; RUMI, Tiziana. *I nuovi marciani*. Torino: G. Giappichelli Editore, 2017, p. 9: "Il legislatore non si occupa (o – se si preferisce – non si preoccupa) di regolare l'ammissibilità e la validità del 'patto marciano' con riferimento *alla generalità dei rapporti di credito*, lasciando aperta la questione se – al di fuori dei casi in cui parte del rapporto di credito sia una banca – il patto marciano sia comunque da ammettere (in virtù della generale autonomia contrattuale), non potendosi ravvisare in esso alcun contrato con la *ratio* sottesa al divieto del patto commissorio. Conclusione a favore della quale – la notazione appare, sin da ora, quasi scontata – sembrerebbe militare oggi l'espressa consacrazione della soluzione marciana da parte de legislatore". No mesmo sentido, cf. LUMINOSO, Angelo. Patto marciano e sottotipi. *Rivista di Diritto Civile*. Padova: Cedam/Wolters Kluwer, anno LXIII, n. 6, p. 1398 e ss., 2017: "Si è rilevato in precedenza come la previsione testuale di sottotipi di patto marciano da parte del nostro legislatore – implicando il riconoscimento che esso è diretto a soddisfare interessi meritevoli di tutela ai sensi dell'art. 1322 c.c. – elimini ogni dubbio sulla ammissibilità di un tipo gene-

Passa-se à apresentação dos novos tipos de pactos marcianos introduzidos na legislação bancária italiana em 2015 e 2016.

O novo modelo típico de pacto marciano regulado pelo art. 120-*quinquiesdecies* T.U.B. (introduzido pelo Decreto Legislativo 72, de 21 de abril de 2016) concerne à hipótese de financiamento para o consumidor, garantido por hipoteca, que recai sobre um bem imóvel, em que as partes pactuam, com previsão expressa em cláusula contratual, que o objeto da garantia pode ser transferido ao banco mutuante em caso de inadimplemento do mutuário.[112]

O outro modelo típico de pacto marciano, previsto no art. 48-*bis* T.U.B. (introduzido pela Lei 119, de 30 de junho de 2016), regula hipótese de financiamento bancário a empresa, garantido autonomamente, independentemente de hipoteca, por meio de cláusula contratual expressa que prevê a transferência ao credor da propriedade, ou de outro direito sobre bem imóvel comercial (vedada a constituição de tal garantia sobre bem imóvel em que reside o proprietário, cônjuge ou parentes), no caso de inadimplemento do devedor.[113]

O dado comum às duas novas espécies contratuais introduzidas no T.U.B. tem como pano de fundo favorecer a concessão do crédito, com a tutela mais rápida do crédito, no caso de inadimplemento por meio do pacto marciano, inclusive como remédio para a crise do processo executivo judicial.[114] Trata-se, como destaca a doutrina, de tipos contratuais sujeitos à regulação não homogênea, cuja diferença de disciplina normativa é justificada, ao menos em parte, em razão da diversidade de condições do sujeito "financiado" (consumidor ou empresa), o que leva a indicar que atualmente pode-se falar em pluralidade de pactos marcianos, ou melhor, de uma pluralidade de mecanismos de tipo marciano.[115]

Outro novo mecanismo no direito italiano que trabalha com solução marciana é o chamado penhor "não possessório", introduzido em 2016 por meio do Decreto-lei 59 e depois convertido na Lei 119/2016.[116]

A utilização da expressão "mecanismo de tipo marciano", e não apenas "pacto marciano", encontra justificativa no direito italiano em razão da introdução legislativa em 2015, por meio da Lei 44, de 2 de abril de 2015, que regula o empréstimo vitalício hipotecário, que previu mecanismo de tipo marciano por força de previsão legal, independentemente de pactuação ou acordo entre as partes,[117] mas sua inserção na tipologia marciana é justificada em razão

---

rale e sulla validità di tale strumento convenzionale di autotutela esecutiva, così avvallando la *communis opinio* formatasi in dottrina e in giurisprudenza"

[112] D'AMICO, Giovanni. La resistibile ascesa del patto marciano. In: D'AMICO, Giovanni; PAGLIANTINI, Stefano; PIRAINO, Fabrizio; RUMI, Tiziana. *I nuovi marciani*. Torino: G. Giappichelli Editore, 2017, p. 7.

[113] D'AMICO, Giovanni. La resistibile ascesa del patto marciano. In: D'AMICO, Giovanni; PAGLIANTINI, Stefano; PIRAINO, Fabrizio; RUMI, Tiziana. *I nuovi marciani*. Torino: G. Giappichelli Editore, 2017, p. 7-8.

[114] D'AMICO, Giovanni. La resistibile ascesa del patto marciano. In: D'AMICO, Giovanni; PAGLIANTINI, Stefano; PIRAINO, Fabrizio; RUMI, Tiziana. *I nuovi marciani*. Torino: G. Giappichelli Editore, 2017, p. 8-9.

[115] D'AMICO, Giovanni. La resistibile ascesa del patto marciano. In: D'AMICO, Giovanni; PAGLIANTINI, Stefano; PIRAINO, Fabrizio; RUMI, Tiziana. *I nuovi marciani*. Torino: G. Giappichelli Editore, 2017, p. 6.

[116] GABRIELLI, Enrico. Pegno "non possessorio" e teoria delle garanzie mobiliari. *Rivista del Diritto Commerciale e del diritto generale delle obbligazioni*. Padova: Piccin, anno CXV, parte seconda, p. 250, 2017.

[117] D'AMICO, Giovanni. La resistibile ascesa del patto marciano. In: D'AMICO, Giovanni; PAGLIANTINI, Stefano; PIRAINO, Fabrizio; RUMI, Tiziana. *I nuovi marciani*. Torino: G. Giappichelli Editore, 2017, p. 34: "Veniamo, adesso, ad esaminare la terza ipotesi di 'soluzioni marciana' che è stata introdotta di recente nel nostro ordinamento, precisamente nella disciplina riformata del c.d. 'prestito vitalizio ipotecario'

40 | AUTOTUTELA EXECUTIVA – *Humberto Theodoro Júnior e Érico Andrade*

da possibilidade de o credor vender o bem, avaliado por perícia, e com a necessidade de restituição de eventual valor excedente do bem em relação à dívida ao herdeiros do devedor.[118]

No caso do empréstimo vitalício hipotecário, tem-se a concessão de um financiamento para consumidor com mais de 60 anos, garantido pela constituição de hipoteca de primeiro grau que recai sobre imóvel residencial,[119] com obrigação de pagamento no momento da morte do sujeito financiado, obrigação que vai gravar os herdeiros que, em até doze meses da abertura da sucessão, devem realizar o pagamento. No caso de inadimplemento, a norma prevê que o financiador pode vender o imóvel a preço de mercado, determinado por perito, devendo restituir aos herdeiros eventual valor excedente em relação à dívida.[120]

Parece interessante, neste ponto, adentrar com maior profundidade a tipologia legal de cada uma destas figuras marcianas "bancárias", ou pactos marcianos "especiais", no direito italiano, que apresentam disciplina normativa diversa em razão das diferentes condições subjetivas do devedor-financiado,[121] tanto para demarcar eventuais diferenças com o pacto

---

(art. 11-*quarterdecies*, L. 248/2005, come modificato dalla L. 2 aprile 2005, n. 44). Si tratta di una ipotesi che differisce da quelle precedentemente esaminate, in quanto – come già sopra abbiamo evidenziato – il potere di 'autotutela' concesso al creditore secondo le modalità del meccanismo 'marciano' non è, in questo caso, oggetto (e conseguenza) di una pattuizione/clausola che le parti (espressamente) inseriscano nel contratto di finanziamento, ma è piuttosto un *effetto legale* che scaturisce dalla conclusione di un mutuo che assuma il contenuto e le forme del 'prestito vitalizio ipotecario'". No mesmo sentido, cf. FOLLIERI, Luigi. Il patto marciano tra diritto "comune" e "speciale". *La Nuova Giurisprudenza Civile*. Padova: Cedam-WKI, n. 12, p. 1857 e ss., 2018: "L'intenzione è di delineare un quadro generale dei nuovi meccanismi marciani (talvolta così indicati perché in tema di prestito vitalizio ipotecario lo strumento marciano non presuppone la stipulazione di una specifica convenzione tra le parti)". A seguir, o mesmo FOLLIERI, *ob. cit.*, completa: "Non si è in presenza di un vero e proprio patto, perché l'eventuale vendita del bene da parte del finanziatore non è conseguenza di un accordo con il debitore, ma un effetto legale che scaturisce dalla conclusione di un mutuo che assuma il contenuto e le forme del prestito vitalizio ipotecario".

[118] FAPPIANO, Giovanni. Il patto marciano: tra tipicità e autonomia contrattuale. *I Contratti*. Milano: IPSOA-WKI, n. 1, p. 86 e ss., 2019: "Tuttavia, il conferimento per legge di un mandato a vendere *post mortem* al finanziatore e la previsione della restituzione dell'eccedenza a seguito di una perizia, perseguono una funzione ed un risultato analogo a quello del patto marciano". No mesmo sentido, cf. FOLLIERI, Luigi. Il patto marciano tra diritto "comune" e "speciale". *La Nuova Giurisprudenza Civile*. Padova: Cedam-WKI, n. 12, p. 1857 e ss., 2018.

[119] FAPPIANO, Giovanni. Il patto marciano: tra tipicità e autonomia contrattuale. *I Contratti*. Milano: IPSOA-WKI, n. 1, p. 86 e ss., 2019: "Il prestito vitalizio ipotecario è un finanziamento concesso, da una banca o altro intermediatore finanziario, ai consumatori ultrasessantenni con capitalizzazione annuale di interessi e spese, garantito da un'ipoteca di primo grado su un immobile residenziale".

[120] D'AMICO, Giovanni. La resistibile ascesa del patto marciano. In: D'AMICO, Giovanni; PAGLIANTINI, Stefano; PIRAINO, Fabrizio; RUMI, Tiziana. *I nuovi marciani*. Torino: G. Giappichelli Editore, 2017, p. 34-35: "È, questo, com'è noto, un finanziamento (garantito dalla concessione di un'ipoteca di primo grado sub un immobile residenziale) con obbligo di rimborso alla morte del soggetto finanziato, obbligo che graverà ovviamente sugli eredi, i quali dovranno adempierlo entro dodici mesi dall'apertura della successione. In caso di inadempimento, la normativa prevede che 'il finanziatore vende l'immobile ad un valore pari a quello di mercato, determinato da un perito incaricato dal finanziatore, utilizzando le somme ricavate dalla vendita per estinguere il credito vantato in dipendenza dal finanziamento stesso', con l'obbligo di restituire l'eccedenza (nel caso in cui il ricavato della vendita superi l'importo del credito da soddisfare".

[121] FOLLIERI, Luigi. Il patto marciano tra diritto "comune" e "speciale". *La Nuova Giurisprudenza Civile*. Padova: Cedam-WKI, n. 12, p. 1857 e ss., 2018: "Va peraltro precisato che la diversità di disciplina tra i marciani – che possono definirsi – 'speciali' è in parte giustificabile in virtù della differente condizione soggettiva del 'finanziato': una persona fisica ultrasessantenne nel caso del prestito vitalizio ipotecario; il consumatore nell'ipotesi del credito immobiliare; l'impresa per quanto riguarda il finanziamento garantito dal trasferimento di un bene immobile".

marciano de "direito comum",[122] quanto para apurar, na sequência do trabalho, eventual semelhança com o direito brasileiro e extrair possíveis sugestões para aprimoramento da figura do pacto marciano no direito brasileiro.

2.5.1. O pacto marciano do novo art. 48-bis T.U.B. para garantia de financiamento a empresas

O novo art. 48-*bis* T.U.B. contém, segundo a doutrina italiana, a disciplina mais articulada e complexa de pacto marciano,[123] permitindo o ajuste, em operações de financiamento entre banco e empresa, de "cláusula marciana" , para regular a **faculdade** do credor de ativar, após a verificação de inadimplemento do devedor, procedimento que leva à transferência ao banco (ou a uma sociedade controlada ou coligada ao banco credor) da propriedade de um bem imóvel, mecanismo por meio do qual se permite ao banco a satisfação direta do crédito.[124]

Também na tipologia do pacto marciano previsto no art. 48-*bis* T.U.B. se encontram presentes os dois elementos elaborados pela jurisprudência como essenciais para sua validade: a avaliação do bem por perito imparcial e a obrigação do banco de restituir para o devedor o eventual excesso de valor do bem em relação à dívida.[125]

A caracterização do inadimplemento que permite ao credor acionar a cláusula marciana só é possível, no caso de parcelamento da dívida, quando se apresentam dois requisitos: um

---

[122] LUMINOSO, Angelo. Patto marciano e sottotipi. *Rivista di Diritto Civile*. Padova: Cedam/Wolters Kluwer, anno LXIII, n. 6, p. 1398 e ss., 2017, por exemplo, destaca que um dos problemas práticos e teóricos suscitados pelas novas figuras de pacto marciano "bancário", dia respeito à "individuazione dei tratti qualificanti i patti marciani bancari" e à "relazioni tra tali patti e il patto marciano di diritto comune".

[123] FOLLIERI, Luigi. Il patto marciano tra diritto "comune" e "speciale". *La Nuova Giurisprudenza Civile*. Padova: Cedam-WKI, n. 12, p. 1857 e ss., 2018: "Più complessa è la disciplina dell'art. 48-bis t.u.b., introdotto dal d.l. 3.5.2016, n. 59 (art. 2, comma 1°), convertito in l. 30.6.2016, n. 119, e rubricato 'finanziamento alle imprese garantito da trasferimento di bene immobile sospensivamente condizionato'".

[124] D'AMICO, Giovanni. La resistibile ascesa del patto marciano. In: D'AMICO, Giovanni; PAGLIANTINI, Stefano; PIRAINO, Fabrizio; RUMI, Tiziana. *I nuovi marciani*. Torino: G. Giappichelli Editore, 2017, p. 9-10: "L'analisi delle nuove normative in materia di patto marciano può muovere dalla disciplina più recente (e, anche, maggiormente complessa ed articolata), che è quella contenuta nell'art. 48-*bis* del T.U.B. In base a tale disposizione, l'inserimento – nell'operazione di finanziamento tra una banca e un imprenditore – di una 'clausola marciana' comporta la *facoltà* del creditore di attivare, al verificarsi dell'inadempimento del debitore, un procedimento che porterà al trasferimento alla banca (o ad una società dalla stessa controllata o ad essa collegata) della proprietà di un bene immobile, attraverso il quale soddisfare il proprio credito". Cf. também FOLLIERI, Luigi. Il patto marciano tra diritto "comune" e "speciale". *La Nuova Giurisprudenza Civile*. Padova: Cedam-WKI, n. 12, p. 1857 e ss., 2018: "In base a tale disposizione, l'inserimento – nel contratto di finanziamento tra una banca e un imprenditore – di una 'clausola marciana' comporta la facoltà del creditore di attivare, al verificarsi dell'inadempimento del debitore, un procedimento che porterà al trasferimento alla banca (o ad una società dalla stessa controllata o ad essa collegata) della proprietà di un bene immobile attraverso il quale soddisfare il proprio credito (e sempre che non si tratti di un immobile adibito 'ad abitazione principale del proprietario, del coniuge o di suoi parenti e affini entro il terzo grado': art. 48-bis, comma 3°, t.u.b.)". E, ainda, FAPPIANO, Giovanni. Il patto marciano: tra tipicità e autonomia contrattuale. *I Contratti*. Milano: IPSOA-WKI, n. 1, p. 86 e ss., 2019.

[125] FAPPIANO, Giovanni. Il patto marciano: tra tipicità e autonomia contrattuale. *I Contratti*. Milano: IPSOA-WKI, n. 1, p. 86 e ss., 2019: "Anche in tale contratto sono, dunque, presenti gli elementi caratterizzanti del patto marciano così come elaborati dalla consolidata giurisprudenza: a) la stima ad opera di un perito del valore del diritto reale immobiliare oggetto del patto (in conformità ai criteri di cui all'art. 568 c.p.c.); b) l'obbligo del creditore di versare l'eventuale *surplus* su un conto corrente bancario intestato al titolare del diritto reale immobiliare".

quantitativo e o outro temporal, respectivamente, cumulação de pelo menos três parcelas atrasadas e que o atraso no pagamento se estenda por pelo menos nove meses do vencimento,[126] prazo que, como indica a doutrina, pode ser tido como longo, por implicar que outras parcelas restem sem pagamento neste ínterim.[127] Trata-se, pois, de norma de contenção, que retira da autonomia das partes a definição do inadimplemento "qualificado", que permite acionar a cláusula marciana.[128]

Tal regulamentação, para caracterizar o inadimplemento que permite acionar a cláusula marciana, tem sido objeto de crítica pela doutrina, no sentido de que melhor teria sido fixar tal "piso" para o inadimplemento em percentual do valor em atraso em relação ao valor total do débito, pois pode ocorrer que o inadimplemento de três parcelas traduza valor baixo em relação ao montante total do débito, o que poderia não caracterizar inadimplemento grave o suficiente para acionamento do pacto marciano.[129]

Podem assim ser resumidos os elementos caracterizadores do pacto marciano previsto no art. 48-*bis* T.U.B.: *a)* transferência em garantia pelo devedor ao banco de um imóvel (desde que não seja destinado à habitação do devedor, do cônjuge ou de parentes até terceiro grau), suspensivamente condicionada ao inadimplemento do devedor; *b)* obrigação do banco de restituir ao devedor eventual valor excedente do bem em relação ao débito garantido; *c)* efetivação da avaliação do bem somente após o inadimplemento, com meios que garantam a imparcialidade do perito e a adequação da estimativa; *d)* faculdade do banco de se valer ou não do pacto marciano, uma vez verificado o inadimplemento do devedor; *e)* fixação pelo legislador do inadimplemento mínimo que permite ao banco acionar a cláusula marciana; *f)* fixação do momento de realização da condição suspensiva quando da comunicação do banco ao devedor do valor da avaliação e pagamento ao devedor do eventual valor excedente do bem em relação ao montante do débito; *g)* regime de publicidade do pacto marciano que implica sua prevalência sobre outras transcrições realizadas posteriormente.[130]

---

[126] D'AMICO, Giovanni. La resistibile ascesa del patto marciano. In: D'AMICO, Giovanni; PAGLIANTINI, Stefano; PIRAINO, Fabrizio; RUMI, Tiziana. *I nuovi marciani*. Torino: G. Giappichelli Editore, 2017, p. 10-11.

[127] D'AMICO, Giovanni. La resistibile ascesa del patto marciano. In: D'AMICO, Giovanni; PAGLIANTINI, Stefano; PIRAINO, Fabrizio; RUMI, Tiziana. *I nuovi marciani*. Torino: G. Giappichelli Editore, 2017, p. 14.

[128] FAPPIANO, Giovanni. Il patto marciano: tra tipicità e autonomia contrattuale. *I Contratti*. Milano: IPSOA-WKI, n. 1, p. 86 e ss., 2019: "Per arginare il rischio di rimettere all'autonomia delle parti la decisione in merito all'inadempimento rilevante ai fini del verificarsi della condizione, il legislatore ha previsto un inadempimento per così dire 'qualificato'".

[129] D'AMICO, Giovanni. La resistibile ascesa del patto marciano. In: D'AMICO, Giovanni; PAGLIANTINI, Stefano; PIRAINO, Fabrizio; RUMI, Tiziana. *I nuovi marciani*. Torino: G. Giappichelli Editore, 2017, p. 11-12.

[130] LUMINOSO, Angelo. Patto marciano e sottotipi. *Rivista di Diritto Civile*. Padova: Cedam/Wolters Kluwer, anno LXIII, n. 6, p. 1398 e ss., 2017: "Dall'art. 48 *bis* TUB emerge che gli elementi caratteristici della convenzione in esso regolata sono: a) il trasferimento, da parte del debitore in favore della banca, di un immobile (purché non destinato ad abitazione principale del proprietario, del coniuge o dei suoi parenti e affini entro il terzo grado) sospensivamente condizionato all'inadempimento del debitore; b) l'obbligo della banca di versare al finanziato l'eventuale eccedenza di valore del bene rispetto al debito garantito; c) l'esecuzione della stima del bene, da effettuarsi successivamente all'inadempimento, con modalità che garantiscano l'imparzialità del perito e l'attendibilità della stessa; d) la facoltà della banca finanziante di non avvalersi del patto una volta verificatosi l'inadempimento del debitore; e) la predeterminazione da parte del legislatore dell'inadempimento minimo necessario perché possa considerarsi avverata la condizione sospensiva cui è subordinato il trasferimento del bene; f) la fissazione del momento di avveramento della condizione sospensiva in coincidenza della comunicazione, da parte della banca al

Registre-se, aliás, que os elementos indicados nas letras *a*, *b* e *c* correspondem ao chamado "núcleo duro" do pacto marciano de direito comum; enquanto aqueles das letras *d*, *e*, *f* e *g* se inserem como elementos específicos do pacto marciano especial previsto no art. 48-*bis* T.U.B.[131]

Outro ponto de discussão interessante no direito italiano, no âmbito de aplicação do pacto marciano do art. 48-*bis* T.U.B., diz respeito à possibilidade de o valor do bem imóvel, que será transferido ao credor, se mostrar inferior ao valor do crédito: ter-se-ia ou não a extinção integral da obrigação?[132]

A discussão é relevante, porque na hipótese do mecanismo marciano previsto na Lei 248/2005, modificada pela Lei 44/2015, que regula o "empréstimo vitalício hipotecário", se encontra previsão expressa no sentido de que o valor do bem extingue integralmente o crédito, ainda que avaliado por valor inferior; encontra-se, ainda, a mesma previsão, do chamado efeito "esdebitativo" (ou extintivo de toda a dívida),[133] no caso do empréstimo bancário para o consumidor, previsto no segundo modelo de pacto marciano inserido no novo art. 120-*quinquiesdecies* T.U.B., introduzido pelo Decreto Legislativo 72, de 21 de abril de 2016,[134] no qual, reitere-se, a discussão de aplicação ou não de tal efeito extintivo no caso do pacto marciano do art. 48-*bis*, que não conta com tal previsão expressa.[135]

---

debitore, del valore di stima ovvero in coincidenza del pagamento al debitore dell'eventuale eccedenza rispetto all'ammontare del debito; g) un regime di pubblicità del patto marciano e dell'eventuale ipoteca di cui il bene da trasferire sia gravato, che comporta la prevalenza del patto sulle trascrizioni o iscrizioni eseguite da terzi successivamente all'iscrizione ipotecaria sul bene o, a seconda dei casi, sul pignoramento del bene stesso o sul fallimento del proprietario del bene".

[131] LUMINOSO, Angelo. Patto marciano e sottotipi. *Rivista di Diritto Civile*. Padova: Cedam/Wolters Kluwer, anno LXIII, n. 6, p. 1398 e ss., 2017.

[132] D'AMICO, Giovanni. La resistibile ascesa del patto marciano. In: D'AMICO, Giovanni; PAGLIANTINI, Stefano; PIRAINO, Fabrizio; RUMI, Tiziana. *I nuovi marciani*. Torino: G. Giappichelli Editore, 2017, p. 15-16: "L'art. 48-*bis* non risolve esplicitamente il problema se il trasferimento del diritto in attuazione della clausola marciana, estingua (por intero) l'obbligazione verso la banca, anche quando il valore dell'immobile sia (risultato) – al momento della sua estima – inferiore al credito rimasto inadempiuto".

[133] Aliás, a doutrina tem registrado que tal aspecto, além de delicado, é uma espécie "característica" especial nos novos mecanismos marcianos no direito italiano, cf. FOLLIERI, Luigi. Il patto marciano tra diritto "comune" e "speciale". *La Nuova Giurisprudenza Civile*. Padova: Cedam-WKI, n. 12, p. 1857 e ss., 2018: "e, in particolare, che il profilo più delicato e, nel contempo, più caratterizzante dei nuovi meccanismi marciani è rappresentato dall'effetto esdebitatorio".

[134] LUMINOSO, Angelo. Patto marciano e sotto tipi. *Rivista di Diritto Civile*. Padova: Cedam/Wolters Kluwer, anno LXIII, n. 6, p. 1398 e ss., 2017: "Come si è accennato più sopra, l'art. 120-*quinquiesdecies*, comma 3, TUB precisa espressamente che il trasferimento alla banca dell'immobile oggetto del patto marciano comporta l'estinzione dell'intero debito a carico del consumatore finanziato anche se il valore del bene trasferito alla banca (o l'ammontare dei proventi ricavati dalla sua vendita) risultino inferiori al debito residuo. Giova rilevare altresì che la legge 2 dicembre 2005, n. 248, all'art. 11-*quaterdecies*, comma 12-*quater*, nel regolare il 'prestito vitalizio ipotecario', prevede che 'l'importo del debito residuo non può superare il ricavato della vendita dell'immobile», e cioè che, eseguita la vendita dell'immobile (gravato da ipoteca), il debito si estingue per intero anche quando il ricavato della stessa sia inferiore all'importo del debito". Cf. FOLLIERI, Luigi. Il patto marciano tra diritto "comune" e "speciale". *La Nuova Giurisprudenza Civile*. Padova: Cedam-WKI, n. 12, p. 1857 e ss., 2018: "Rispetto allo schema di patto marciano così come pervenutoci da una lunga tradizione, il meccanismo del marciano di cui alle discipline del prestito vitalizio ipotecario e del credito immobiliare ai consumatori presenta un rilevante elemento di differenza: l'effetto che è stato – un po' frettolosamente – indicato come esdebitatorio; meglio, l'effetto estintivo dell'intero debito conseguente all'escussione della garanzia". Cf., ainda, D'AMICO, Giovanni. La resistibile ascesa del patto marciano. In: D'AMICO, Giovanni; PAGLIANTINI, Stefano; PIRAINO, Fabrizio; RUMI, Tiziana. *I nuovi marciani*. Torino: G. Giappichelli Editore, 2017, p. 16.

[135] LUMINOSO, Angelo. Patto marciano e sottotipi. *Rivista di Diritto Civile*. Padova: Cedam/Wolters Kluwer, anno LXIII, n. 6, p. 1398 e ss., 2017: "Rimarrebbe da risolvere un altro problema, ossia quello

Trata-se, pois, de verificar a qual das partes, credor ou devedor, seria alocado o risco de o valor do bem objeto da cláusula marciana, que será transferido ao credor, se mostrar inferior ao valor da dívida.[136] Encontra-se na doutrina diversas opiniões a respeito da alocação de tal risco de "esdebitazione" para o banco, mesmo no caso do pacto marciano do art. 48-*bis* T.UB.: alguns se mostram contrários, indicando impossibilidade de aplicação analógica da previsão inserida em outros tipos especiais de pacto marciano, uma vez que não haveria necessidade de tal proteção para o devedor, que é uma empresa e não consumidor, sujeito mais fraco que justificaria tal proteção;[137] outros se mostram favoráveis, considerando que a transferência da propriedade do bem ao credor se assemelharia a uma dação em pagamento, que não poderia ser parcial e, além disso, acaso não ocorresse a extinção da integralidade do crédito, não se teria o almejado efeito benéfico de diminuição do contencioso judicial executivo.[138]

---

concernente l'applicabilità in via analogica alla fattispecie in esame dell'art. 120-quinquiesdecies, comma 3, TUB nella parte in cui prevede – come si è notato sopra – un effetto 'esdebitativo' in favore del debitore". Cf. também FOLLIERI, Luigi. Il patto marciano tra diritto "comune" e "speciale". *La Nuova Giurisprudenza Civile*. Padova: Cedam-WKI, n. 12, p. 1857 e ss., 2018: "Discorso diverso bisogna svolgere per l'art. 48-bis t.u.b., che non chiarisce se il trasferimento del diritto in attuazione della clausola marciana estingua per intero l'obbligazione verso la banca, anche quando il valore dell'immobile sia risultato inferiore al credito rimasto inadempiuto".

[136] D'AMICO, Giovanni. La resistibile ascesa del patto marciano. In: D'AMICO, Giovanni; PAGLIANTINI, Stefano; PIRAINO, Fabrizio; RUMI, Tiziana. *I nuovi marciani*. Torino: G. Giappichelli Editore, 2017, p. 16.

[137] Nesse sentido, LUMINOSO, Angelo. Patto marciano e sottotipi. *Rivista di Diritto Civile*. Padova: Cedam/Wolters Kluwer, anno LXIII, n. 6, p. 1398 e ss., 2017: "È verosimile che tale effetto sia stato previsto dal legislatore in materia bancaria nel settore del credito a favore di consumatori, quale specifico beneficio riservato a tale categoria di clienti – come parrebbe confermare anche la disciplina sopra richiamata sul prestito vitalizio ipotecario – di talché non sembra sussistere neppure una giustificazione sostanziale per la sua estensione ai finanziamenti bancari alle imprese, e ancor meno – come si dirà più avanti – al patto marciano di diritto comune". O mesmo LUMINOSO, *ob. cit.*, mais adiante reitera a impossibilidade de o pacto marciano produzir efeito extintivo da dívida (ou "esdebitativo") quando o valor do bem dado em garantia for menor do que o débito, salvo se as partes convencionarem neste sentido: "è da escludere che il patto marciano produca un effetto 'esdebitativo' a favore del debitore, ossia un effetto estintivo dell'intero debito anche quando il valore del bene sia inferiore al debito, atteso, per un verso, che siffatta vicenda estintiva non è implicata dalla causa della convenzione e, per altro verso, che la norma dell'art. 120-*quinquiesdecies*, comma 3, TUB – che, come si è visto in precedenza, dispone un effetto esdebitativo – costituisce norma eccezionale insuscettibile di applicazione analogica. Nulla si oppone tuttavia a che le parti possano inserire nel patto marciano una clausola che preveda il suddetto effetto esdebitativo". Cf., no mesmo sentido, FOLLIERI, Luigi. Il patto marciano tra diritto "comune" e "speciale". *La Nuova Giurisprudenza Civile*. Padova: Cedam-WKI, n. 12, p. 1857 e ss., 2018: "Se così è, un effetto estintivo del debito residuo e l'obliterazione del carattere universale della responsabilità patrimoniale non possono che provenire dalla legge – con previsione espressa – o da un'esplicita volontà del creditore, in ragione delle conseguenze che derivano dalla «cancellazione» della parte di credito insoddisfatta e dalla rinuncia – che l'estinzione del credito residuo implica – alla tutela coattiva attribuita dalla responsabilità patrimoniale alla pretesa creditoria inevasa. Quindi, se il legislatore speciale ha disposto, soltanto per i marciani contemplati dalle discipline del prestito vitalizio ipotecario e del credito immobiliare ai consumatori, che l'escussione del bene costituito in garanzia determini (immancabilmente) l'estinzione dell'intero debito, non è plausibile che possa dirsi altrettanto per il caso dell'art. 48-bis t.u.b.".

[138] FOLLIERI, Luigi. Il patto marciano tra diritto "comune" e "speciale". *La Nuova Giurisprudenza Civile*. Padova: Cedam-WKI, n. 12, p. 1857 e ss., 2018: "Secondo alcuni, anche tale marciano metterebbe capo ad un'efficacia estintiva dell'intera obbligazione verso l'istituto creditizio. Un'estinzione solo parziale del debito andrebbe infatti incontro a tre obiezioni: l'inconcepibilità di una *datio in solutum* parziale; il contrasto con la ratio della novella, che è di abbattere il contenzioso per esecuzione forzata; la mancanza di un incentivo per il debitore a stipulare il patto in assenza di un effetto esdebitativo". Cf. também D'AMICO, Giovanni. La resistibile ascesa del patto marciano. In: D'AMICO, Giovanni; PAGLIANTINI,

Encontra-se, ainda, interessante posição doutrinária no sentido de que a transferência do bem objeto do pacto marciano para o credor deveria ter sempre, como regra, eficácia liberatória do devedor em relação ao inteiro valor da dívida, admitindo-se, porém, que as partes (banco e empresa), com base na autonomia negocial, possam afastar tal efeito e assegurar ao credor o recebimento de eventual valor residual em razão de avaliação do bem em montante inferior ao da dívida.[139]

Outro ponto interessante é que o acionamento do pacto marciano previsto no art. 48-*bis* T.U.B., pelo credor, pode ser visto como forma de pagamento "procedimentalizado", pois se percebe uma trama ou *iter* com o ajustamento da cláusula marciana para se chegar ao ato final, de transferência do bem dado em garantia para pagamento do crédito, entremeado pelo inadimplemento qualificado, a partir da notificação do devedor, seguido dos atos de avalição do bem.[140]

2.5.2. O pacto marciano do novo art. 120-quinquiesdecies T.U.B. para garantia de financiamento ao consumidor

Antes mesmo da introdução do modelo típico de pacto marciano inserido no art. 48-*bis* T.U.B., o legislador italiano, por meio do Decreto Legislativo 72, de 16 de abril de 2016, alterou a legislação bancária, inserindo os arts. 120-*quinquies* a 120-*noviesdecies* T.U.B., para regular o "crédito imobiliário ao consumidor", prevendo outro modelo típico de pacto marciano no art. 120-*quinquiesdecies*, com objetivo de favorecer a concessão de crédito ao consumidor, mas permeado por maiores cautelas em razão de o devedor se colocar como contratante mais "fraco".[141]

Nesse sentido, o legislador previu mecanismo específico, ou de natureza especial,[142] para evitar as dificuldades e os obstáculos do processo executivo judicial, mediante possibilidade de ajuste entre partes contratuais, banco e consumidor, para regular o pacto marciano, a fim

---

Stefano; PIRAINO, Fabrizio; RUMI, Tiziana. *I nuovi marciani*. Torino: G. Giappichelli Editore, 2017, p. 17.

[139] D'AMICO, Giovanni. La resistibile ascesa del patto marciano. In: D'AMICO, Giovanni; PAGLIANTINI, Stefano; PIRAINO, Fabrizio; RUMI, Tiziana. *I nuovi marciani*. Torino: G. Giappichelli Editore, 2017, p. 19: "Detto altrimenti, l'art. 48-*bis* dovrebbe interpretarsi (valorizzandone la *ratio*) nel senso che il legislatore abbia attribuito efficacia (normalmente) 'liberatoria' al trasferimento del bene immobile in attuazione del patto marciano, ammettendo cionondimeno che questa conseguenza possa essere esclusa dalle parti, introducendo la previsione (pattizia) della possibilità per il creditore di richiedere l'eventuale debito residuo, non coperto dal valore del bene immobile trasferito (come stimato al momento dell'inadempimento)".

[140] PAGLIANTINI, Stefano. Sull'art. 48-bis T.U.B.: il "pasticcio" di un marciano bancario quale meccanismo surrogatorio di un mancato adempimento. In: D'AMICO, Giovanni; PAGLIANTINI, Stefano; PIRAINO, Fabrizio; RUMI, Tiziana. *I nuovi marciani*. Torino: G. Giappichelli Editore, 2017, p. 77-78: "Un *pagamento traslativo procedimentalizzato*: potrebbe forse così definirsi la fattispecie formalizzata nell'art. 48-*bis*, secondo un canovaccio che vede il *prius* (della clausola marciana) ed il *posterius* (del trasferimento solutorio) inframmezzato da un inadempimento qualificato (comma 5) che funge da presupposto innescante una serie vincolativamente gerarchizzata di atti (...)".

[141] D'AMICO, Giovanni. La resistibile ascesa del patto marciano. In: D'AMICO, Giovanni; PAGLIANTINI, Stefano; PIRAINO, Fabrizio; RUMI, Tiziana. *I nuovi marciani*. Torino: G. Giappichelli Editore, 2017, p. 29-30. Cf., no mesmo sentido, FAPPIANO, Giovanni. Il patto marciano: tra tipicità e autonomia contrattuale. *I Contratti*. Milano: IPSOA-WKI, n. 1, p. 86 e ss., 2019.

[142] LUMINOSO, Angelo. Patto marciano e sottotipi. *Rivista di Diritto Civile*. Padova: Cedam/Wolters Kluwer, anno LXIII, n. 6, p. 1398 e ss., 2017: "La disciplina dettata dall'art. 120-quinquiesdecies TUB sembra debba definirsi di natura speciale – non eccezionale".

de autorizar o banco, no caso de inadimplemento do consumidor, a vender o imóvel residencial objeto do financiamento, dado em hipoteca, para satisfação direta do próprio crédito.[143]

Asseguram-se, todavia, no pacto marciano previsto no art. 120-*quinquiesdecies* T.U.B., na esteira do entendimento mais atual da Corte de Cassação, os dois elementos básicos que afastam a incidência da vedação do pacto comissório: o valor do bem imóvel objeto do pacto marciano deve ser estimado por terceiro independente, escolhido de comum acordo pelas partes, ou, se ausente acordo, a designação ocorre judicialmente,[144] a partir do inadimplemento; o eventual valor excedente do bem em relação ao débito deve ser restituído ao devedor.[145] A conjugação destes dois elementos evita que o credor possa se aproveitar do consumidor-devedor, pois assegura que o devedor só seja privado do bem pelo justo preço e prévia devolução do eventual valor excedente.[146]

Não obstante a similitude com o pacto marciano que pode ser ajustado entre banco e empresas previsto no art. 48-*bis* T.U.B., podem ser registradas duas diferenças marcantes em relação ao pacto marciano que pode ser firmado entre banco e consumidor, previsto no art. 120-*quinquiesdecies* do T.U.B.[147]

A primeira é a ligação da cláusula marciana a uma garantia real tradicional, consistente na hipoteca concedida ao banco sobre bem que é, ao mesmo tempo, objeto do pacto marciano. Não se trata, pois, de um pacto marciano "autônomo", sem ligação com uma garantia real específica, como ocorre no pacto marciano do art. 48-*bis*.[148]

A segunda diferença importante reside no fato de que, alternativamente à obtenção da propriedade do bem objeto do pacto marciano pelo credor, se permite que as partes ajustem a venda do bem, conferindo poderes ao banco para tanto, a fim de satisfazer, na sequência,

---

[143] D'AMICO, Giovanni. La resistibile ascesa del patto marciano. In: D'AMICO, Giovanni; PAGLIANTINI, Stefano; PIRAINO, Fabrizio; RUMI, Tiziana. *I nuovi marciani*. Torino: G. Giappichelli Editore, 2017, p. 30.

[144] FOLLIERI, Luigi. Il patto marciano tra diritto "comune" e "speciale". *La Nuova Giurisprudenza Civile*. Padova: Cedam-WKI, n. 12, p. 1857 e ss., 2018: "Il valore del bene immobile oggetto della garanzia è stimato da un perito – che la legge definisce 'indipendente', al fine di sottolinearne l'imparzialità – con una perizia successiva all'inadempimento; e la scelta dello stesso deve avvenire di comune accordo tra le parti o, in mancanza, con nomina effettuata dal Presidente del tribunale territorialmente competente, secondo le modalità di cui all'art. 696, comma 3°, cod. proc. civ.".

[145] FAPPIANO, Giovanni. Il patto marciano: tra tipicità e autonomia contrattuale. *I Contratti*. Milano: IPSOA-WKI, n. 1, p. 86 e ss., 2019: "È evidente come il meccanismo delineato dal legislatore incorpora i due elementi qualificanti del patto marciano che, secondo la giurisprudenza (Cass. n. 10986 del 2003; Cass. n. 1625 del 2015, e Cass. n. 1075 del 2016), consentono di neutralizzare in radice la ricaduta della clausola nell'ambito di applicazione del divieto del patto commissorio *ex* art. 2744 c.c. Il comma 3 dell'art. 120 *quinquiesdecies* T.U.B. prevede difatti: a) che il valore del bene immobile del debitore inadempiente, per poter essere acquisito da creditore ovvero da questi venduto a terzi, deve essere stimato da un terzo indipendente al momento dell'inadempimento; b) che l'eccedenza tra il valore del bene e il debito inadempiuto deve essere restituito al debitore".

[146] FAPPIANO, Giovanni. Il patto marciano: tra tipicità e autonomia contrattuale. *I Contratti*. Milano: IPSOA-WKI, n. 1, p. 86 e ss., 2019: "La congiunzione di tali elementi consente di evitare un possibile approfittamento del creditore ai danni del consumatore-debitore, assicurando a quest'ultimo di essere privato del proprio bene solo al giusto prezzo e previa corresponsione dell'eventuale *surplus*".

[147] D'AMICO, Giovanni. La resistibile ascesa del patto marciano. In: D'AMICO, Giovanni; PAGLIANTINI, Stefano; PIRAINO, Fabrizio; RUMI, Tiziana. *I nuovi marciani*. Torino: G. Giappichelli Editore, 2017, p. 30.

[148] D'AMICO, Giovanni. La resistibile ascesa del patto marciano. In: D'AMICO, Giovanni; PAGLIANTINI, Stefano; PIRAINO, Fabrizio; RUMI, Tiziana. *I nuovi marciani*. Torino: G. Giappichelli Editore, 2017, p. 30.

o seu crédito com o produto de tal alienação, prevendo-se ainda que mesmo que o valor do bem seja inferior, ocorre o efeito extintivo integral do crédito.[149]

A alternativa de venda implica diferencial importante em relação à lógica clássica do pacto marciano,[150] registrando-se que, de qualquer forma, antes da venda do bem, é preciso apurar o real preço de mercado do imóvel e, no caso de surgir eventual diferença a maior do valor obtido com a venda do bem em relação à dívida, tal diferença deve ser devolvida ao devedor.[151]

Destacadas tais diferenças de fundo, outras se apresentam: o legislador fixou o piso de inadimplemento mínimo do consumidor, ou de gravidade suficiente para permitir o acionamento da cláusula marciana, em pelo menos dezoito prestações mensais;[152] a transferência do bem para o banco, ou do produto da sua venda, implica satisfação integral do crédito, mesmo que tal montante seja inferior ao valor do débito residual;[153] no caso de o valor do bem, ou da sua venda, ser superior ao do crédito, o banco deve restituir o saldo excedente ao devedor.[154]

Podem ser assim resumidos os elementos constitutivos do pacto marciano previsto no art. 120-*quinquiesdecies* T.U.B.: *a)* alienação pelo devedor ao banco de imóvel residencial de sua propriedade, gravado de hipoteca, suspensivamente condicionada ao inadimplemento do devedor; *b)* a obrigação do banco de restituir ao devedor eventual excedente de valor do bem

---

[149] D'AMICO, Giovanni. La resistibile ascesa del patto marciano. In: D'AMICO, Giovanni; PAGLIANTINI, Stefano; PIRAINO, Fabrizio; RUMI, Tiziana. *I nuovi marciani.* Torino: G. Giappichelli Editore, 2017, p. 30-31.

[150] FOLLIERI, Luigi. Il patto marciano tra diritto "comune" e "speciale". *La Nuova Giurisprudenza Civile.* Padova: Cedam-WKI, n. 12, p. 1857 e ss., 2018: "Rispetto al tradizionale modo di intendere il patto marciano ed al trasferimento del bene al creditore in conseguenza dell'inadempimento, il legislatore speciale – per quanto riguarda il prestito vitalizio ipotecario ed il mutuo immobiliare ai consumatori – introduce anche la possibilità, per il creditore, di procedere alla vendita diretta del bene immobile ipotecato senza l'intervento del giudice (per poi soddisfarsi sul ricavato)".

[151] D'AMICO, Giovanni. La resistibile ascesa del patto marciano. In: D'AMICO, Giovanni; PAGLIANTINI, Stefano; PIRAINO, Fabrizio; RUMI, Tiziana. *I nuovi marciani.* Torino: G. Giappichelli Editore, 2017, p. 31.

[152] D'AMICO, Giovanni. La resistibile ascesa del patto marciano. In: D'AMICO, Giovanni; PAGLIANTINI, Stefano; PIRAINO, Fabrizio; RUMI, Tiziana. *I nuovi marciani.* Torino: G. Giappichelli Editore, 2017, p. 32: "Ciò chiarito, va aggiunto che – per il resto – la disciplina è sostanzialmente simile a quella dell'art. 48-bis, sopra esaminato. Anche qui il legislatore si preoccupa – anzitutto – di individuare un livello 'adeguato' di 'gravità' dell'inadempimento, richiesto ai fini della possibilità per il creditore di attivare la 'clausola marciana', e che viene individuato in questo caso nel mancato pagamento di almeno diciotto rate mensili".

[153] D'AMICO, Giovanni. La resistibile ascesa del patto marciano. In: D'AMICO, Giovanni; PAGLIANTINI, Stefano; PIRAINO, Fabrizio; RUMI, Tiziana. *I nuovi marciani.* Torino: G. Giappichelli Editore, 2017, p. 32-33: "Come già accennato, l'art. 120-quinquiesdecies precisa espressamente (ma analoga regola, pur non esplicitata, deve ritenersi – come abbiamo visto – sottesa, almeno come previsione di *default*, anche alla disciplina dell'art. 48-*bis*) che il trasferimento alla banca dell'immobile oggetto del 'patto marciano' (o dei proventi della sua vendita) '*comporta l'estinzione dell'intero debito a carico del consumatore*', anche se il valore dell'immobile (o l'ammontare dei proventi ricavati dalla sua vendita) dovesse risultare *inferiore* a tale debito residuo".

[154] D'AMICO, Giovanni. La resistibile ascesa del patto marciano. In: D'AMICO, Giovanni; PAGLIANTINI, Stefano; PIRAINO, Fabrizio; RUMI, Tiziana. *I nuovi marciani.* Torino: G. Giappichelli Editore, 2017, p. 33: "Altrettanto esplicita è l'enunciazione della regola – che costituisce il tratto caratteristico e il nucleo centrale (attorno a cui ruotano tutti gli altri profili di disciplina) della pattuizione marciana – secondo la quale, se il valore stimato del bene immobile (o l'ammontare dei proventi ricavati dalla sua vendita) dovesse risultare *superiore* all'entità residua del debito del consumatore verso la banca, quest'ultima è tenuta a restituire l'eccedenza".

em relação ao débito garantido; *c)* realização da avaliação do bem por perito imparcial deve ser feita após o inadimplemento; *d)* extinção do débito, qualquer que seja o valor do imóvel no momento da transferência ao banco ou de sua venda a terceiros (chamado no direito italiano de efeito "esdebitativo"); *e)* fixação pelo legislador do que se considera inadimplemento mínimo para atuação da cláusula marciana.[155]

Registre-se, aliás, que os elementos indicados nas letras *a, b* e *c* correspondem ao chamado "núcleo duro" do pacto marciano de direito comum;[156] enquanto aqueles das letras *d* e *e* se inserem como elementos específicos do pacto marciano especial previsto no art. 120-*quinquiesdecies* T.U.B.[157]

2.5.3. O pacto marciano no novo penhor "não possessório"

Desagua-se, por fim, no chamado penhor "não possessório", que foi introduzido no direito italiano em 2016, por meio do Decreto-lei 59, depois convertido na Lei 119/2016,[158] e se apresenta como forma de garantia diversa do penhor tradicional, que depende da transferência da posse do bem móvel para o credor,[159] uma vez que a posse do bem dado em garantia pignoratícia continua com o próprio devedor.[160] Tal modalidade de penhor não possessório nasceu da prática comercial, depois confirmada pela jurisprudência, e seus traços característicos eram extraídos do instituto do penhor "rotativo".[161]

---

[155] LUMINOSO, Angelo. Patto marciano e sottotipi. *Rivista di Diritto Civile*. Padova: Cedam/Wolters Kluwer, anno LXIII, n. 6, p. 1398 e ss., 2017: "Dalla disciplina dell'art. 120 *quinquiesdecies* TUB emerge che gli elementi costitutivi della convenzione in esso disciplinata sono: a) l'alienazione da parte del debitore alla banca di un immobile (residenziale) di sua proprietà (gravato da garanzia ipotecaria) sospensivamente condizionata all'inadempimento del debitore; b) l'obbligo della banca di versare al finanziato l'eventuale eccedenza di valore del bene rispetto al debito garantito; c) l'esecuzione della stima del bene da eseguirsi dopo l'inadempimento e con modalità che garantiscano l'imparzialità del perito e l'attendibilità della stessa; d) l'estinzione del debito, qualunque sia il valore dell'immobile al momento del trasferimento dello stesso alla banca o della vendita ad un terzo (c.d. effetto 'esdebitativo'); e) la predeterminazione da parte del legislatore di un inadempimento minimo perché possa attuarsi il trasferimento del bene".

[156] LUMINOSO, Angelo. Patto marciano e sottotipi. *Rivista di Diritto Civile*. Padova: Cedam/Wolters Kluwer, anno LXIII, n. 6, p. 1398 e ss., 2017: "I requisiti di cui alle lettere a), b) e c) costituiscono elementi essenziali ed indefettibili della convenzione in esame e – come si dirà più avanti – corrispondono al nocciolo duro del patto marciano di diritto comune".

[157] LUMINOSO, Angelo. Patto marciano e sottotipi. *Rivista di Diritto Civile*. Padova: Cedam/Wolters Kluwer, anno LXIII, n. 6, p. 1398 e ss., 2017.

[158] GABRIELLI, Enrico. Pegno "non possessorio" e teoria delle garanzie mobiliari. *Rivista del Diritto Commerciale e del diritto generale delle obbligazioni*. Padova: Piccin, anno CXV, parte seconda, p. 250, 2017.

[159] Sobre a evolução do penhor possessório e não possessório no direito romano e na atualidade, cf. ELGUETA, Giacomo Rojas. Il pegno mobiliare non possessorio nel sistema delle cause di prelazione. In: GRISI, Giuseppe (a cura di). *Processo e tecniche di attuazione dei diritti*. Napoli: Jovene Editore, 2019, p. 605-608.

[160] Cf. GABRIELLI, Enrico. Pegno "non possessorio" e teoria delle garanzie mobiliari. *Rivista del Diritto Commerciale e del diritto generale delle obbligazioni*. Padova: Piccin, anno CXV, parte seconda, p. 241-242, 2017.

[161] BARILLÀ, Giovanni Battista. Pegno non possessorio e patto marciano: della tutela statica del credito alle nuove forme di garanzia. *Giurisprudenza Commerciale*. Milano: Giuffrè Editore, luglio-agosto, p. 584, 2017: "Il pegno mobiliare non possessorio è una fattispecie nata della prassi e, si è già accennato, confermata poi della giurisprudenza teorica e pratica: infatti, i suoi tratti caratteristici erano rinvenibili già diversi anni orsono nell'istituto del pegno 'rotativo'. Si tratta, quest'ultimo, di un pegno tipico, cui accede una clausola c.d. 'di rotatività' che consente la sostituzione dell'oggetto del pegno senza effetti novativi sull'originaria costituzione di garanzia".

O penhor "não possessório" se coloca até mesmo como forma mais abrangente de garantia do crédito, pois pode se inserir como penhor rotativo genérico sobre bens e créditos até mesmo futuros,[162] além da possibilidade de ser usado em conjunto com o pacto marciano ou mesmo outros modelos de autotutela executiva.[163]

É, pois, forma de penhor bastante peculiar que se mistura com outros mecanismos de garantia[164] e se aproxima bastante de sistemas de garantia em que a posse do bem é repassada ao devedor, reservando-se ao credor a propriedade até o pagamento dos valores pelo devedor.[165]

Trata-se de evolução do direito de garantia real, especialmente quanto aos bens móveis que, ao contrário do esquema codificado do penhor tradicional, permite acesso ao capital, com a constituição da garantia pignoratícia, sem privar o devedor da posse do bem móvel dado em garantia, cujo uso normalmente está ligado ao exercício das atividades econômicas desenvolvidas pelo próprio devedor.[166] Tal mecanismo é limitado ao ambiente empresarial, para garantia de créditos presentes e futuros, determinados ou determináveis, com previsão do valor máximo, inerente ao exercício da atividade comercial,[167] e a constituição do penhor não possessório pode ter por objeto bens móveis ou bens imateriais destinados ao exercício da atividade empresarial, ou mesmo decorrentes de tal exercício.[168]

Permite-se, pois, ao credor – desde que previsto no contrato de forma detalhada, com indicação dos critérios e das modalidades de avaliação dos bens objeto do penhor – apropriar-se do bem para realização direta do seu crédito, de modo que tal mecanismo, por se inserir na esfera do pacto marciano, não caia nas malhas da vedação do pacto comissório.[169]

---

[162] Quebra-se, com isso, outra regra do penhor tradicional, qual seja, aquele de se constituir sobre um bem específico, cf. ELGUETA, Giacomo Rojas. Il pegno mobiliare non possessorio nel sistema delle cause di prelazione. In: GRISI, Giuseppe (a cura di). *Processo e tecniche di attuazione dei diritti*. Napoli: Jovene Editore, 2019, p. 609.

[163] CAMPOBASSO, Mario. Il pegno non possessorio. "Pegno", ma non troppo. *Le nuove leggi civili commentate*. Milano: Cedam/Wolters Kluwer, anno XLI, n. 3, p. 704, 2018.

[164] CAMPOBASSO, Mario. Il pegno non possessorio. "Pegno", ma non troppo. *Le nuove leggi civili commentate*. Milano: Cedam/Wolters Kluwer, anno XLI, n. 3, p. 704, 2018.

[165] ELGUETA, Giacomo Rojas. Il pegno mobiliare non possessorio nel sistema delle cause di prelazione. In: GRISI, Giuseppe (a cura di). *Processo e tecniche di attuazione dei diritti*. Napoli: Jovene Editore, 2019, p. 611-612.

[166] ZOPPINI, Andrea. L'effettività *in-vece* del processo. *Rivista di Diritto Processuale*. Padova: Cedam/Wolters Kluwer, anno LXXIV, n. 3, p. 681, 2019.

[167] BARILLÀ, Giovanni Battista. Pegno non possessorio e patto marciano: della tutela statica del credito alle nuove forme di garanzia. *Giurisprudenza Commerciale*. Milano: Giuffrè Editore, luglio-agosto, p. 587, 2017: "Il pegno possessorio di recente regolamentazione legislativa ha un ambito di applicazione limitato, come accennato, ai soli imprenditori (che, dopo la legge di conversione, possono risultare, in base all'art. 1 del d. l. 59/2016, convertito, sia debitori sia creditori pignoratizi), e può essere utilizzato per garantire crediti presenti o futuri, determinati o determinabili e con la previsione dell'importo massimo garantito, inerenti all'esercizio dell'impresa".

[168] BARILLÀ, Giovanni Battista. Pegno non possessorio e patto marciano: della tutela statica del credito alle nuove forme di garanzia. *Giurisprudenza Commerciale*. Milano: Giuffrè Editore, luglio-agosto, p. 587, 2017: "La costituzione può avere ad oggetto beni mobili anche immateriali destinati all'esercizio dell'impresa, nonché crediti derivanti (o inerenti a) tale esercizio".

[169] BARILLÀ, Giovanni Battista. Pegno non possessorio e patto marciano: della tutela statica del credito alle nuove forme di garanzia. Giurisprudenza Commerciale. Milano: Giuffrè Editore, luglio-agosto, p. 588, 2017: "Un'altra novità introdotta dal Decreto è rappresentata dall'art. 7, lett. *d*), che consente al creditore, ove previsto nel contratto e ove tale previsione sia iscritta nell'apposito 'registro dei pegni non possessori' (*ex* art. 4 del Decreto), di appropriarsi dei beni oggetto del pegno, fino a concorrenza della somma garantita, a condizione che il contratto preveda anticipatamente i criteri e le modalità di valutazione del valore di bene oggetto di pegno e dell'obbligazione garantita. Le cautele con cui il

O novo sistema de penhor "não possessório" prevê quatro modalidades de autotutela executiva da garantia pelo credor, duas delas atribuídas por lei (venda do bem e excussão ou cessão dos créditos) e as outras duas podem ser pactuadas com o devedor (locação do bem e pacto marciano), tudo para tornar eventual o controle judicial sobre o exercício da excussão da garantia.[170]

Reconhece-se, do lado do devedor ou do terceiro concedente do penhor, várias garantias procedimentais, tais como: direito de ser previamente informado, via notificação, da excussão do penhor; direito de apresentar oposição judicial em cinco dias da notificação, em que se pode obter a suspensão da excussão; direito ao ressarcimento dos danos quando a excussão se dá com violação dos critérios legais.[171]

Como a posse do bem empenhado continua com o devedor, a oponibilidade a terceiros se dá em seguida à inscrição do penhor em sistema próprio de registro informatizado, mantido pelo ente governamental competente ("Agenzia delle entrate").[172]

Assegura-se, assim, ao credor, no caso de inadimplemento do devedor, garantia oponível a terceiros e até mesmo em sede de procedimento concursal, mediante excussão direta do bem móvel dado em penhor, fora da via judicial, com atribuição ao credor de poderes de autotutela executiva, mediante a possibilidade, por exemplo, de venda direta do bem, tornando, com isso, meramente eventual o controle judicial.[173]

Nesses termos, uma das características principais do penhor "não possessório" se situa na capacidade de realizar o direito de crédito, com maior imediatidade temporal, por meio da perspectiva mais flexível da autotutela executiva pelo credor pignoratício, para facilitar a efetivação da função de garantia do crédito inerente ao penhor.[174]

Registre-se, por último, que o penhor "não possessório" não é figura desconhecida do direito brasileiro, pois desde a primeira metade do século passado, quando se institucionalizou o financiamento agrícola, originariamente a cargo do Banco do Brasil, a principal garantia real utilizada para incrementar as operações da espécie foi o penhor da futura colheita, do rebanho (inclusive as crias esperadas), assim como de animais de custeio, de veículos e de maquinaria agrária, tudo sem desapossar o produtor rural dos bens empenhados (Decreto-lei 167, de 12.02.1967, ainda em vigor). O próprio Código Civil de 2002 continua disciplinando nos mesmos moldes o penhor agrícola (art. 1.442), o penhor pecuário (art. 1.444), o penhor industrial e o penhor mercantil (arts. 1.447-1.450). O devedor, em todas essas modalidades

---

legislatore ha aperto alla possibilità di un passaggio di proprietà del bene pignorato, dal debitore al creditore, dovrebbero consentire un corretto utilizzo di questo nuovo strumento, di modo che non sia possibile cadere nelle maglie del divieto del patto commissorio".

[170] CAMPOBASSO, Mario. Il pegno non possessorio. "Pegno", ma non troppo. *Le nuove leggi civili commentate*. Milano: Cedam/Wolters Kluwer, anno XLI, n. 3, p. 727, 2018.

[171] Cf. CAMPOBASSO, Mario. Il pegno non possessorio. "Pegno", ma non troppo. *Le nuove leggi civili commentate*. Milano: Cedam/Wolters Kluwer, anno XLI, n. 3, p. 727-728, 2018.

[172] Cf. GABRIELLI, Enrico. Pegno "non possessorio" e teoria delle garanzie mobiliari. *Rivista del Diritto Commerciale e del diritto generale delle obbligazioni*. Padova: Piccin, anno CXV, parte seconda, p. 241-253, 2017. Cf., ainda, BARILLÀ, Giovanni Battista. Pegno non possessorio e patto marciano: della tutela statica del credito alle nuove forme di garanzia. *Giurisprudenza Commerciale*. Milano: Giuffrè Editore, luglio-agosto, p. 601, 2017.

[173] ZOPPINI, Andrea. L'effettività *in-vece* del processo. *Rivista di Diritto Processuale*. Padova: Cedam/Wolters Kluwer, anno LXXIV, n. 3, p. 682, 2019.

[174] Cf. GABRIELLI, Enrico. Pegno "non possessorio" e teoria delle garanzie mobiliari. *Rivista del Diritto Commerciale e del diritto generale delle obbligazioni*. Padova: Piccin, anno CXV, parte seconda, p. 241-265, 2017.

pignoratícias, continua com a posse imediata da garantia real, respondendo por sua guarda e conservação como fiel depositário (art. 17 do Decreto-lei 167/1967). Não poderá, antes do pagamento da dívida, remover os bens apenhados do local definido no título da dívida, sob pretexto algum, sem o consentimento prévio e escrito do credor (art. 18 do Decreto-lei 167/1967).

2.6. CENÁRIOS ATUAIS DA VEDAÇÃO DO PACTO COMISSÓRIO × LICITUDE ESTRUTURAL E FUNCIONAL DO PACTO MARCIANO NO DIREITO COMPARADO

A tradicional vedação do pacto comissório na Itália, inserida nos arts. 2.744 e 1.963 do Código Civil no âmbito das garantias reais (como hipoteca, penhor e anticrese), com previsão normativa de nulidade dos acordos com os quais se previa que a coisa objeto da garantia passasse para a propriedade do credor em caso de inadimplemento da obrigação garantida[175] – nulidade que apanhava até ajustes concluídos posteriormente à constituição da garantia, em que surge o chamado pacto comissório *ex intervallo* –[176] vinha sendo aplicada pela jurisprudência mais antiga até em relação a pactos que não eram nem mesmo ligados a uma dessas formas de garantia clássica.[177]

A razão de ser da vedação do pacto comissório, frequentemente invocada na atualidade, remonta à época romana e reside na tutela da posição do devedor,[178] eliminando, com isso, a iníqua possibilidade de constrição patrimonial com dano para o devedor.[179] Assim, a vedação comissória busca tutelar o devedor em relação ao prejuízo que decorreria da desproporção

---

[175] FAPPIANO, Giovanni. Il patto marciano: tra tipicità e autonomia contrattuale. *I Contratti*. Milano: IPSOA-WKI, n. 1, p. 86 e ss., 2019: "Il codice civile disciplina il patto commissorio con le norme degli artt. 2744 c.c. e 1963 c.c.: il primo articolo concerne il patto commissorio in materia di ipoteca e di pegno, il secondo, invece, in materia di anticresi. In entrambi i casi, il legislatore prevede la nullità delle pattuizioni con le quali si conviene che la cosa oggetto, rispettivamente, di pegno o ipoteca o di anticresi, passi in proprietà al creditore in caso di inadempimento delle obbligazioni garantite".

[176] FAPPIANO, Giovanni. Il patto marciano: tra tipicità e autonomia contrattuale. *I Contratti*. Milano: IPSOA-WKI, n. 1, p. 86 e ss., 2019: "Nello specifico, l'art. 2744 c.c., rubricato 'Divieto di patto commissorio', prescrive la nullità del patto anche se concluso posteriormente alla costituzione dell'ipoteca o del pegno (c.d. patto commissorio *ex intervallo*)". Sem embargo, como anota BIANCA, Cesare Massimo. Il divieto del patto commissorio. Napoli: Edizioni Scientifiche Italiane, 1959, riproduzione 2013, p. 206, no período do direito comum o pacto comissório *ex intervallo* era tido como lícito: "Queste medesime considerazioni erano valse negli scrittori di diritto comune a giustificare la soluzione negativa del problema della illiceità del c.d. patto commissorio *ex intervallo*, cioè del patto commissorio stipulato successivamente alla costituzione della garanzia. Si osservava, infatti, che il debitore, avendo già ottenuto il credito desiderato, non si trova più in condizioni di inferiorità nella stipulazione del patto commissorio e che quindi cesserebbe la *ratio* della proibizione del patto".

[177] FAPPIANO, Giovanni. Il patto marciano: tra tipicità e autonomia contrattuale. *I Contratti*. Milano: IPSOA-WKI, n. 1, p. 86 e ss., 2019: "Nonostante le disposizioni legislative prevedano una convenzione commissoria accedente al pegno, all'ipoteca e all'anticresi, il collegamento tra patto commissorio e garanzia reale tipica è soltanto eventuale, in quanto il trasferimento del bene al creditore può prescindere dalla costituzione del diritto di pegno o di ipoteca. La nullità del patto commissorio non accedente una garanzia tipica (c.d. patto commissorio autonomo) è generalmente riconosciuta dalla giurisprudenza".

[178] CIPRIANI, Nicola. *Patto commissorio e patto marciano*. Napoli: Edizioni Scientifiche Italiane, 2000, p. 131: "la tesi tradizionale, risalente alla costituzione di Costantino, riconduce la ragione del divieto all'esigenza di tutelare la posizione del debitore. Questa idea rimane ancora oggi di gran lunga la più diffusa nella nostra giurisprudenza, e trova costanti conferme in dottrina".

[179] BIANCA, Cesare Massimo. *Il divieto del patto commissorio*. Napoli: Edizioni Scientifiche Italiane, 1959, riproduzione 2013, p. 204: "L'opinione tradizionale sul fondamento del divieto del patto commissorio

entre o valor do bem objeto do pacto comissório e o valor do crédito, de modo que, como parte mais fraca da relação, premido pela necessidade de tomar crédito, seria levado a concluir o contrato em condições iníquas,[180] sujeitando o devedor a perder, no futuro, bem de grande valor para ter acesso imediato ao crédito.[181]

No curso do tempo, outras razões foram sendo apresentadas para a vedação do pacto marciano, como a tutela dos demais credores (*par condicio creditorum*); violação ao princípio da tipicidade das garantias reais; interesse social de evitar garantias convencionais, fora dos modelos legalmente previstos; ou mesmo violação ao inderrogável princípio da atuação jurisdicional executiva estatal, ao permitir que o credor satisfaça diretamente seu crédito.[182]

Sem embargo, a doutrina italiana aponta que a tese tradicional da tutela do devedor, especialmente na eventual desproporcionalidade na relação troca, como justificação da vedação do pacto comissório, permeada pela imoralidade (*debitoris soffocatio*),[183] é que tem prevalecido

---

     è quella che ravvisa nel divieto la necessità di eliminare un mezzo di iniqua coartazione a danno del debitore".

[180]   CIPRIANI, Nicola. *Patto commissorio e patto marciano*. Napoli: Edizioni Scientifiche Italiane, 2000, p. 137: "Invero, sembra di dover concordare con l'idea che il divieto del patto commissorio trova la sua giustificazione nell'esigenza di tutelare il debitore dalle possibili prevaricazioni del creditore e, dunque, di evitare che il debitore medesimo, pur di accedere al credito, acconsenta a un contratto a condizioni inique". No mesmo sentido, mais recentemente, cf. FAPPIANO, Giovanni. Il patto marciano: tra tipicità e autonomia contrattuale. *I Contratti*. Milano: IPSOA-WKI, n. 1, p. 86 e ss., 2019: "La tesi tradizionale individua la ratio dell'art. 2744 c.c. nell'intento di tutelare il debitore dall'inevitabile pregiudizio che gli deriverebbe dalla sproporzione tra il valore del bene oggetto del patto commissorio e l'ammontare del credito garantito. La nullità sottesa alla norma tende a tutelare il debitore e, dunque, la parte debole del rapporto contrattuale che, trovandosi in una situazione di bisogno, sarebbe disposto a concludere un contratto a condizioni inique pur di ottenere un credito"; e FOLLIERI, Luigi. Il patto marciano tra diritto "comune" e "speciale". *La Nuova Giurisprudenza Civile*. Padova: Cedam-WKI, n. 12, p. 1857 e ss., 2018: "Secondo la concezione tradizionale, infatti, l'art. 2744 cod. civ. – nel sancire l'invalidità del patto con cui, in caso di inadempimento, la 'cosa ipotecata o data in pegno passi al creditore' – tutelerebbe il debitore, considerato parte debole del rapporto obbligatorio, contro le possibili prevaricazioni del creditore. Il debitore, per soddisfare l'esigenza di ottenere un finanziamento, potrebbe essere portato ad accettare di perdere in futuro la proprietà di un bene di grande valore, pur di ottenere immediatamente un prestito di denaro".

[181]   DE MENECH, Carlotta. Il patto marciano e gli incerti confini del divieto di patto commissorio. *I Contratti*. Milano: IPSOA – Wolters Kluwer, n. 8-9, p. 823 e ss., 2015: "La notoria debolezza economica di chi va in cerca di un finanziatore rende assai probabile che egli accetti di perdere eventualmente ed in futuro la proprietà di un bene di grande valore pur di ottenere un prestito certo ed immediato di danaro".

[182]   MURINO, Filippo. *L'autotutela nell'escussione della garanzia finanziaria pignoratizia*. Milano: Giuffrè Editore, 2010, p. 38: "Come è noto, assai dibattuto è il fondamento del divieto del patto commissorio nell'ordinamento italiano. Le varie ricostruzioni proposte possono infatti approssimativamente ricondursi o all'esigenza di tutela del debitore (evitare una sproporzione tra l'ammontare del debito e il valore del bene preteso dal creditore o le pressioni del creditore); o al divieto di un'autotutela convenzionale discendente dall'inderogabilità del processo esecutivo; o alla tutela della par condicio creditorum per quei creditori rimasti estranei al patto; o, infine, all'interesse sociale a che non si crei un sistema di garanzie convenzionali alternativo a quello legale". Cf., ainda, FAPPIANO, Giovanni. Il patto marciano: tra tipicità e autonomia contrattuale. *I Contratti*. Milano: IPSOA-WKI, n. 1, p. 86 e ss., 2019.

[183]   CARBONE, Enrico. *Debitoris soffocatio* e patto commissorio. *Rivista Trimestrale di Diritto e Procedura Civile*. Milano: Giuffrè editore, v. LXVI, n. 4, p. 1087, 2012, assim define a figura *debitoris soffocatio* indicando suas antigas raízes no âmbito da vedação romana do pacto comissório: "Dal diritto comune viene il motivo della *debitoris soffocatio*, intesa quale matrice di lesione al patrimonio, giacché l'immoralità della *lex commissoria* poggerebbe sulla discrepanza tra valore della *res* ed entità del debito".

no curso do tempo sobre as demais,[184] mesmo que frequentemente seja também apresentada a conjugação da proteção do devedor com a do demais credores, chamada de *ratio* "mista".[185]

Nesse sentido, cristaliza-se, hoje, que a vedação do pacto comissório tem por objetivo impedir que as partes predeterminem um mecanismo de pagamento alternativo ao adimplemento, que atua mediante transferência de propriedade do bem dado em garantia para o credor, excluindo qualquer apuração de compatibilidade entre o valor do crédito e aquele do bem transferido em pagamento.[186]

As razões ora apresentadas, que justificam teoricamente a vedação do pacto comissório, permitem apurar e fixar a licitude do pacto marciano, até porque, como destaca a doutrina italiana, o problema do pacto marciano se coloca, antes de tudo, como problema relacionado à *ratio* da vedação do pacto comissório.[187] Nesse sentido, a atenção à *ratio* da vedação do pacto comissório permite a construção do "marciano útil",[188] ou seja, do marciano lícito, que

---

[184] FOLLIERI, Luigi. Il patto marciano tra diritto "comune" e "speciale". *La Nuova Giurisprudenza Civile*. Padova: Cedam-WKI, n. 12, p. 1857 e ss., 2018: "Può dirsi che la tradizionale giustificazione dell'art. 2744 cod. civ., fondata sulla tutela del debitore (dalla coazione psicologica del creditore) e sulla proporzionalità dello scambio (tra il valore del bene dell'obbligato ed il credito garantito), si sia rilevata particolarmente resistente rispetto alle diverse tesi che hanno, volta a volta, ravvisato la *ratio* del divieto di patto commissorio nella tutela della *par condicio creditorum* o nel monopolio statuale della funzione giurisdizionale". Também DE MENECH, Carlotta. Il patto marciano e gli incerti confini del divieto di patto commissorio. *I Contratti*. Milano: IPSOA – Wolters Kluwer, n. 8-9, p. 823 e ss., 2015: "Provando ad intuire le ragioni per cui le nuove ipotesi ricostruttive del fondamento dell'istituto non hanno condotto a tale estremo esito, si può osservare che la giustificazione tradizionale dell'art. 2744 c.c., fondata sulla tutela del debitore e della proporzionalità dello scambio, si è rivelata particolarmente resistente".

[185] CARBONE, Enrico. *Debitoris soffocatio* e patto commissorio. *Rivista Trimestrale di Diritto e Procedura Civile*. Milano: Giuffrè editore, v. LXVI, n. 4, p. 1096, 2012: "Il divieto del patto commissorio ha duplice fine, 'morale e tecnico', intendendo proteggere la volontà del debitore e garantire la parità di trattamento dei creditori. È questa la teoria più diffusa, tra quelle che poggiano il divieto sopra una pluralità di *rationes*, o, se si preferisce, sopra una *ratio* mista. La tutela avrebbe natura doppiamente soggettiva, *ex latere debitoris* ed *ex latere creditorum*".

[186] CIPRIANI, Nicola. *Patto commissorio e patto marciano*. Napoli: Edizioni Scientifiche Italiane, 2000, p. 140, destaca que "le ragione del divieto risiede in un giudizio di sfavore da parte dell'ordinamento nei confronti di un negozio che abbia le seguenti caratteristiche: (a) predetermini una vicenda traslativa di un bene a scopo solutorio come conseguenza dell'inadempimento di un'obbligazione; (b) prescinda dalla valutazione del rapporto tra ammontare del credito e valore del bene". E mais adiante, o mesmo autor, *ob. cit.*, p. 142-143, conclui: "In definitiva, si deve confermare che il divieto di patto commissorio è volto a impedire che le parti predeterminino un meccanismo di pagamento alternativo all'adempimento e fondato su una vicenda traslativa, escludendo la valutazione del rapporto di congruità tra valore del bene e ammontare del credito".

[187] BIANCA, Cesare Massimo. *Il divieto del patto commissorio*. Napoli: Edizioni Scientifiche Italiane, 1959, riproduzione 2013, p. 204: "Nella impostazione comunemente data, il problema del patto marciano si pone, così, innanzi tutto come problema della *ratio* del divieto del patto commissorio". No mesmo sentido, mais recentemente, CIPRIANI, Nicola. Patto commissorio e patto marciano. Napoli: Edizioni Scientifiche Italiane, 2000, p. 129. No mesmo sentido, cf. DE MENECH, Carlotta. Il patto marciano e gli incerti confini del divieto di patto commissorio. *I Contratti*. Milano: IPSOA – Wolters Kluwer, n. 8-9, p. 823 e ss., 2015.

[188] DOLMETTA, Aldo Angelo. La ricerca del "marciano utile". *Rivista di Diritto Civile*. Padova: Cedam/Wolters Kluwer, anno LXIII, n. 4, p. 811 e ss., 2017: "Naturalmente, il passaggio appena svolto va per sé a rinviare all'individuazione della ragione e del senso del divieto del patto commissorio. Che è tematica, come è noto, tanto tradizionale nella nostra letteratura, quanto travagliata e complessa. Su un simile scoglio, di conseguenza, ogni discorso relativo alla eventualità di costruire un marciano 'primo' e 'utile' rischia fortemente di arenarsi e di perdersi".

possa ser usado na praxe negocial para realizar sua legítima função de garantia.[189] Segundo a *communis opinio*, é chamado de marciano o pacto com o qual as partes de determinada relação obrigacional convencionam que, na hipótese de inadimplemento do devedor, o credor pode adquirir a propriedade do bem concedido em garantia, com a obrigação de devolver ao devedor eventual excesso de valor do bem em relação ao crédito, sendo que o valor do bem deve ser estimado por um terceiro imparcial em momento posterior ao inadimplemento.[190]

O momento atual apresenta interpretação evolutiva da norma que veda o pacto comissório, para admitir a validade das alienações que asseguram o preço justo do bem dado em garantia, como modo de extinção secundário das obrigações, de modo que o modelo de pacto marciano enterra dois enunciados que já se tornaram ultrapassados: a vedação de autotutela convencional e a vedação de transferências imobiliárias em garantia.[191]

O primeiro, porque o mecanismo de autotutela contratual é visto hoje como proteção para o próprio devedor, não só para permitir acesso adequado ao crédito, mas para assegurar a avaliação adequada do bem dado em garantia; a segunda, porque a perspectiva da transferência da propriedade ao credor, como solução facultativa do débito, não pode ser tida como ilícita quando se assegura equivalência entre valor da dívida e o valor do bem dado em garantia.[192]

Assegura-se, ainda, mediante estimativa adequada e imparcial do valor do bem dado em garantia, no âmbito do pacto marciano, a *par condicio creditorum*, porque a apuração do valor adequado do bem, ao excluir a eventual desproporção com o valor do crédito, também tutela os demais credores, que não serão indevidamente lesados nos seus interesses.[193]

Com tais garantias, o atual entendimento em torno do pacto marciano não importa ofensa ao hoje desvalorizado princípio da *par condicio creditorum*, pois afasta em tese a pos-

---

[189]   DOLMETTA, Aldo Angelo. La ricerca del "marciano utile". *Rivista di Diritto Civile*. Padova: Cedam/ Wolters Kluwer, anno LXIII, n. 4, p. 811 e ss., 2017, destaca a função de garantia exercida pelo pacto marciano: "Se il trasferimento del diritto è retto – nel titolo che le parti gli danno – da una funzione di garanzia, da tale causa lo stesso non può non risultare conformato: l'entità del credito garantito segna, cioè, i confini che di per sé stessi reggono il passaggio di proprietà e ne governano la disciplina".

[190]   FOLLIERI, Luigi. Il patto marciano tra diritto "comune" e "speciale". *La Nuova Giurisprudenza Civile*. Padova: Cedam-WKI, n. 12, p. 1857 e ss., 2018: "Secondo la *communis opinio*, è detto marciano il patto con cui le parti di un rapporto obbligatorio convengono che, nell'ipotesi di inadempimento del debitore, il creditore acquisirà la proprietà di un bene concessogli in garanzia, con l'obbligo di versare al debitore l'eventuale eccedenza di valore del bene stimato da un terzo – successivamente alla scadenza del credito – rispetto all'ammontare del debito inadempiuto". Cf. ainda DE MENECH, Carlotta. Il patto marciano e gli incerti confini del divieto di patto commissorio. *I Contratti*. Milano: IPSOA – Wolters Kluwer, n. 8-9, p. 823 e ss., 2015: "In via preliminare, è utile ricordare che – secondo la definizione corrente – il patto marciano è l'accordo con cui si conviene che, in caso di inadempimento, il creditore acquisti la proprietà di un bene del debitore, con l'obbligo di restituire l'eventuale eccedenza di valore del bene, stimato da un terzo, rispetto all'importo del debito inadempiuto".

[191]   PAGLIANTINI, Stefano. Sull'art. 48-bis T.U.B.: il "pasticcio" di un marciano bancario quale meccanismo surrogatorio di un mancato adempimento. In: D'AMICO, Giovanni; PAGLIANTINI, Stefano; PIRAINO, Fabrizio; RUMI, Tiziana. *I nuovi marciani*. Torino: G. Giappichelli Editore, 2017, p. 63.

[192]   PAGLIANTINI, Stefano. Sull'art. 48-bis T.U.B.: il "pasticcio" di un marciano bancario quale meccanismo surrogatorio di un mancato adempimento. In: D'AMICO, Giovanni; PAGLIANTINI, Stefano; PIRAINO, Fabrizio; RUMI, Tiziana. *I nuovi marciani*. Torino: G. Giappichelli Editore, 2017, p. 63-64.

[193]   DE MENECH, Carlotta. Il patto marciano e gli incerti confini del divieto di patto commissorio. *I Contratti*. Milano: IPSOA – Wolters Kluwer, n. 8-9, p. 823 e ss., 2015: "Così, per coniugare la liceità del patto marciano con la *ratio* della tutela della *par condicio creditorum*, si afferma che la rimessione ad un terzo dell'*aestimatio* esclude la sproporzione dello scambio e, di riflesso, anche la lesione dell'interesse degli altri creditori".

Capítulo 2 · DA VEDAÇÃO AO PACTO COMISSÓRIO À LICITUDE DO PACTO MARCIANO | 55

sibilidade de eventual aproveitamento pelo credor da fraqueza do devedor, em prejuízo da garantia genérica que o patrimônio do devedor se apresenta para outros credores.[194]

O pacto marciano pode ser, em linha de princípio, considerado lícito, mesmo quando não previsto expressamente no ordenamento, porque se afasta da *ratio* da vedação do pacto comissório ou da nulidade cominada para as alienações comissórias, quando incorpora esses dois requisitos "qualificantes" da sua licitude:[195] restituição ao devedor de eventual diferença a maior entre valor do bem e o valor do crédito; apuração adequada do valor do bem por terceiro especializado e imparcial.

Esses dois requisitos qualificantes permitem afastar os dois fundamentos básicos em relação à vedação do pacto comissório (ora proteção do devedor, ora proteção do credor)[196] e, por conseguinte, subtraem o pacto marciano da esfera da invalidade ou nulidade comissória.

Em relação à obrigação do credor de restituir ao devedor a diferença de valor do bem dado em garantia em relação ao montante do crédito garantido, o negócio deve apresentar, de forma explícita e clara, cláusula neste sentido,[197] com previsão, ainda, de que tal excedente deverá ser calculado com base no valor efetivo do bem dado em garantia.[198]

A devolução do valor do excesso do bem ao devedor exige que sua estimativa[199] seja realizada em momento posterior ao inadimplemento e mediante avaliação feita adequada-

---

[194] PIRAINO, Fabrizio. L'inadempimento del contratto di credito immobiliare ai consumatori e il patto marciano. In: D'AMICO, Giovanni; PAGLIANTINI, Stefano; PIRAINO, Fabrizio; RUMI, Tiziana. *I nuovi marciani.* Torino: G. Giappichelli Editore, 2017, p. 201-202.

[195] LUMINOSO, Angelo. Patto marciano e sottotipi. *Rivista di Diritto Civile.* Padova: Cedam/Wolters Kluwer, anno LXIII, n. 6, p. 1398 e ss., 2017: "Requisito qualificante del patto marciano, assolutamente indispensabile per non ricadere nella previsione di cui all'art. 2744 c.c., è che il creditore sia obbligato a restituire al debitore l'eventuale eccedenza del valore del bene alienato rispetto all'ammontare del credito".

[196] DOLMETTA, Aldo Angelo. La ricerca del "marciano utile". *Rivista di Diritto Civile.* Padova: Cedam/Wolters Kluwer, anno LXIII, n. 4, p. 811 e ss., 2017, resume bem o cenário da vedação do pacto comissório ter como fundamento central ora a proteção do devedor, ora dos demais credores: "Per quanto tante siano le opinioni manifestate a proposito della *ratio* del divieto, l'individuazione degli interessi, alla cui protezione lo stesso risulta inteso, sostanzialmente finisce per convergere comunque verso due poli: quello dato del debitore e quello dato dei suoi creditori chirografari. Interessi e poli, questi ultimi, che ben possono essere assunti non già in termini alternativi tra loro, bensì lungo una linea di complementarietà. Il che propriamente avviene se, in relazione al divieto in discorso, si pone l'accento sull'incidenza economica che l'alienazione in garanzia è tipicamente in grado di possedere".

[197] LUMINOSO, Angelo. Patto marciano e sottotipi. *Rivista di Diritto Civile.* Padova: Cedam/Wolters Kluwer, anno LXIII, n. 6, p. 1398 e ss., 2017, a tal respeito, destaca que "sembra preferibile accogliere una soluzione ispirata a cautela e chiarezza e ritenere perciò necessaria, ai fini della validità del patto, una clausola che esplicitamente riconosca al debitore il diritto al supero". No mesmo sentido, DE MENECH, Carlotta. Il patto marciano e gli incerti confini del divieto di patto commissorio. *I Contratti.* Milano: IPSOA – Wolters Kluwer, n. 8-9, p. 823 e ss., 2015: "Nella redazione della clausola marciana è infine indispensabile che le parti disciplinino espressamente l'insorgenza dell'obbligo di restituzione dell'importo eccedente l'entità del credito residuo, quale risulterà a seguito della stima del bene effettuata dal perito".

[198] DE MENECH, Carlotta. Il patto marciano e gli incerti confini del divieto di patto commissorio. *I Contratti.* Milano: IPSOA – Wolters Kluwer, n. 8-9, p. 823 e ss., 2015: "Secondo i giudici, le parti debbono prevedere che tale surplus verrà calcolato tenendo conto del valore effettivo dell'oggetto vincolato a garanzia del credito".

[199] LUMINOSO, Angelo. Patto marciano e sottotipi. *Rivista di Diritto Civile.* Padova: Cedam/Wolters Kluwer, anno LXIII, n. 6, p. 1398 e ss., 2017: "Si è appena finito di dire che l'obbligo di restituire al debitore l'eventuale eccedenza di valore del bene rispetto all'ammontare del credito costituisce l'effetto della convenzione che più di ogni altro assicura al debitore quella tutela che invece fa difetto nel patto

mente – a avaliação, nesse sentido, se coloca como tema central e de grande importância[200] –, normalmente por perito especializado[201] – especialização ligada ao tipo de bem a ser avaliado, devendo ainda o perito ser inscrito em conselho profissional[202] –, além de independente,[203] com procedimento de avaliação, previsão do tempo de sua duração e da modalidade a ser utilizada definidos no contrato,[204] tudo a fim de permitir a individualização adequada do preço justo[205] – apuração do preço justo que pode, entretanto, ser simplificada no caso de o bem ser objeto de cotação de mercado divulgada em lista ou boletim, prevista e indicada pelas partes

---

    commissorio e che ne evita l'illiceità. D'altro canto, per la determinazione dell'eventuale supero da riconoscere al debitore è necessaria una apposita stima del bene".

[200] BIANCA, Cesare Massimo. *Il divieto del patto commissorio*. Napoli: Edizioni Scientifiche Italiane, 1959, riproduzione 2013, p. 221/222, já destacava a centralidade do tema da apuração adequada do preço do bem: "L'ammissione della liceità di un patto che assuma a sua contenuto un'eventuale attribuzione dei beni del debitore secondo l'effettivo valore di essi, profila tuttavia delle incertezze per quanto riguarda i termini in cui debba concretamente attuarsi tale contenuto".

[201] BIANCA, Cesare Massimo. *Il divieto del patto commissorio*. Napoli: Edizioni Scientifiche Italiane, 1959, riproduzione 2013, p. 222, destaca a possibilidade de as partes indicarem de comum acordo o perito ou fixar critérios para sua escolha: "La giurisprudenza, comunque, ha considerato sufficiente il fatto che l'accertamento del valore sia rimesso ad un terzo che le parti abbiano scelto di comune accordo o per il quale abbiano fissato il criterio di scelta al momento della costituzione della garanzia".

[202] DOLMETTA, Aldo Angelo. La ricerca del "marciano utile". *Rivista di Diritto Civile*. Padova: Cedam/Wolters Kluwer, anno LXIII, n. 4, p. 811 e ss., 2017: "la persona dello stimatore deve rispondere a precisi, importanti livelli di professionalità specifica: tra l'altro legati alla tipologia di beni di cui alla stima e pure riscontrati dall'iscrizione in apposito albo professionale".

[203] Em relação à independência, DOLMETTA, Aldo Angelo. La ricerca del "marciano utile". *Rivista di Diritto Civile*. Padova: Cedam/Wolters Kluwer, anno LXIII, n. 4, p. 811 e ss., 2017 destaca que a escolha do perito não pode ser unilateral, por determinação do credor, e para evitar que se contorne tal vedação, o ideal seria deixar a escolha para o conselho ou ordem profissional a que pertence o especialista: "In tema di indipendenza non può, in particolare, rimanere trascurato (come, per contro avviene nella citata sentenza) il punto del soggetto chiamato alla nomina del perito. Esclusa senz'altro ogni determinazione unilaterale del creditore (troppo facile apparendo allora, a parte ogni altro rilievo, aggirare il requisito dell'indipendenza), la scelta più affidante rinvia, naturalmente, al deferimento della nomina a consigli e ordini professionali".

[204] DOLMETTA, Aldo Angelo. La ricerca del "marciano utile". *Rivista di Diritto Civile*. Padova: Cedam/Wolters Kluwer, anno LXIII, n. 4, p. 811 e ss., 2017: "La perizia – avverte ancora la citata sentenza – deve tendere alla verifica del 'giusto prezzo' del bene in garanzia (al tempo di scadenza dell'obbligazione), nell'ambito di un procedimento che la clausola deve predisporre con 'tempi certi e modalità definite'". Cf., ainda, DE MENECH, Carlotta. Il patto marciano e gli incerti confini del divieto di patto commissorio. *I Contratti*. Milano: IPSOA – Wolters Kluwer, n. 8-9, p. 823 e ss., 2015 quando destaca que a própria imparcialidade do perito é ligada a realização da avaliação segundo parâmetros objetivos: "L'incaricato dell'apprezzamento dev'essere un soggetto imparziale. Secondo una recente giurisprudenza di legittimità, l'indipendenza del terzo dev'essere assicurata dalle parti, specificando all'interno della clausola marciana tempi certi, modalità definite e parametri oggettivi, cui il perito dovrà necessariamente attenersi nell'effettuare l'*aestimatio*".

[205] DOLMETTA, Aldo Angelo. La ricerca del "marciano utile". *Rivista di Diritto Civile*. Padova: Cedam/Wolters Kluwer, anno LXIII, n. 4, p. 811 e ss., 2017 destaca a problemática em relação ao "preço justo": "Il riferimento al 'giusto prezzo', in specie, può facilmente lasciare perplessi: anche solo, volendo, per la vaghezza di una simile indicazione. Né v'è bisogno di sottolineare la centralità di una simile problematica, come pure la sua intrinseca difficoltà".

no contrato,[206] de modo que a apropriação ou alienação do bem dado em garantia não pode ser inferior a tal cotação.[207]

Vedada, porém, no âmbito do procedimento de avaliação, a inserção de indicações convencionais dirigidas ao perito para afastá-lo da estimativa do valor real do bem;[208] ou apresentação no pacto de critérios inadequados para valoração do bem ou mesmo promover diminuição prévia do valor do bem, que importariam em nulidade do ajuste.[209] Tudo voltado ao objetivo de se manter o equilíbrio da relação contratual, coartando as eventuais tentativas de pressão ou influência da parte do credor.[210] E se teria, ainda, como destaca a doutrina, a perspectiva de que o devedor tem sempre direito ao preço justo ou de mercado do bem e, por isso, o próprio devedor, ou mesmo outros credores, prejudicados pela estimativa inadequada, podem impugnar judicialmente o laudo de avaliação.[211]

---

[206] DOLMETTA, Aldo Angelo. La ricerca del "marciano utile". *Rivista di Diritto Civile*. Padova: Cedam/ Wolters Kluwer, anno LXIII, n. 4, p. 811 e ss., 2017: "Nel senso, inoltre, che la norma dell'art. 2798 esonera dalla necessità di espletamento effettivo della perizia – *rectius*, dalla nomina di un perito *ad hoc* – solo i beni per i quali corrono dei 'listini o mercuriali' (data la precisazione che la norma dell'art. 1474, comma 2, c.c. apporta alla nozione di 'prezzo di mercato'). Nel caso, oggi frequente, in cui questi beni siano presenti su più listini, tuttavia occorrerà, a me pare, pure che la clausola indichi quello scelto, sempre che la scelta cada su listini comunque dotati di un'oggettiva credibilità e che risponda a una giustificazione oggettiva applicabile alla fattispecie concreta". No mesmo sentido, cf. DE MENECH, Carlotta. Il patto marciano e gli incerti confini del divieto di patto commissorio. *I Contratti*. Milano: IPSOA – Wolters Kluwer, n. 8-9, p. 823 e ss., 2015: "Ciò significa che, se il bene ha un prezzo di listino, il terzo dovrà esser incaricato semplicemente della registrazione di tale parametro".

[207] BIANCA, Cesare Massimo. Il divieto del patto commissorio. Napoli: *Edizioni Scientifiche Italiane*, 1959, riproduzione 2013, p. 222: "Trattandosi di beni aventi un prezzo indicato da listini di borsa o di mercato, è da ritenersi senza dubbio che la cessione non debba avvenire per un valore inferiore ad un prezzo che segna evidentemente il limite ad ogni accertamento del valore effettivo dei beni stessi".

[208] DE MENECH, Carlotta. Il patto marciano e gli incerti confini del divieto di patto commissorio. *I Contratti*. Milano: IPSOA – Wolters Kluwer, n. 8-9, p. 823 e ss., 2015: "Sarà invece sicuramente invalida la convenzione marciana che contenga indicazioni, rivolte dalle parti al perito, in modo da indurlo a discostare la sua stima dal valore reale del bene".

[209] BIANCA, Cesare Massimo. *Il divieto del patto commissorio*. Napoli: Edizioni Scientifiche Italiane, 1959, riproduzione 2013, p. 223: "Sembra evidente, comunque, che debba riconoscersi la nullità dello stesso patto quando sia stata preventivamente esclusa una cessione del bene per il valore effettivo del bene stesso come nei casi segnalati dalla giurisprudenza, di preventiva diminuzione del valore accertato o in cui il terzo sia vincolato da criteri inadeguati per una giusta valutazione del bene".

[210] DE MENECH, Carlotta. Il patto marciano e gli incerti confini del divieto di patto commissorio. *I Contratti*. Milano: IPSOA – Wolters Kluwer, n. 8-9, p. 823 e ss., 2015, destaca que "l'unica via per giungere ad un negozio valido è quella di sostituire all'accordo tra le parti la determinazione di un terzo imparziale. Rimettendo ad una fonte esterna il compito di fissare l'equilibrio contrattuale, la regolamentazione marciana rende del tutto irrilevante la coartazione eventuale esercitata dal creditore nei riguardi del debitore, all'inizio e nel corso del rapporto, mettendo fuori gioco la presunzione legale sottesa all'art. 2744 c.c.; e sfugge dunque alla sanzione della nullità". No mesmo sentido, cf. FOLLIERI, Luigi. Il patto marciano tra diritto "comune" e "speciale". *La Nuova Giurisprudenza Civile*. Padova: Cedam-WKI, n. 12, p. 1857 e ss., 2018: "E ciò si apprezza specialmente prendendo in esame il patto marciano, che viene generalmente ritenuto valido in quanto idoneo – attraverso la determinazione, ad opera di un terzo imparziale, del valore della res data in garanzia – a mantenere in equilibrio il rapporto obbligatorio ed a rendere irrilevante la coartazione eventuale esercitata dal creditore nei confronti del debitore".

[211] BIANCA, Cesare Massimo. *Il divieto del patto commissorio*. Napoli: Edizioni Scientifiche Italiane, 1959, riproduzione 2013, p. 222-223: "In effetti, per quanto non possa escludersi il pericolo che il creditore imponga la nomina di un soggetto di non sicura imparzialità, a favore del debitore rimarrebbe sempre fermo il diritto ad un equo accertamento del valore del bene, con la possibilità, offerta anche ai creditori eventualmente pregiudicati, di impugnare la determinazione del terzo dolosamente influenzata ovvero manifestamente iniqua o erronea".

Como se trata de verdadeiro procedimento de avaliação do bem dado em garantia, deve ser assegurado no contrato, além do tempo e da modalidade de perícia, o contraditório entre as partes,[212] na linha de assegurar que o bem seja avaliado pelo preço justo ou de mercado.[213]

Em suma, diante das diferenças estruturais e funcionais entre o pacto marciano e o pacto comissório, ora expostas, a eventual falta de previsão legislativa para acolher o pacto marciano não pode permitir que ultrapassada concepção ampla da vedação do pacto comissório apanhe também a lícita figura atual do pacto marciano,[214] que, aliás, relembre-se, desde a origem romana é tido como correção adequada para eventuais exageros na aplicação da vedação comissória.[215]

Interessante registrar que a figura atual do pacto marciano comporta variação importante – fora do padrão original, por meio do qual se dá a aquisição da propriedade do bem dado em garantia pelo credor, para satisfação do crédito inadimplido – mediante alienação do bem dado em garantia pelo credor, para, como o resultado da venda, promover a satisfação do crédito, o que, como destaca a doutrina, não obstante "anômalo" em relação à figura

---

[212]   DOLMETTA, Aldo Angelo. La ricerca del "marciano utile". *Rivista di Diritto Civile*. Padova: Cedam/Wolters Kluwer, anno LXIII, n. 4, p. 811 e ss., 2017: "Anche il tema dei 'tempi certi e modalità definite' di perizia, che la sentenza della Cassazione pure segnala, richiama due notazioni almeno, del resto scontate. La prima è che la clausola dovrà necessariamente dare accoglienza e rispetto sostanziale al principio del contraddittorio. L'altra, la cui importanza risulta esasperata (pure) dalla rilevanza riconosciuta alle regole del contraddittorio, consiste nell'esigenza di assegnare termini contenuti ai tempi di svolgimento del procedimento peritale".

[213]   LUMINOSO, Angelo. Patto marciano e sottotipi. *Rivista di Diritto Civile*. Padova: Cedam/Wolters Kluwer, anno LXIII, n. 6, p. 1398 e ss., 2017: "Si comprendono quindi le ragioni per le quali la dottrina e la giurisprudenza abbiano attribuito alla stima un rilievo di primo piano, segnalando la necessità che essa venga compiuta in un momento successivo all'inadempimento, ad opera di un perito indipendente ed esperto, in tempi certi e con modalità definite (che assicurino il diritto al contraddittorio delle parti) al fine di individuare il giusto prezzo del bene alienato, ossia il prezzo corrente".

[214]   DE MENECH, Carlotta. Il patto marciano e gli incerti confini del divieto di patto commissorio. *I Contratti*. Milano: IPSOA – Wolters Kluwer, n. 8-9, p. 823 e ss., 2015: "Volendo invece compiere tale sforzo, occorre anzitutto prender atto che la definizione di patto commissorio, quale risulta combinando la rubrica ed il testo dell'art. 2744, è piuttosto generica e, almeno in linea di principio, potrebbe attagliarsi anche alla convenzione marciana. Infatti, la norma *de qua* non fa alcuna distinzione tra l'ipotesi in cui le parti abbiano programmato un'alienazione al creditore dell'oggetto in garanzia predisponendo *ex ante* un meccanismo di liquidazione successiva dell'eccedenza da restituire al debitore, ed il diverso caso in cui esse abbiano convenuto un trasferimento della *res* automatico ed indipendente dal suo valore. L'art. 2744 c.c. si limita a sancire la nullità di qualunque accordo traslativo del bene dato in garanzia nel caso di inadempimento; e tale è anche l'essenza del patto marciano, ascritto dalla tesi più tradizionale ed accreditata al *genus* delle alienazioni in funzione di garanzia. Insomma, il tenore letterale dell'art. 2744 c.c. non chiarisce se il codice civile abbia accolto – per vietarla – una nozione (ristretta) di patto commissorio identica a quella tramandata dalla tradizione o, invece, una concezione (più ampia) che involge altresì il patto marciano".

[215]   LUMINOSO, Angelo. Patto commissorio, patto marciano e nuovi strumenti di autotutela esecutiva. *Rivista di Diritto Civile*. Padova: Cedam/Wolters Kluwer, anno LXIII, n. 1, p. 10-32, 2017: "Nel frattempo, il giurista Elio Marciano, vissuto intorno al II-III secolo d.c., aveva elaborato un correttivo della *Lex commissoria* che prevedeva il diritto del debitore a ricevere dal creditore l'eventuale eccedenza tra l'entità del credito e il maggior valore del bene trasferito in garanzia".

originária de pacto marciano,[216] pode ser ajustado mediante cláusula expressa como uma "variante" moderna do pacto marciano.[217]

Aliás, na prática negocial, especialmente no ambiente bancário, não obstante a "anomalia" em relação ao aspecto estrutural originário do pacto marciano, a perspectiva da venda do bem dado em garantia pelo credor, para satisfação do crédito com seu produto, parece mais alinhada com a realidade, pois a instituição financeira teria maior interesse na liquidação da dívida e não em adquirirpropriedade de bens.[218] Até porque a aquisição da propriedade levaria o banco a gerir patrimônio espalhado por determinado território, com o custo atrelado, o que confirma a tendência, em tese, na direção do modelo marciano de venda do bem, para que o credor possa receber o valor da dívida e não adquirir sua propriedade.[219]

Nesse sentido, a venda do bem dado em garantia pelo próprio credor, por meio da expropriação negocial, quando assegurada sua avaliação por perito especializado e imparcial, para buscar o preço justo ou de mercado do bem, favorece o próprio devedor, pois a venda judicial, no âmbito do processo de execução, além de lenta e ineficiente, implica não só a imobilização improdutiva do bem por longo prazo, mas não assegura, por si só, que o bem alcançará preço adequado.[220]

---

[216] DOLMETTA, Aldo Angelo. La ricerca del "marciano utile". *Rivista di Diritto Civile*. Padova: Cedam/ Wolters Kluwer, anno LXIII, n. 4, p. 811 e ss., 2017: "La struttura caratteristica del marciano non richiede, in altri termini, che il bene in garanzia sia effettivamente venduto a terzi. Che il soddisfacimento del creditore garantito avvenga a mezzo appropriazione del ricavato della vendita, anzi, pare introdurre una variante anomala nella figura. Per sé, il marciano configura un'esecuzione in via di autotutela per assegnazione". Cf., ainda, LUMINOSO, Angelo. Patto marciano e sottotipi. *Rivista di Diritto Civile*. Padova: Cedam/Wolters Kluwer, anno LXIII, n. 6, p. 1398 e ss., 2017: "Il patto marciano, in quanto negozio di alienazione che programma il trasferimento (sospensivamente o risolutivamente condizionato) della proprietà di un bene da parte del debitore in favore del creditore, provoca, in caso di inadempimento, l'acquisto (nell'ipotesi di condizione sospensiva) o il consolidamento dell'acquisto (nell'ipotesi di condizione risolutiva) della proprietà del bene in capo, appunto, al creditore. Ciò significa che 'la struttura caratteristica del marciano non richiede... che il bene in garanzia sia... venduto a terzi' con conseguente soddisfacimento del creditore mediante appropriazione del ricavato della vendita".

[217] DOLMETTA, Aldo Angelo. La ricerca del "marciano utile". *Rivista di Diritto Civile*. Padova: Cedam/ Wolters Kluwer, anno LXIII, n. 4, p. 811 e ss., 2017: "Ciò posto, non avrei dubbi nel ritenere, con riferimento ai patti correnti nella pratica attuale, che una simile variante debba necessariamente essere esplicitamente prevista nel corpo della clausola, perché possa, nel caso, entrare in applicazione".

[218] PAGLIANTINI, Stefano. Sull'art. 48-bis T.U.B.: il "pasticcio" di un marciano bancario quale meccanismo surrogatorio di un mancato adempimento. In: D'AMICO, Giovanni; PAGLIANTINI, Stefano; PIRAINO, Fabrizio; RUMI, Tiziana. *I nuovi marciani*. Torino: G. Giappichelli Editore, 2017, p. 61-62 aponta que "neanche dovrebbe omettersi di osservare che il creditore, al cospetto di un inadempimento grave, di massima persegue uno scopo *liquidatorio* e di *realizzo* piuttosto che uno di tipo *acquisitivo*".

[219] D'AMICO, Giovanni. La resistibile ascesa del patto marciano. In: D'AMICO, Giovanni; PAGLIANTINI, Stefano; PIRAINO, Fabrizio; RUMI, Tiziana. *I nuovi marciani*. Torino: G. Giappichelli Editore, 2017, p. 27-28. Interessante anotar, nesse passo, que no direito brasileiro, a venda do bem pelo próprio credor, respeitado o preço definido na avaliação do bem penhorado, já é a forma normal de expropriação judicial prevista na disciplina da execução por quantia certa estabelecida pelo CPC (art. 880).

[220] PAGLIANTINI, Stefano. Sull'art. 48-bis T.U.B.: il "pasticcio" di un marciano bancario quale meccanismo surrogatorio di un mancato adempimento. In: D'AMICO, Giovanni; PAGLIANTINI, Stefano; PIRAINO, Fabrizio; RUMI, Tiziana. *I nuovi marciani*. Torino: G. Giappichelli Editore, 2017, p. 62: "il tutto al netto della circostanza che un'espropriazione negoziale ridonderà pure a vantaggio del debitore, non foss'altro quanto all'utilità – per costui – di conseguire prima quel *surplus*, che un'esecuzione secondo le regole di rito per conto azzera, coll'aggiunta di un'immobilizzazione improduttiva del bene per un lungo lasso di tempo. Non è causale, al riguardo, che la stima, di cui il comma 6 discorre, alluda ad un valore di mercato effettivo e non a quello calcolato simulando ribassi d'asta connaturali ad un'esecuzione forzata".

Muito discutido também qual o enquadramento do pacto marciano em relação a outras figuras obrigacionais conhecidas,[221] como obrigação alternativa,[222] obrigação facultativa,[223] dação em pagamento[224] ou cláusula penal,[225] concluindo-se, em doutrina, que o pacto marciano, na realidade, não parece compatível, ao menos na sua integralidade, com nenhuma figura atualmente presente no direito das obrigações, por apresentar diversos mecanismos técnicos que traduzem função "sub-rogatória" ou "substitutiva" da prestação originária inadimplida.[226]

---

[221] PIRAINO, Fabrizio. L'inadempimento del contratto di credito immobiliare ai consumatori e il patto marciano. In: D'AMICO, Giovanni; PAGLIANTINI, Stefano; PIRAINO, Fabrizio; RUMI, Tiziana. *I nuovi marciani*. Torino: G. Giappichelli Editore, 2017, p. 196.

[222] D'AMICO, Giovanni. La resistibile ascesa del patto marciano. In: D'AMICO, Giovanni; PAGLIANTINI, Stefano; PIRAINO, Fabrizio; RUMI, Tiziana. *I nuovi marciani*. Torino: G. Giappichelli Editore, 2017, p. 23: "Potrebbe, in astratto, pensarsi che la stipulazione di un patto marciano (*ex art. 48-bis*) dia vita ad una 'obbligazione' (oggettivamente) complessa, e precisamente ad una obbligazione alternativa, con scelta della prestazione affidata al creditore. Una simile qualificazione va incontrato, tuttavia, a molteplici obbiezioni, che ne palesano la infondatezza". Cf., ainda, CIPRIANI, Nicola. *Patto commissorio e patto marciano*. Napoli: Edizioni Scientifiche Italiane, 2000, p. 57.

[223] D'AMICO, Giovanni. La resistibile ascesa del patto marciano. In: D'AMICO, Giovanni; PAGLIANTINI, Stefano; PIRAINO, Fabrizio; RUMI, Tiziana. *I nuovi marciani*. Torino: G. Giappichelli Editore, 2017, p. 24: "Non minori difficoltà incontra una seconda possibile qualificazione, in termini – questa volta – di obbligazione facoltativa. La difficoltà sussiste non tanto perché, in ipotesi di impossibilità sopravvenuta dell'unica prestazione che in tal caso deve considerarsi dedotta *in obligatione*, resterebbe ciononondimeno la possibilità per il creditore di chiedere la prestazione *in facultate solutionis* (…), quanto piuttosto perché nella obbligazione *facoltativa* la *facultas solutionis* è nella disponibilità del debitore, mentre nel nostro caso spetta al creditore (banca) scegliere se chiedere o meno l'attuazione della clausola marciana e del trasferimento del diritto in essa previsto". Cf., ainda, CIPRIANI, Nicola. *Patto commissorio e patto marciano*. Napoli: Edizioni Scientifiche Italiane, 2000, p. 57.

[224] D'AMICO, Giovanni. La resistibile ascesa del patto marciano. In: D'AMICO, Giovanni; PAGLIANTINI, Stefano; PIRAINO, Fabrizio; RUMI, Tiziana. *I nuovi marciani*. Torino: G. Giappichelli Editore, 2017, p. 23-24: "Sembra indubbiamente avvicinarsi maggiormente alla configurazione che il legislatore ha dato del patto marciano previsto dall'art. 48-bis, la qualificazione di esso in termine di 'accordo solutorio preventivo', inquadrabile in definitiva nello schema della *datio in solutum*. (…) È come dire che il patto marciano, più che una *datio in solutum* preventiva, sarebbe un accordo che attribuisce al creditore (banca) un diritto di *optare* per una prestazione "solutoria" diversa da quella in via originaria e principale dedotta in obbligazione. In breve: che esso consiste, propriamente, non in una *datio in solutum,* bensì una *opzione di datio in solutum*". A respeito, ainda, da diferença do pacto marciano com a dação em pagamento, cf. ainda, LUMINOSO, Angelo. Patto marciano e sottotipi. *Rivista di Diritto Civile*. Padova: Cedam/Wolters Kluwer, anno LXIII, n. 6, p. 1398 e ss., 2017 Cf., ainda, CIPRIANI, Nicola. *Patto commissorio e patto marciano*. Napoli: Edizioni Scientifiche Italiane, 2000, p. 55-56.

[225] D'AMICO, Giovanni. La resistibile ascesa del patto marciano. In: D'AMICO, Giovanni; PAGLIANTINI, Stefano; PIRAINO, Fabrizio; RUMI, Tiziana. *I nuovi marciani*. Torino: G. Giappichelli Editore, 2017, p. 26: "Infine, anche la riconducibilità del patto marciano alla figura della clausola penale si presenta problematica, benché sussistano indubbiamente alcuni elementi in comune tra i due istituti. La differenza principale è data dal fatto che la legge ammette che la 'penale' possa essere pattuita (anche) in misura superiore (purché non manifestamente sproporzionata) al danno effettivamente subito dal creditore, laddove in materia de patto marciano vige – come abbiamo visto – il principio secondo il quale il creditore deve restituire l'eventuale eccedenza di valore che il bene oggetto del patto presenti rispetto alla entità del debito rimasto inadempiuto". Cf., ainda, CIPRIANI, Nicola. *Patto commissorio e patto marciano*. Napoli: Edizioni Scientifiche Italiane, 2000, p. 57.

[226] D'AMICO, Giovanni. La resistibile ascesa del patto marciano. In: D'AMICO, Giovanni; PAGLIANTINI, Stefano; PIRAINO, Fabrizio; RUMI, Tiziana. *I nuovi marciani*. Torino: G. Giappichelli Editore, 2017, p. 26: "In conclusione, il patto marciano – quale previsto e regolato dall'art. 48-*bis* T.U.B. – non sempre (interamente) riconducibile a nessuna delle figure presenti nel diritto delle obbligazione, e che hanno (sia pure in senso lato, e sulla base di diversi congegni tecnici) la funzione di 'surrogatoria'/sostituire una prestazione che, per i motivi più diversi, possa essere rimasta inadempiuta (o, comunque, non attuata)".

Assim, indica-se a impossibilidade de enquadramento do pacto marciano no ambiente do adimplemento ou de mecanismos que fazem as vezes de pagamento, pois não pertence propriamente à dimensão do adimplemento, já que pressupõe sempre o inadimplemento do devedor e, por isso, é destinado a regular as consequências do inadimplemento, colocando--se o pacto marciano em fase subsequente ao inadimplemento na sequência obrigacional,[227] inserindo-se como técnica de realização coativa do direito de crédito (*vide* item 1.2), que opera a extinção da posição de débito por meio do mecanismo da autotutela executiva,[228] com a "autossatisfação" do crédito pelo credor.[229]

Outra visão interessante, com acolhimento doutrinário, aloca o pacto marciano estruturalmente como modalidade de alienação em garantia, uma vez que o mecanismo marciano predispõe bem do devedor para reforçar o cumprimento da obrigação e só pode ser acionado após o inadimplemento do devedor, para assegurar ao credor a autossatisfação do crédito.[230]

Promove, assim, o pacto marciano exercício da função de garantia,[231] vislumbrando-se a possiblidade de atuar seja como modalidade de transferência em garantia resolutivamente

---

[227] PIRAINO, Fabrizio. L'inadempimento del contratto di credito immobiliare ai consumatori e il patto marciano. In: D'AMICO, Giovanni; PAGLIANTINI, Stefano; PIRAINO, Fabrizio; RUMI, Tiziana. *I nuovi marciani*. Torino: G. Giappichelli Editore, 2017, p. 196/197: "È probabile che il problema sia male impostato giacché l'effetto estintivo del patto marciano viene ricondotto a una vicenda solutoria e, dunque, se ne insegue l'inquadramento in istituti che appartengono alla dimensione dell'adempimento o dei suoi surrogati. Non si tiene in adeguato conto, però, che il patto marciano presuppone l'inadempimento e, dunque, è destinato a regolarne le conseguenze, collocandosi in una fase dell'obbligazione che si pone al di là dell'adempimento e dei suoi surrogati".

[228] PIRAINO, Fabrizio. L'inadempimento del contratto di credito immobiliare ai consumatori e il patto marciano. In: D'AMICO, Giovanni; PAGLIANTINI, Stefano; PIRAINO, Fabrizio; RUMI, Tiziana. *I nuovi marciani*. Torino: G. Giappichelli Editore, 2017, p. 198: "Ne consegue che il patto marciano non esibisce una *causa solutionis*, poiché il suo effetto non consiste nel consentire un recupero del contenuto originario dell'obbligazione, ma nell'assicurare l'attuazione coattiva del vincolo di responsabilità contrattuale. Si deve allora discorrere di estinzione della posizione debitoria e non già di attuazione dell'obbligazione: un'estinzione che, dunque, non avviene in conseguenza di una vicenda *lato sensu* di adempimento o di un suo surrogato, ma per effetto di un meccanismo esecutivo di natura privata e, dunque, stragiudiziale, in dottrina indicato con la formula 'autotutela esecutiva', il quale rappresenta l'esplicazione non soltanto di una regola di responsabilità patrimoniale ma anche della compatibilità tra autonomia privata ed esecuzione forzata".

[229] LUMINOSO, Angelo. Patto marciano e sottotipi. *Rivista di Diritto Civile*. Padova: Cedam/Wolters Kluwer, anno LXIII, n. 6, p. 1398 e ss., 2017 ao destacar que "la convenzione commissoria e quella marciana assolvono ad una *funzione di autosoddisfacimento del creditore* e perciò ricadono nell'area non dell'adempimento dell'obbligazione bensì in quella della realizzazione (coattiva) privata del credito, ossia dell'autotutela esecutiva".

[230] CIPRIANI, Nicola. *Patto commissorio e patto marciano*. Napoli: Edizioni Scientifiche Italiane, 2000, p. 61-62: "Una semplice analisi strutturale del patto commissorio e de patto marciano consente di annoverare entrambe le convenzioni nella categoria delle alienazioni, essendo fuori discussione la loro efficacia traslativa. E, infatti, almeno su questo possiamo registrare la concordia della dottrina. (...) La tesi più accreditata tende ad attribuire alla convenzione commissoria una funzione di garanzia: si insegna che 'la natura del credito offerta dal patto commissorio si presenta infatti con un grado di intensità che è addirittura equivalente a quella offerta dagli istituti di garanzia per eccellenza, cioè il pegno e l'ipoteca. Sulla base di tale assunto, si giunge alla conclusione che il patto commissorio, predisponendo il trasferimento della proprietà di un bene al creditore per il caso dell'inadempimento di una obbligazione, rientra a pieno titolo nel novero delle alienazioni in funzione di garanzia. La medesima soluzione è adottata per il patto marciano".

[231] FOLLIERI, Luigi. Il patto marciano tra diritto "comune" e "speciale". *La Nuova Giurisprudenza Civile*. Padova: Cedam-WKI, n. 12, p. 1857 e ss., 2018: "Per quanto concerne il piano funzionale, nel patto marciano sono rintracciabili una funzione di garanzia, atteso che il congegno marciano (come quello

condicionada, seja como modalidade de transferência suspensivamente condicionada.[232] No primeiro caso, o bem é desde logo transferido ao credor, mas, no caso de adimplemento do devedor, desfaz-se a transferência;[233] no segundo, não ocorre a transferência de imediato, mas só no caso de inadimplemento do devedor.[234]

Os novos pactos marcianos previstos na reforma da legislação bancária italiana de 2015/2016 apresentam a modelagem do tipo suspensivamente condicionada,[235] até para, ao que tudo indica, evitar o inconveniente que pode surgir com a alienação resolutivamente condicionada, que traz custos adicionais para o financiador, para cuidar da propriedade precária do bem que lhe é entregue de plano, bem como poderia atrair reação de outros credores, diante da eventual ameaça à posição creditícia gerada pela diminuição imediata do patrimônio do devedor.[236]

Aliás, parte da doutrina chega até a defender a impossibilidade de se inserir no pacto marciano a alienação do bem em garantia resolutivamente condicionada, argumentando, por exemplo, que a transferência resolutivamente condicionada foge do cenário meramente obrigacional do pacto marciano e cria dificuldades em relação a um dos pontos centrais de validade dos novos pactos marcianos, qual seja, de a avaliação pericial só ocorrer após o inadimplemento do devedor, com a devolução de eventual quantia excedente ao devedor, pois o credor já receberia desde logo a propriedade e, com o surgimento do inadimplemento, consolidaria a propriedade plena de forma automática.[237]

---

commissorio) implica un rafforzamento dell'aspettativa di realizzazione del credito; nonché una funzione solutoria, più propriamente uno scopo di autosoddisfacimento del credito. Sotto il primo profilo, si comprende la ricorrente affermazione secondo cui l'area concettuale entro la quale viene tradizionalmente collocato il patto è quella delle alienazioni con funzione di garanzia".

[232] DOLMETTA, Aldo Angelo. La ricerca del "marciano utile". *Rivista di Diritto Civile*. Padova: Cedam/Wolters Kluwer, anno LXIII, n. 4, p. 811 e ss., 2017 destaca a "possibilità che l'alienazione in garanzia venga confezionata non solo in termini di struttura sospensivamente condizionata all'inadempimento del debitore, ma pure in quelli di struttura risolutivamente condizionata all'adempimento del medesimo".

[233] DE MENECH, Carlotta. Il patto marciano e gli incerti confini del divieto di patto commissorio. *I Contratti*. Milano: IPSOA – Wolters Kluwer, n. 8-9, p. 823 e ss., 2015: "Per contro, i giudici hanno per molto tempo ritenuto valida la c.d. alienazione in garanzia risolutivamente condizionata, ovvero il trasferimento immediato al creditore di cosa libera appartente al debitore, suscettibile di venire meno in caso di adempimento dell'obbligazione principale garantita".

[234] DOLMETTA, Aldo Angelo. La ricerca del "marciano utile". *Rivista di Diritto Civile*. Padova: Cedam/Wolters Kluwer, anno LXIII, n. 4, p. 811 e ss., 2017: "Preso atto di tutto questo, va adesso rilevato che, peraltro, i marciani di nuovo conio e 'secondi' propongono tutti strutture basate sul meccanismo della condizione sospensiva, ponendo quindi il trasferimento sotto condizione di inadempimento del debitore".

[235] D'AMICO, Giovanni. La resistibile ascesa del patto marciano. In: D'AMICO, Giovanni; PAGLIANTINI, Stefano; PIRAINO, Fabrizio; RUMI, Tiziana. *I nuovi marciani*. Torino: G. Giappichelli Editore, 2017, p. 26-27 aponta que o legislador italiano do art. 48-*bis* T.U.B. optou por "'tipizzare' il patto marciano nella esclusiva forma del trasferimento *sospensivamente condizionato*, e non anche in quella (che sarebbe stata, in fondo, agevolmente sovrapponibile alla prima) di un trasferimento (immediato) *risolutivamente condizionato* all'adempimento del debitore".

[236] D'AMICO, Giovanni. La resistibile ascesa del patto marciano. In: D'AMICO, Giovanni; PAGLIANTINI, Stefano; PIRAINO, Fabrizio; RUMI, Tiziana. *I nuovi marciani*. Torino: G. Giappichelli Editore, 2017, p. 27, destaca que o modelo de pacto marciano resolutivamente condicionado "comporterebbe l'inconveniente per la banca di doversi prendere in carico i 'costi' di una proprietà (tendenzialmente) 'precaria', rischiando altresì (assai più che nell'ipotesi di un effetto traslativo ancora 'sospeso') di andare incontro ad una reazione da parte degli altri creditori, che potrebbero percepire come più concretamente minacciata (in questa ipotesi) la garanzia generica che assiste la realizzazione del loro credito".

[237] PAGLIANTINI, Stefano. Sull'art. 48-*bis* T.U.B.: il "pasticcio" di un marciano bancario quale meccanismo surrogatorio di un mancato adempimento. In: D'AMICO, Giovanni; PAGLIANTINI, Stefano; PIRAINO,

Ponto ainda em aberto é a ligação do pacto marciano com o efeito extintivo do débito,[238] discussão que surge de forma mais forte na hipótese em que o valor do bem dado em garantia no âmbito do pacto marciano é de valor inferior ao do crédito residual. Sustenta parte da doutrina que o entendimento deveria caminhar em sentido positivo, ou seja, mesmo que o valor do bem dado em garantia seja menor em face ao crédito, este seria integralmente extinto, diante do fato de que o credor tem garantia especial sobre determinado bem no âmbito do pacto marciano, por isso, a contrapartida, para equilíbrio com a posição de outros credores,[239] seria a extinção integral do crédito, com a ativação do pacto marciano, mesmo, reitere-se, diante de valor menor do bem dado em garantia em relação ao valor do crédito. Propõe-se que tal perspectiva deveria ser a regra no âmbito do pacto marciano.[240]

Cabe também dar destaque à atual visão funcional ou dinâmica do pacto marciano que atrai as luzes para a linha fundamental da procedimentalização, ou disciplina procedimentalizada, do pacto marciano, que atua não só em prol da segurança do devedor em relação à realização da avaliação adequada e justa do bem dado em garantia, mas também no interesse da própria coletividade,[241] considerando, ainda, a moderna visão do pacto marciano inserido entre negócio e procedimento,[242] de modo que, cabe relembrar (*vide* item 1.2 *supra*), como

---

Fabrizio; RUMI, Tiziana. *I nuovi marciani*. Torino: G. Giappichelli Editore, 2017, p. 93-94.

[238] PIRAINO, Fabrizio. L'inadempimento del contratto di credito immobiliare ai consumatori e il patto marciano. In: D'AMICO, Giovanni; PAGLIANTINI, Stefano; PIRAINO, Fabrizio; RUMI, Tiziana. *I nuovi marciani*. Torino: G. Giappichelli Editore, 2017, p. 196.

[239] PIRAINO, Fabrizio. L'inadempimento del contratto di credito immobiliare ai consumatori e il patto marciano. In: D'AMICO, Giovanni; PAGLIANTINI, Stefano; PIRAINO, Fabrizio; RUMI, Tiziana. *I nuovi marciani*. Torino: G. Giappichelli Editore, 2017, p. 200-201: "La destinazione deve essere compensata con la limitazione della responsabilità perché, viceversa, il patto marciano continuerebbe a impattare con una delle ragioni inspiratrici del divieto di patto commissorio, ossia la salvaguardia delle ragioni degli altri creditori".

[240] PIRAINO, Fabrizio. L'inadempimento del contratto di credito immobiliare ai consumatori e il patto marciano. In: D'AMICO, Giovanni; PAGLIANTINI, Stefano; PIRAINO, Fabrizio; RUMI, Tiziana. *I nuovi marciani*. Torino: G. Giappichelli Editore, 2017, p. 204-205: "Alla luce di quanto sostenuto, è ragionevole affermare che il contenimento della destinazione del bene alla realizzazione dell'interesse creditorio con la limitazione della responsabilità patrimoniale del debitore integri una regola generale. Sotto questo profilo, l'art. 120-quinquiesdecies T.U.B. costituisce una disposizione di straordinaria importanza perché espressiva in un contesto speciale – ancorché assai vasto e di notevole impatto socio-economico – di un connotato strutturale del patto marciano quale figura generale del diritto delle obbligazioni e, in particolare, della responsabilità patrimoniale".

[241] PAGLIANTINI, Stefano. Sull'art. 48-bis T.U.B.: il "pasticcio" di un marciano bancario quale meccanismo surrogatorio di un mancato adempimento. In: D'AMICO, Giovanni; PAGLIANTINI, Stefano; PIRAINO, Fabrizio; RUMI, Tiziana. *I nuovi marciani*. Torino: G. Giappichelli Editore, 2017, p. 92: "Da una concezione *statica* ad una dinamica, è questo il distico oggi imperante: il che, nella cornice legislativa di un *ease of doing business*, è espressione indubbiamente esatta ma destinata, se non le si abbina l'idea di un procedimento, a cogliere solo parzialmente il fenomeno, essendo la *disciplina* di questa 'procedimentalizzazione' che parrebbe adesso veicolare l'*interesse della collettività*. Anche l'idea, come si accennava, di un giusto prezzo è in realtà calata in questo procedimento, con un tempo di stima (successivo all'inadempimento) e delle modalità che connotano *qualitativamente* l'equità delle prestazioni, con la forma avverbiale volendo qui esattamente indicare come siano *queste* modalità (per l'appunto) che provvedono ad 'incanalare' l'attività di governo del creditore".

[242] PAGLIANTINI, Stefano. Sull'art. 48-bis T.U.B.: il "pasticcio" di un marciano bancario quale meccanismo surrogatorio di un mancato adempimento. In: D'AMICO, Giovanni; PAGLIANTINI, Stefano; PIRAINO, Fabrizio; RUMI, Tiziana. *I nuovi marciani*. Torino: G. Giappichelli Editore, 2017, p. 92: "L'impressione è infatti quella di trovarsi dinanzi ad una *norma incompiuta*, basculante com'è tra *negozio* e *procedimento*, in un succedersi di auto ed etero-regolamentazione che non offre però una compiuta definizione dell'in-

indica a doutrina mais atual, a linha procedimental também pode ser utilizada para dar vazão à autonomia privada, como ato de organização dos interesses envolvidos.[243]

Em tal contexto, diante da procedimentalização e das garantias que integram a figura atual do pacto marciano, especialmente voltadas à apuração adequada do valor do bem por perito e devolução ao devedor de eventual excesso em relação ao valor do crédito, o pacto marciano não mais pode ser tido, de plano, como presumidamente ilícito ou abusivo, veiculador de coerção moral do credor em relação do devedor, a chamada *debitoris soffocatio*,[244] sendo que, se tal ocorrer, o devedor pode buscar o controle judicial, mas deve ser objeto de prova específica e acertamento judicial.[245]

Importante, para finalizar, anotar que o direito italiano não previu o pacto marciano em via geral, no Código Civil, como ocorreu no direito francês,[246] mas inseriu no sistema

---

cidenza che detto marciano finisce per avere sul sistema di altre prelazioni, *debole* sì ma pur sempre tale visto il complementare divieto che si legge nell'art. 2745 c.c., della *par condicio creditorum*".

[243] FERRI JR., Giuseppe. L'attività di liquidazione tra negozio e procedimento. *Rivista del Diritto Commerciale*. Padova: Piccin, n. 1, p. 83 e ss., 2014, por exemplo, leciona que o procedimento, que até então vinha sendo reservado para a esfera pública, para atuação de interesses públicos, enquanto o negócio se prestaria apenas a atuar a autonomia privada, hoje é visto também como instrumento de atuação da autonomia privada para organização dos interesses e atuação das partes: "Ben più convincente appare l'impostazione, che come è noto ha trovato la sua più raffinata e compiuta espressione nel pensiero di Paolo Ferro-Luzzi, volta a ricollegare la contrapposizione tra negozio e procedimento a quella tra sfera individuale e, rispettivamente, collettiva, o, come pure si dice, meta-individuale, e cioè tra interesse del singolo e quello appunto di una collettività: in questa diversa prospettiva, il negozio non vale ad indicare, genericamente, ogni espressione dell'autonomia dei privati, ma esclusivamente gli atti di auto-regolamentazione di interessi individuali (e per ciò solo privati), e dunque di diritti soggettivi, o comunque di posizioni giuridiche soggettive, mentre il procedimento assume il valore, tecnicamente definibile come organizzativo, di strumento di etero-regolamentazione di interessi collettivi, siano essi pubblici, e dunque riferibili alla generalità dei consociati, e quindi indisponibili, o privati, relativi cioè ad una specifica collettività". a seguir, o mesmo autor, *ob. cit.*, completa que "è proprio nel valore organizzativo che le caratterizza, nel fatto cioè che esse si risolvono nel riconoscimento (non già di diritti, ma) di poteri, destinati per definizione a riflettersi anche sulla sfera giuridica di terzi".

[244] CARBONE, Enrico. *Debitoris soffocatio* e patto commissorio. *Rivista Trimestrale di Diritto e Procedura Civile*. Milano: Giuffrè editore, v. LXVI, n. 4, p. 1115, 2012: "L'obbligato promette di vendere la cosa, fidando di adempiere il debito: mancato l'adempimento, la coercizione della promessa è attuazione ed immagine di *debitoris soffocatio*".

[245] PIRAINO, Fabrizio. L'inadempimento del contratto di credito immobiliare ai consumatori e il patto marciano. In: D'AMICO, Giovanni; PAGLIANTINI, Stefano; PIRAINO, Fabrizio; RUMI, Tiziana. *I nuovi marciani*. Torino: G. Giappichelli Editore, 2017, p. 201-203: "Il dispositivo congiunto della stima del bene al momento dell'inadempimento e dell'obbligo di restituzione della differenza tra il valore del bene, o il ricavo della vendita, e il credito residuo monda il patto marciano dagli eccessi che invece rendono, secondo l'opinione maggioritaria, illecito il patto commissorio: l'imposizione da parte del creditore di una conseguenze economica sproporzionata che rende il patto iniquo e presuntivamente frutto di approfittamento della situazione di debolezza in cui versa il debitore in danno di quest'ultimo e dei creditori terzi. Sia chiaro: l'esclusione della sproporzione assicurata dal patto marciano non implica necessariamente l'assenza dalla coartazione morale del debitore, la *debitoris soffocatio*, e una riprova eloquente è offerta dal già ricordato art. 120-*quinquiesdecies*, comma 4, lett. a) T.U.B. Il patto marciano fa però saltare l'intricato gioco di presunzioni assolute su cui poggia il divieto del patto commissorio: la presunzione di sproporzione da cui si ricava la presunzione della coartazione della libera determinazione del debitore. Ciò non esclude che anche il patto marciano possa essere il frutto di un'imposizione del creditore al debitore, soltanto che nella fattispecie in esame non vi sono indici presuntivi della *debitoris soffocatio* sicché, ove invocata, essa deve essere oggetto di una specifica prova e di un accertamento giudiziario in concreto".

[246] DE MENECH, Carlotta. Il patto marciano e gli incerti confini del divieto di patto commissorio. *I Contratti*. Milano: IPSOA – Wolters Kluwer, n. 8-9, p. 823 e ss., 2015: "A differenza di altri legislatori,

bancário figuras ou mecanismos marcianos específicos que se prestam, porém, a confirmar a orientação doutrinária e jurisprudencial no sentido da licitude do pacto marciano de direito comum, atendidas as garantias básicas ora apresentadas, mesmo sem previsão legal expressa.[247]

Surge, nesse campo, questionamento se seria interessante regulação mais analítica, como nos pactos marcianos especiais do direito italiano, ou bastaria, como no direito francês, admissão em cláusula geral, deixando para autonomia privada a tarefa de articular as melhores modalidades de satisfação dos interesses envolvidos, com o controle da validade ou não de tal regulamentação pelo sistema de justiça.[248]

De todo modo, indica a doutrina italiana que seria interessante modificar o Código Civil para inclusão do pacto marciano de direito comum, de modo a consagrar a figura no próprio Código Civil,[249] com maior ganho para segurança jurídica.[250] Também se sugere o não abandono ou eliminação total do pacto comissório, mas, sim, a introdução no sistema italiano do corretivo do pacto marciano em via geral, no Código Civil, para impulsionar a renovação e adequação das garantias, com diminuição dos custos, em linha com o cenário econômico internacional.[251]

---

quello italiano non conferisce agli attori del mercato un'autorizzazione generale ad avvalersi del patto marciano come schema di regolamentazione dei propri interessi".

[247] Relembre-se, *v.g.*, LUMINOSO, Angelo. Patto marciano e sottotipi. *Rivista di Diritto Civile*. Padova: Cedam/Wolters Kluwer, anno LXIII, n. 6, p. 1398 e ss., 2017: "In mancanza di una regolamentazione legislativa di carattere generale del patto marciano – e sino a quando non interverrà una normativa *ad hoc* – compito dell'interprete di diritto italiano è quello di elaborare e ricostruire una disciplina del *tipo generale* in base ai principi e alle regole di diritto comune, tenendo conto delle disposizioni speciali dettate dagli artt. 120-*quinquiesdecies* e 48 *bis* TUB più sopra ricordati".

[248] D'AMICO, Giovanni. La resistibile ascesa del patto marciano. In: D'AMICO, Giovanni; PAGLIANTINI, Stefano; PIRAINO, Fabrizio; RUMI, Tiziana. *I nuovi marciani*. Torino: G. Giappichelli Editore, 2017, p. 28-29 "Piuttosto che dettare una regolamentazione così dettagliata sarebbe stato allora, forse, preferibile – come è stato giustamente rilevato – limitarsi ad enunciare una *norma-principio*, che consacrasse l'ammissibilità del 'patto marciano', lasciando all'autonomia privata il compito (e la libertà) di articolare le modalità di realizzazione degli interessi sottesi a tale pattuizione, e affidando al giudice il controllo degli esiti de tali regolamentazioni convenzionali".

[249] DOLMETTA, Aldo Angelo. La ricerca del "marciano utile". *Rivista di Diritto Civile*. Padova: Cedam/Wolters Kluwer, anno LXIII, n. 4, p. 811 e ss., 2017: "In realtà – avverte ancora il volume – sarebbe servita una cosa diversa, in luogo del 'pasticcio' prodotto. Molto meglio sarebbe stato, in più precisi termini, andare a predisporre una 'norma generale che valuta e disciplina in un certo modo l'interesse di certi soggetti': una norma, dunque, 'tipizzante il marciano come giusto meccanismo di autotutela contrattuale'. Anzi, una simile norma di 'istituzionalizzazione del marciano' – questo passo ulteriore non risulta rimarcato meno del primo – potrebbe servire tuttora: 'l'idea di un art. 2744-*bis*... rappresenterebbe senza dubbio un *upgrading* sistematico notevole'".

[250] LUMINOSO, Angelo. Patto marciano e sottotipi. *Rivista di Diritto Civile*. Padova: Cedam/Wolters Kluwer, anno LXIII, n. 6, p. 1398 e ss., 2017: "È appena il caso di osservare che, data la delicatezza dei problemi indicati, sarebbe auspicabile che intervenisse il legislatore per dettare una disciplina del tipo generale del patto marciano. In tal modo, anziché lasciare all'incertezza delle opinioni dottrinali e alla variabilità delle decisioni giurisprudenziali la soluzione dei problemi di ermeneutica legislativa, i teorici e i pratici potrebbero contare su esplicite e, possibilmente, chiare disposizioni normative".

[251] BRIANDA, Giovanni. Le prospettive del divieto del patto commissorio tra normativa comunitaria, *lex mercatoria* e tradizione. *Contratto e impresa*. Milano: Cedam-Wolters Kluwer, n. 3, p. 834, 2016: "Tale novità potrebbe e dovrebbe essere accompagnata, al di là dei richiamati interventi settoriali (che ancora non hanno avuto riflessi diretti sul codice, e non si sa se ne avranno), dalla definitiva e generalizzata introduzione nell'ordinamento del patto marciano, magari con un art. 2744 *bis* c.c. La sanzione di ammissibilità riguarderebbe tutte le ipotesi in cui dovessero sussistere cumulativamente le seguenti condizioni: nomina di un arbitratore/perito su accordo delle parti (in base ad oggettivi criteri di scelta previamente individuati) o, in mancanza, su indicazione del giudice; stima giurata del bene oggetto

2.7. CONCLUSÕES PARCIAIS

Realizada breve análise comparada, focada especialmente no direito italiano que, como se verá a seguir, apresenta características similares ao direito brasileiro no que diz respeito à aplicação mais ampla da vedação do pacto comissório, parece interessante cristalizar algumas ideias centrais que foram tratadas no capítulo e que vão, depois, servir de base para indicação de novos caminhos ou leituras no direito brasileiro, tais como:

1) os sistemas jurídicos atuais têm desafios cruciais, por exemplo, atuar como suporte para fazer frente às novas exigências de competividade que se manifestam no mercado global. Por isso, precisam trabalhar soluções que possam encontrar raízes nas suas tradições, mas, ao mesmo tempo, dar resposta adequada às novas exigências econômicas.[252] Nesse sentido, um dos temas mais importantes a ser destacado é a necessidade de rever e atualizar os rígidos sistemas de garantias reais, totalmente inidôneos e ineficientes para realizar a responsabilidade patrimonial do devedor, o que acaba por reverberar no sistema de crédito, criando, por exemplo, dificuldade de acesso ao crédito, gerando discriminação entre devedores fortes e fracos patrimonialmente, com progressiva diminuição da concorrência entre bancos;[253]

2) surge, assim, a necessidade de simplificar e tornar mais efetivas e eficientes as garantias do crédito, para que o credor possa ter acesso a técnicas de satisfação adequada do seu direito de crédito,[254] de modo a permitir melhor circulação do crédito e torná-lo mais barato em razão das maiores possibilidades de recupera-

---

della garanzia solo in un momento successivo a quello dell'inadempimento, con possibilità per le parti di adire l'autorità giudiziaria secondo quanto disposto dall'art. 1349, comma 1, c.c.; obbligo per la parte eventualmente avvantaggiata di restituire all'altro contraente la somma in eccesso. In questo modo si avrebbero risposte fortemente propulsive nella direzione del rinnovamento e dell'adeguamento al contesto economico internazionale, oltretutto in assenza di costi significativi".

[252] FIORENTINI, Francesca. La riforma francese delle garanzie nella prospettiva comparatistica. *Europa e diritto privato*. Milano: Giuffrè Editore, n. 3, p. 1199, 2006: "Tra le sfide cruciali che i sistemi giuridici odierni sono chiamati ad affrontare vi è quella di saper essere di supporto alle pressanti esigenze di competitività che si manifestano sul mercato globale, coltivando regole e soluzioni che trovino bensì le loro solide radici nella tradizione, ma che sappiano, al contempo, dar risposta alle esigenze di un mercato transfrontaliero".

[253] DE MENECH, Carlotta. Il patto marciano e gli incerti confini del divieto di patto commissorio. *I Contratti*. Milano: IPSOA – Wolters Kluwer, n. 8-9, p. 823 e ss., 2015: "La lamentata inidoneità strutturale delle forme nominate di garanzia reale e la nota inefficienza delle modalità legali di attuazione della responsabilità patrimoniale sono foriere di inconvenienti che si riverberano sul sistema creditizio. Crescente difficoltà di accesso al credito per l'impresa e per i privati; costante discriminazione tra debitori forti e debitori deboli in ordine alle condizioni del finanziamento; progressiva diminuzione della concorrenza tra istituti di credito a vantaggio di quelli economicamente più forti e, perciò, in grado di svolgere approfondite indagini sulla solvibilità del debitore, con conseguente ulteriore riduzione del numero dei prestiti ed incremento dei relativi costi: sono questi soltanto alcuni tra i molteplici effetti negativi di un apparato legale di garanzie ad efficacia reale complessivamente inadeguato. Non sorprende dunque che il ceto dei creditori e quello dei debitori siano costantemente impegnati in un comune sforzo, finalizzato ad escogitare nuovi strumenti di protezione del finanziamento che consentano di aggirare la rigidità e la diseconomia del sistema delle garanzie reali tipiche".

[254] FIORENTINI, Francesca. La riforma francese delle garanzie nella prospettiva comparatistica. *Europa e diritto privato*. Milano: Giuffrè Editore, n. 3, p. 1201, 2006 destaca, por exemplo, a necessidade de se "assicurare la semplicità e l'efficacia delle tecniche di soddisfazione dei diritti del creditore".

ção, em que a importância central que assumem os instrumentos de garantia,[255] especialmente diante da visível inidoneidade daqueles tradicionais (como penhor e hipoteca), cuja utilidade é muito baixa, pois se sabe que hoje a riqueza de que as empresas dispõem para acessar a financiamentos é representada, em grande parte dos casos, pelos bens utilizados no processo produtivo, das mercadorias e do crédito, dos quais a empresa não pode perder a posse (ao menos no momento da tomada do financiamento).[256] Por isso, os sistemas mais modernos de garantia se abrem para a autonomia privada, para permitir construção de garantias múltiplas e flexíveis,[257] inclusive para permitir a quebra do dogma da tipicidade das garantias reais,[258] podendo ser citados como exemplo de novas garantias o penhor não possessório e a hipoteca rotativa;

3) a reestruturação do sistema de garantias, com abertura para a simplificação e a flexibilidade, com diminuição dos custos, conta com novos instrumentos e formas de garantia, como o pacto marciano, que permite tutela mais direta e adequada dos direitos creditícios, o que é útil não só ao credor, mas também ao próprio devedor, que precisa de acesso ao crédito.[259] Devedor que, ao mesmo tempo, passa a contar com proteção jurídica adequada contra eventuais abusos do credor em ambiente que permite contratualmente a realização mais adequada da avaliação do bem dado em garantia, de modo que a fixação do preço justo é o patamar mínimo

---

[255] CIPRIANI, Nicola. *Patto commissorio e patto marciano*. Napoli: Edizioni Scientifiche Italiane, 2000, p. 23: "Le riflessioni svolte conducono a focalizzare l'attenzione sul momento di transizione che il nostro sistema delle garanzie reali sta attraversando, anche in considerazione della crisi che da tempo investe le forme tradizionali di garanzia del credito, poco addate ad assecondare le mutevoli esigenze dell'impresa. L'accesso alle risorse finanziarie, d'altro canto, rimane una fase fondamentale nella vita dell'impresa e, di conseguenza, nell'intera organizzazione economica, e necessita pertanto di strumenti operativi efficaci. In questa prospettiva, è evidente l'importanza che assumono gli strumenti di garanzia del credito".

[256] CIPRIANI, Nicola. *Patto commissorio e patto marciano*. Napoli: Edizioni Scientifiche Italiane, 2000, p. 23-24: "Da tempo sono stati denunciati i notevoli limiti strutturali che caratterizzano le garanzie reali tradizionali, pegno e ipoteca, rendendole poco utile agli operatori. La ricchezza di cui l'impresa dispone e alla quale, pertanto, può fare ricorso per garantire i finanziamenti, è rappresentata, nella maggior parte dei casi, dai beni utilizzati nel processo produttivo, dalle merci e dai crediti, il che, se spesso esclude l'utilizzabilità dell'ipoteca, rende impossibile anche il ricorso allo schema tradizionale del pegno, che richiede lo spossamento del debitore".

[257] CIPRIANI, Nicola. *Patto commissorio e patto marciano*. Napoli: Edizioni Scientifiche Italiane, 2000, p. 24: "Le garanzie che l'impresa può utilizzare con maggiore facilità sono dunque quelle su beni mobili che non richiedano spossamento. Proprio in questa direzione si muove, in Europa e Nordamerica, l'autonomia privata, che, per la realizzazione della funzione di garanzia, ha fatto nel tempo ricorso ad una molteplicità di strutture contrattuali che si rivelano più flessibili e, pertanto, più facilmente adattabili alle esigenze degli operatori".

[258] Como destaca CIPRIANI, Nicola. *Patto commissorio e patto marciano*. Napoli: Edizioni Scientifiche Italiane, 2000, p. 73, "nel complesso, però, sembra di dover convenire con chi considera il dogma delle tipicità dei diritti reali un pregiudizio da superare. E ciò sia per ragioni di ordine sistematico, sia perché è la stessa realtà economico-giuridica a dimostrare con chiarezza non solo l'esigenza ma anche poi la concreta elaborazione nella pratica di situazioni soggettive reali che difficilmente trovano preciso riscontro nelle situazioni tipiche".

[259] PAGLIANTINI, Stefano. Sull'art. 48-bis T.U.B.: il "pasticcio" di un marciano bancario quale meccanismo surrogatorio di un mancato adempimento. In: D'AMICO, Giovanni; PAGLIANTINI, Stefano; PIRAINO, Fabrizio; RUMI, Tiziana. *I nuovi marciani*. Torino: G. Giappichelli Editore, 2017, p. 63, destaca que "una realizzazione (satisfattiva) *per via contrattuale* può mostrarsi ancillare *anche* alla tutela del debitore, nella misura in cui se non altro ne favorisce l'accesso al finanziamento".

de valor do bem, que muitas vezes não é assegurada no próprio sistema judicial, sem contar com a conhecida lentidão e ineficiência da execução forçada estatal;[260]

4) a venda do bem dado em garantia pelo próprio credor, por meio da expropriação negocial, quando assegurada sua avaliação por perito especializado e imparcial, para buscar o preço justo ou de mercado do bem, favorece o próprio devedor, pois a venda judicial, no âmbito do processo de execução, além de lenta e ineficiente, implica não só a imobilização improdutiva do bem por longo prazo, mas não assegura, por si só, que o bem alcançará preço adequado. Destaca-se que nada mais adequado, na linha de flexibilidade e simplificação das garantias, do que o incentivo para a adoção de figuras como o pacto marciano, considerando que não é de interesse das partes do contrato acessar a tutela jurisdicional executiva;[261]

5) entre tradição e novas exigências do mercado no setor das garantias, o pacto marciano, como emerge da análise comparada, parece se destacar como mecanismo adequado, que tutela adequadamente tanto a posição do credor (eficiência e simplificação na constituição de garantia para o crédito e na sua realização, mediante atuação pelo mecanismo da autotutela executiva) quanto a do devedor (avaliação imparcial, para assegurar valor de mercado da garantia, e restituição de eventual diferença);

6) a licitude do pacto marciano se cristaliza pelo evidente afastamento da área de vedação do pacto comissório, que tem por objetivo impedir que as partes predeterminem mecanismo de pagamento alternativo ao adimplemento, que atua mediante transferência de propriedade do bem dado em garantia para o credor, excluindo qualquer apuração de compatibilidade entre o valor do crédito e aquele do bem transferido em pagamento, o que, nitidamente, não ocorre no pacto marciano;

7) o pacto marciano pode ser, em linha de princípio, considerado lícito, mesmo quando não previsto expressamente no ordenamento, porque se afasta da *ratio* da vedação do pacto comissório ou da nulidade cominada para as alienações comissórias, quando incorpora esses dois requisitos "qualificantes" da sua licitude: restituição da diferença a maior entre valor do bem e do crédito deve ser devolvida ao devedor e apuração adequada do valor do bem por terceiro especializado e imparcial. Requisitos qualificantes esses que permitem afastar os dois fundamentos básicos em relação à vedação do pacto comissório (ora proteção do devedor, ora

---

[260] Relembre-se com PAGLIANTINI, Stefano. Sull'art. 48-bis T.U.B.: il "pasticcio" di un marciano bancario quale meccanismo surrogatorio di un mancato adempimento. In: D'AMICO, Giovanni; PAGLIANTINI, Stefano; PIRAINO, Fabrizio; RUMI, Tiziana. *I nuovi marciani*. Torino: G. Giappichelli Editore, 2017, p. 62: "il tutto al netto della circostanza che un'espropriazione negoziale ridonderà pure a vantaggio del debitore, non foss'altro quanto all'utilità – per costui – di conseguire prima quel *surplus*, che un'esecuzione secondo le regole di rito per conto azzera, coll'aggiunta di un'immobilizzazione improduttiva del bene per un lungo lasso di tempo. Non è causale, al riguardo, che la stima, di cui il comma 6 discorre, alluda ad un valore di mercato effettivo e non a quello calcolato simulando ribassi d'asta connaturali ad un'esecuzione forzata".

[261] PAGLIANTINI, Stefano. Sull'art. 48-bis T.U.B.: il "pasticcio" di un marciano bancario quale meccanismo surrogatorio di un mancato adempimento. In: D'AMICO, Giovanni; PAGLIANTINI, Stefano; PIRAINO, Fabrizio; RUMI, Tiziana. *I nuovi marciani*. Torino: G. Giappichelli Editore, 2017, p. 62: "Quand'è così, niente di stupefacente perciò, nell'ottica s'intende di una *semplificazione* e *flessibilità* del sistema delle garanzie sì da incentivare l'accesso al credito delle imprese. Visto che il ricorso alle procedure giudiziali esecutive non risulta di massima nell'interesse di nessuno".

proteção do credor) e, por conseguinte, subtraem o pacto marciano da esfera da invalidade ou nulidade comissória;

8) o pacto marciano ajuda, ainda, a quebrar a rigidez do sistema de garantias advinda da vedação romana do pacto comissório, de modo que a interação da admissibilidade jurisprudencial com as novas figuras legislativas de pacto marciano na Itália tem permitido indicá-lo como mecanismo adequado para realização de garantias creditícias;[262]

9) o pacto marciano, a partir das configurações atuais, delineadas com maior clareza no direito italiano, no sentido da realização da avaliação adequada e justa do bem dado em garantia, por perito imparcial e especializado, mediante previsão contratual de procedimento de avaliação, seguido da devolução ao devedor de eventual excedente do valor do bem em relação ao valor residual do crédito, torna viável a admissibilidade do pacto marciano mesmo sem previsão legal expressa, diante da inviabilidade e inadequação atual da leitura extensiva da vedação do pacto comissório;[263]

10) assim, funcionalmente, o pacto marciano representa importante função de garantia, pois o mecanismo marciano implica reforço da expectativa do credor de realizar seu crédito; representa, ainda, função "solutória", voltada para a possibilidade de autossatisfação do crédito pelo credor, atuando diretamente sobre o bem dado em garantia, adentrando-se, aqui, o campo da autotutela executiva,[264] que será trabalhado mais adiante em capítulo próprio;

11) pontos de discussão importantes, que envolvem características e elementos do pacto marciano do direito italiano e que podem ser considerados ou debatidos no direito brasileiro:

i) figura atual do pacto marciano comporta variação importante – fora do padrão original, por meio do qual se dá a aquisição da propriedade do bem dado em garantia pelo credor para satisfazer o crédito inadimplido – mediante alienação do bem dado em garantia pelo credor, para, com o

---

[262] DE MENECH, Carlotta. Il patto marciano e gli incerti confini del divieto di patto commissorio. *I Contratti*. Milano: IPSOA – Wolters Kluwer, n. 8-9, p. 823 e ss., 2015: "Il dialogo tra formante legislativo e formante giurisprudenziale indica dunque nel patto marciano la sicura panacea dell'inadeguatezza di un sistema legale di garanzie reali, ingessato dall'esistenza della norma che proibisce il patto commissorio".

[263] DE MENECH, Carlotta. Il patto marciano e gli incerti confini del divieto di patto commissorio. *I Contratti*. Milano: IPSOA – Wolters Kluwer, n. 8-9, p. 823 e ss., 2015: "D'altro canto, esse tendono a divenire sempre più numerose nel contesto normativo nazionale e comunitario; e tale proliferazione ha contribuito senz'altro ad avvalorare l'idea giurisprudenziale, secondo cui i confini del divieto del patto commissorio debbono essere tracciati a contrario dalla liceità di tali figure, sì da lasciarne certamente fuori le convenzioni marciane".

[264] FOLLIERI, Luigi. Il patto marciano tra diritto "comune" e "speciale". *La Nuova Giurisprudenza Civile*. Padova: Cedam-WKI, n. 12, p. 1857 e ss., 2018: "Per quanto concerne il piano funzionale, nel patto marciano sono rintracciabili una funzione di garanzia, atteso che il congegno marciano (come quello commissorio) implica un rafforzamento dell'aspettativa di realizzazione del credito; nonché una funzione solutoria, più propriamente uno scopo di autosoddisfacimento del credito. Sotto il primo profilo, si comprende la ricorrente affermazione secondo cui l'area concettuale entro la quale viene tradizionalmente collocato il patto è quella delle alienazioni con funzione di garanzia. Sotto l'altro aspetto, il patto marciano può essere riguardato nella prospettiva dell'autotutela 'esecutiva, concetto ampio – e per certi versi sfuggente – all'interno del quale il marciano sembra possa ricomprendersi".

resultado da venda, promover a satisfação do crédito, cenário que, como destaca a doutrina, não obstante "anômalo" em relação à figura originária de pacto marciano, pode ser ajustado, mediante cláusula expressa, como uma "variante" do pacto marciano;

ii) pacto marciano é convenção que se insere na última fase da vida das obrigações, como técnica de realização coativa do direito de crédito, que opera a extinção da posição de débito por meio do mecanismo da autotutela executiva;

iii) ponto em aberto em relação ao pacto marciano como efeito extintivo do débito é aquele que surge quando o valor do bem dado em garantia no âmbito do pacto marciano é inferior ao valor do crédito residual, sustentando parte da doutrina que o entendimento deveria caminhar em sentido positivo, ou seja, mesmo que o valor do bem dado em garantia seja menor diante do crédito, este seria integralmente extinto, devido ao fato de que o credor tem garantia especial do pacto marciano e a contrapartida, para equilíbrio da posição de outros credores. Assim, a extinção integral do crédito, mesmo se menor o valor do bem dado em garantia, deveria ser a regra geral no âmbito do pacto marciano;

iv) o pacto marciano, no exercício da sua função de garantia, pode atuar como modalidade de transferência em garantia resolutivamente condicionada ou como aquela suspensivamente condicionada: no primeiro caso, o bem é desde logo transferido ao credor, mas, no caso de adimplemento do devedor, desfaz-se a transferência; no segundo, não ocorre a transferência de imediato, mas só no caso de inadimplemento do devedor;

v) na Itália, os novos pactos marcianos previstos na reforma da legislação bancária italiana de 2015/2016 apresentam a modelagem do tipo suspensivamente condicionada, sendo que parte da doutrina chega até a indicar a impossibilidade de se inserir no pacto marciano a alienação do bem em garantia resolutivamente condicionada;

vi) linha fundamental no pacto marciano é a visão da sua procedimentalização ou disciplina procedimentalizada, que lhe permite atuar não só em prol da segurança do devedor em relação à realização da avaliação adequada e justa do bem dado em garantia, mas também no interesse da própria coletividade, considerando, ainda, a moderna visão do pacto marciano inserido entre negócio e procedimento;

vii) no âmbito da procedimentalização do pacto marciano, podem ser destacadas as seguintes características: *a)* deve haver previsão contratual do procedimento para atuação do pacto marciano; *b)* só pode ser ativado após o inadimplemento do devedor e o bem só pode ser avaliado após tal momento; *c)* a avaliação do bem deve ser feita por perito especializado e imparcial, o que significa que a nomeação do perito deve ocorrer de comum acordo entre credor e devedor; *d)* a especialização se evidencia, por exemplo, com a inscrição do perito em conselho ou entidade profissional; *e)* a modalidade de avaliação e o tempo de duração devem ser previstos no contrato; *f)* apuração do preço justo pode ser simplificada no caso de o bem ser objeto de cotação de mercado divulgada em lista ou boletim, prevista e indicada pelas partes no contrato; *g)* vedada a inserção de indicações convencionais dirigidas ao perito, para afastá-lo da estimativa do valor real do bem, de modo a manter-se o equilíbrio da relação contratual, tornando irrelevante qualquer tentativa de coerção da parte do credor; *h)* como se trata de verdadeiro procedimento, deve ser assegurado o contraditório entre as partes.

Capítulo 3

O PACTO COMISSÓRIO E O PACTO MARCIANO NO DIREITO BRASILEIRO

Sumário: 3.1. Introdução – 3.2. Breve apanhado histórico de mecanismos que permitiam ao credor a autossatisfação do crédito no direito brasileiro – 3.3. A legislação especial de alienação fiduciária e os mecanismos de tipo marciano para autossatisfação do crédito pelo credor – 3.4. Mecanismos atuais de autossatisfação do crédito no Código Civil de 2002 – 3.5. O pacto comissório e o pacto marciano no direito brasileiro atual – 3.6. Correção dos excessos do pacto comissório por obra do pacto marciano – 3.7. A presença do pacto marciano na jurisprudência brasileira – 3.8. Presença da sistemática marciana dentro do procedimento judicial da execução – 3.9. Acolhida do pacto marciano pela doutrina, em nome da atual valorização da autonomia privada – 3.10. Conclusões parciais.

3.1. INTRODUÇÃO

Apresentada, ainda que em breves linhas, a evolução da vedação do pacto comissório e do seu corretivo, o pacto marciano, no direito comparado, especialmente no direito italiano e no direito francês, adentra-se, agora, a análise da temática no direito brasileiro, começando pela fase anterior ao Código Civil de 1916, perpassando as legislações na década de 1960, envolvendo a alienação fiduciária mobiliária e imobiliária, até o atual Código Civil de 2002 e outras atualizações legislativas mais recentes.

3.2. BREVE APANHADO HISTÓRICO DE MECANISMOS QUE PERMITIAM AO CREDOR A AUTOSSATISFAÇÃO DO CRÉDITO NO DIREITO BRASILEIRO

O chamado Regulamento 737, veiculado pelo Decreto 737, de 25 de novembro de 1850, editado para regulamentar o Código Comercial de 1850 (Lei 556, de 25 de junho de 1850) na parte do "processo comercial", que "consubstanciava normas processualísticas comerciais e princípios outros que complementavam o Código Comercial, referente aos atos de comércio",[1] já previa, em seu art. 282, na esteira do art. 275 do Código Comercial de 1850,[2] a possibilidade, no caso de inadimplemento do devedor, de venda, de comum acordo entre as partes, do penhor dado em garantia no âmbito de dívida mercantil.

---

[1] MARTINS, Fran. *Curso de Direito Comercial*. 18. ed. Rio de Janeiro: Forense, 1993, p. 54.

[2] "Art. 275. Vencida a dívida a que o penhor serve de garantia, e não a pagando o devedor, é lícito ao credor pignoratício requerer a venda judicial do mesmo penhor, se o devedor não convier em que se faça de comum acordo.".

Nesse sentido, a doutrina já apontava que, "no instrumento de constituição do penhor, podem as partes ajustar que, vencida a dívida sem pagamento, o credor venda particularmente ou por intermédio de corretor ou agente de leilão a coisa dada em penhor, para com o seu produto se pagar até o limite da dívida", concluindo-se, a seguir, que "é o que autoriza o art. 275, *in fine*, do Cód. Comercial, e se pratica no comércio bancário".[3]

Destacava-se que "a autorização para venda extrajudicial pode constar do próprio contrato de penhor ou de instrumento subsequente ou ainda de procuração especial", mas esclarecia-se que não era permitido ao credor pignoratício "apropriar-se da coisa empenhada para o pagamento do seu crédito, se a dívida não for paga no vencimento, isto é, o chamado pacto comissório".[4]

Interessante anotar, nesse passo, referência da doutrina a antigas lições do Visconde de Ouro Preto, de 1898, sobre as Ordenações do Reino, quanto à vedação do pacto comissório, no sentido de que "esse pacto é proibido quando autorize o credor a ficar-se com o objeto dado em penhor", mas, destacando, em seguida, ser "permitido ajustar-se que, vencida e não solvida a dívida ou a obrigação, adquira o credor o objeto empenhado pelo preço da avaliação legitimamente feita. Esta estimação assim se faz judicial ou extrajudicialmente, se as partes nisso convierem, por dois peritos que eles escolherem".[5]

Também o Decreto 1.102, de 21 de novembro de 1903, ao regular a emissão pelos armazéns gerais, quando pedido pelo depositante, dos títulos chamados de "conhecimento de depósito" e "*warrant*" (art. 15), previu que o portador do *warrant* não pago na data do vencimento poderia, para se pagar, "vender em leilão, por intermédio do corretor ou leiloeiro, que escolher, as mercadorias especificadas no título, independentes de formalidades judiciais" (art. 23, § 1º).

Como destacava a doutrina, "o portador do *warrant* que, no dia do vencimento, não for pago pelo primeiro endossador, e não achar consignada no armazém geral a importância do seu crédito e juros, tem o direito de pagar-se (...) pelo produto das mercadorias depositadas, mandando vendê-las".[6]

Passando do direito comercial para o direito civil, detecta-se que o Código Civil de 1916, ao regular o penhor, previu no art. 774, III, entre os deveres do credor pignoratício, aquele de "entregar o que sobeje de preço, quando a dívida for paga, seja por excussão judicial, ou por venda amigável, se lhe permitir expressamente o contrato, ou lhe autorizar o devedor mediante procuração especial".

Pontes de Miranda, ao examinar o disposto no art. 774, III, do Código Civil de 1916, indagou se tal previsão "entra na classe das cláusulas permitidas, ou se é *lex commissoria*", indicando a seguir que "a resposta há de ser afirmativa",[7] ou seja, tratava-se de cláusula válida que não era abarcada pela vedação do pacto comissório, de modo que, concluiu à época Pontes de Miranda, tanto o penhor mercantil (art. 275 do Código Comercial) quanto o penhor civil (art. 774, III, do Código Civil) admitiam a possibilidade de o credor vender amigavelmente

---

[3]   CARVALHO DE MENDONÇA, José Xavier. *Tratado de Direito Comercial Brasileiro*. 5. ed. São Paulo: Livraria Freitas Bastos, 1956, v. VI, p. 630.

[4]   CARVALHO DE MENDONÇA, José Xavier. *Tratado de Direito Comercial Brasileiro*. 5. ed. São Paulo: Livraria Freitas Bastos, 1956, v. VI, p. 631.

[5]   FERREIRA, Valdemar. *Tratado de Direito Comercial*. São Paulo: Saraiva, 1963, v. 11, p. 452-453.

[6]   CARVALHO DE MENDONÇA, José Xavier. *Tratado de Direito Comercial Brasileiro*. 5. ed. São Paulo: Livraria Freitas Bastos, 1956, v. VI, p. 665-665.

[7]   PONTES DE MIRANDA, Francisco Cavalcanti. *Tratado de Direito Privado*. São Paulo: RT, 2012, v. XX, p. 95.

o bem dado em garantia pignoratícia para se pagar, "de modo que não há diferença entre os dois ramos".[8]

Sem embargo, o Código Civil de 1916 continha previsão expressa no sentido da vedação do pacto comissório, sem qualquer ressalva quanto ao pacto marciano, ao dispor, no art. 765, que "é nula a cláusula que autoriza o credor pignoratício, anticrético ou hipotecário a ficar com o objeto da garantia, se a dívida não for paga no vencimento".

Como se percebe desta brevíssima incursão histórica no direito brasileiro do século XIX e início do século XX, não obstante sua inserção nos ordenamentos que proíbem o pacto comissório, admitia-se a figura marciana, por exemplo, no penhor, para que credor e devedor ajustassem a possibilidade de venda extrajudicial da coisa dada em garantia, pelo próprio credor, para satisfação direta da obrigação inadimplida.

3.3. A LEGISLAÇÃO ESPECIAL DE ALIENAÇÃO FIDUCIÁRIA E OS MECANISMOS DE TIPO MARCIANO PARA AUTOSSATISFAÇÃO DO CRÉDITO PELO CREDOR

A insuficiência das garantias reais clássicas (penhor, anticrese e hipoteca) para realização do crédito, fez com que o direito brasileiro implementasse, já na década de 1960, opção por modalidades de garantias mais eficientes, como a alienação fiduciária mobiliária e imobiliária.[9] Surge, então, na legislação brasileira a regulamentação da alienação fiduciária em garantia, tendo por objeto bens móveis, instituída originariamente no art. 66 da Lei 4.728/1965, no âmbito da disciplina do mercado de capitais,[10] regulamentação depois reformulada e estendida para o campo processual pelo Decreto-lei 911/1969.[11]

Trata-se, como indica a doutrina, de negócio jurídico que objetiva transferência da propriedade para fins de garantia, chamada de propriedade fiduciária ou resolúvel,[12] de modo que se previa, no art. 66 da Lei 4.728/1965, na redação dada pelo Decreto-lei 911/1969, que a "alienação fiduciária em garantia transfere ao credor o domínio resolúvel e a posse indireta da coisa móvel alienada, independentemente da tradição efetiva do bem, tornando-se o alienante ou devedor em possuidor direto e depositário".[13]

Nesse sentido, o Decreto-lei 911/1969, diante de inadimplemento ou mora do devedor, previu no art. 2º, na redação atual da Lei 13.043/2014, que o credor (proprietário fiduciário) poderá vender a coisa a terceiros, "independentemente de leilão, hasta pública, avaliação prévia ou qualquer outra medida judicial ou extrajudicial", para fins de pagamento do seu crédito,

---

[8]   PONTES DE MIRANDA, Francisco Cavalcanti. *Tratado de Direito Privado*. São Paulo: RT, 2012, v. XXI, p. 163.

[9]   MILAGRES, Marcelo. *Manual de direito das coisas*. 3. ed. Belo Horizonte: Editora D'Plácido, 2022, p. 412.

[10]   MOREIRA ALVES, José Carlos. *Da alienação fiduciária em garantia*. São Paulo: Saraiva, 1973, p. 7.

[11]   MOREIRA ALVES, José Carlos. *Da alienação fiduciária em garantia*. São Paulo: Saraiva, 1973, p. 17. Cf., ainda, MILAGRES, Marcelo. *Manual de direito das coisas*. 3. ed. Belo Horizonte: Editora D'Plácido, 2022, p. 414.

[12]   MOREIRA ALVES, José Carlos. *Da alienação fiduciária em garantia*. São Paulo: Saraiva, 1973, p. 45. Cf., ainda, MILAGRES, Marcelo. *Manual de direito das coisas*. 3. ed. Belo Horizonte: Editora D'Plácido, 2022, p. 415/416.

[13]   MILAGRES, Marcelo. *Manual de direito das coisas*. 3. ed. Belo Horizonte: Editora D'Plácido, 2022, p. 416: "O credor é titular de uma propriedade resolúvel (possuidor indireto), que pode extinguir-se com o adimplemento pelo devedor (possuidor direto), o qual é titular de um direito real à aquisição (proprietário potencial)".

devendo, ainda, "entregar ao devedor o saldo apurado, se houver, com a devida prestação de contas".

Em tal contexto, a doutrina já aproximava o mecanismo da alienação fiduciária em garantia, previsto no Decreto-lei 911/1969, àquele do pacto marciano lícito, em contraposição à vedação do pacto comissório.[14]

Atualmente, o art. 66-B da Lei 4.728/1965, incluído pela Lei 10.931/20004, prevê a possibilidade de alienação fiduciária em garantia, no âmbito do mercado financeiro e de capitais, ou mesmo para garantia de créditos fiscais e previdenciários, de modo que, nos termos do § 3º do citado art. 66-B, em caso de inadimplemento do devedor, o credor fiduciário "poderá vender a terceiros o bem objeto da propriedade fiduciária independente de leilão, hasta pública ou qualquer outra medida judicial ou extrajudicial, devendo aplicar o preço da venda no pagamento do seu crédito e das despesas decorrentes da realização da garantia, entregando ao devedor o saldo, se houver, acompanhado do demonstrativo da operação realizada".[15]

Logo após a edição da Lei 4.728/1965, surge o Decreto-lei 70/1966, que, ao regular o funcionamento de associações de poupança e empréstimo, integradas no Sistema Financeiro da Habilitação (art. 1 º, § 1º), previu, para facilitar a aquisição de casa própria pelos seus associados (art. 1º, I), a possibilidade de se instituir, nos contratos de empréstimo, cédula hipotecária (arts. 9º e 10), para que, no caso de inadimplemento do devedor, o credor pudesse optar, conforme previsto no art. 29, pela execução judicial ou pela execução extrajudicial regulada no próprio Decreto-lei 70/1966.

No cenário da execução extrajudicial, os arts. 30 e 31 do Decreto-lei 70/1966 preveem que o credor hipotecário pode acionar o agente fiduciário, a fim de que este realize leilões para a venda do bem imóvel (art. 32, §§ 1º e 2º), e se o preço obtido nos leilões promovidos pelo agente fiduciário for superior ao do valor da dívida, a diferença deve ser restituída ao devedor (art. 32, § 3º).

Também no âmbito do Decreto-lei 70/1966 percebe-se nítida similitude da venda extrajudicial do bem imóvel dado em garantia hipotecária com o mecanismo do pacto marciano, pois se permite ao credor, por meio do agente fiduciário escolhido pelas partes (art. 32, § 2º), realizar a venda extrajudicial do bem em leilões públicos, inclusive com a previsão da obrigação de devolução, ao devedor, de eventual excesso obtido no preço do bem em relação ao valor do saldo da dívida (art. 32, § 3º).

Nos anos 1990, surge a Lei 9.514/1997, que regula o Sistema de Financiamento Imobiliário, prevendo, especificamente, a possibilidade do ajustamento da alienação fiduciária com escopo de garantia, com a transferência ao credor da propriedade resolúvel do bem imóvel (art. 22) e, no caso de não pagamento da dívida, após constituição em mora do devedor, consolida-se a propriedade nas mãos do credor fiduciário (art. 26) que, no prazo de 30 dias após a consolidação da propriedade, deverá promover leilão público para a alienação do imóvel (art. 27).[16]

---

[14] MOREIRA ALVES, José Carlos. *Da alienação fiduciária em garantia*. São Paulo: Saraiva, 1973, p. 126-127.

[15] LAMEGO, Nelson Luiz Machado. Recuperação de crédito: evitando a excussão judicial de garantias. *Revista dos Tribunais*, São Paulo, v. 891, p. 9-28, jan. 2010: "Entretanto, com a nova redação do § 3º do art. 66-B da Lei 4.728/1965, dada pela Lei 10.391/2004, permite-se que o credor fiduciário possuidor direto de bem fungível promova sua alienação a terceiros, independentemente de qualquer procedimento formal, seja judicial ou extrajudicial, aplicando o preço da venda no pagamento do seu crédito e das despesas decorrentes da realização da garantia, devolvendo ao credor o saldo, se houver, juntamente com o demonstrativo da operação realizada".

[16] LAMEGO, Nelson Luiz Machado. Recuperação de crédito: evitando a excussão judicial de garantias. *Revista dos Tribunais*, São Paulo, v. 891, p. 9-28, jan. 2010: "A mencionada Lei 9.514/1997 trouxe, ainda,

Capítulo 3 • O PACTO COMISSÓRIO E O PACTO MARCIANO NO DIREITO BRASILEIRO | **77**

Interessante apurar, nesse passo, se a alienação fiduciária imobiliária, com fins de garantia, também poderia ser instituída em negócios fora do sistema financeiro imobiliário regulado na Lei 9.514/1997, tendo a jurisprudência atual do Superior Tribunal de Justiça caminhado na linha de admitir que tal tipo de garantia não se vincula, necessariamente, ao financiamento para aquisição do próprio imóvel dado em garantia, razão pela qual tal sistema também pode funcionar como garantia de qualquer obrigação pecuniária.[17]

Assim, a pessoa natural ou jurídica, interessada em crédito, não necessariamente vinculado a financiamento imobiliário, pode oferecer como garantia do empréstimo, que se dará sob a forma de alienação fiduciária, a propriedade plena, bens enfitêuticos, direito de uso especial para moradia, direito real de uso alienável e propriedade superficiária (§ 1º do art. 22 da Lei 9.514/1997, com redação dada pela Lei 11.481/2007), desde que conte com a anuência do proprietário.[18]

Mesmo na Lei 9.514/1997, não obstante a consolidação da propriedade fiduciária do imóvel dado em garantia nas mãos do credor (art. 26), a previsão inicial é para alienação extrajudicial do bem dado em garantia (art. 27), admitindo-se, todavia, a possibilidade de o credor ficar com o bem se, no segundo leilão, o lance oferecido não for igual ou superior ao valor da dívida, já acrescidos de todos os encargos (art. 27, §§ 5º e 6º),[19] cenários que podem ser enquadrados no campo do pacto marciano, sem esbarrar na vedação do pacto comissório.[20]

Por conseguinte, todos esses mecanismos previstos no âmbito da alienação fiduciária em garantia se colocam ao largo da vedação do pacto comissório, de modo a evidenciar que a vedação do pacto comissório envolve, na realidade, eventuais práticas abusivas, e não a lícita perspectiva de o credor se apossar do bem dado em garantia, com as cautelas devidas em prol do devedor,[21] inseridas na figura conhecida como pacto marciano.

---

relevante inovação ao criar a alienação fiduciária de bens imóveis, que constitui uma espécie de sucedâneo da garantia hipotecária. Embora a alienação fiduciária de imóveis não prescinda da realização do ativo, possui um avanço significativo em relação à tradicional garantia hipotecária, ao dispensar a intervenção judicial em qualquer fase da sua excussão".

[17] "Cinge-se a controvérsia a saber se é possível a constituição de alienação fiduciária de bem imóvel para garantia de operação de crédito não relacionadas com o Sistema Financeiro Imobiliário, ou seja, desprovida da finalidade de aquisição, construção ou reforma do imóvel oferecido em garantia. A lei não exige que o contrato de alienação fiduciária de imóvel se vincule ao financiamento do próprio bem, de modo que é legítima a sua formalização como garantia de toda e qualquer obrigação pecuniária" (STJ, AgInt no REsp 1630139-MT, Min. Ricardo Villas Bôas, *DJe* 04.05.2017). Cf., no mesmo sentido, MILAGRES, Marcelo. *Manual de direito das coisas*. 3. ed. Belo Horizonte: Editora D'Plácido, 2022, p. 415.

[18] Nesse sentido, cf. recente decisão do STJ, AgInt no AREsp 1303606/MS, 4ª Turma, j. 20.02.2020, Rel. Min. Maria Isabel Gallotti: "É legítima a celebração de contrato de alienação fiduciária de imóvel como garantia de toda e qualquer obrigação pecuniária, podendo inclusive ser prestada por terceiros, não havendo que se cogitar de desvio de finalidade".

[19] LAMEGO, Nelson Luiz Machado. Recuperação de crédito: evitando a excussão judicial de garantias. *Revista dos Tribunais*, São Paulo, v. 891, p. 9-28, jan. 2010.

[20] MONTEIRO FILHO, Carlos Edison do Rêgo. *Pacto comissório e pacto marciano no sistema brasileiro de garantias*. Rio de Janeiro: Editora Processo, 2017, p. 150/151. O próprio STJ, em algumas decisões, já destacava que a sistemática da alienação fiduciária em garantia não podia ser confundida com o pacto comissório: "Não obstante as afinidades, essa modalidade de alienação fiduciária em garantia não pode ser confundida com os institutos do penhor e do pacto comissório, pela circunstância de sustentar-se também em bens já pertencentes ao devedor" (REsp n. 162.942/MS, Rel. Min. Sálvio de Figueiredo Teixeira, Quarta Turma, julg. 30.04.1998, *DJU* 22.06.1998).

[21] ZAGNI, João Pedro Fontes. Pacto comissório e pacto marciano: comentários e distinções funcionais. *Revista de Direito Privado*, São Paulo, v. 101, p. 73-101, set.-out. 2019: "Não bastasse isto, como visto,

78 | AUTOTUTELA EXECUTIVA – *Humberto Theodoro Júnior e Érico Andrade*

Importante anotar que tanto o mecanismo da alienação fiduciária de bem móvel, com possibilidade de efetivação extrajudicial, regulada no Decreto-lei 911/1969, modificada pela Lei 13.043/2014, quanto aquele de alienação fiduciária de bem imóvel, regulado no Decreto--lei 70/1969 e depois na Lei 9.514/1997, sofreram uma primeira onda de questionamentos perante o Supremo Tribunal Federal, que, em decisões da década de 1990, concluiu pela constitucionalidade do Decreto-lei 911/1969[22] e do Decreto-lei 70/1966.[23]

Recentemente, o Supremo Tribunal Federal, em dois importantes julgamentos, reafirmou a constitucionalidade tanto do mecanismo extrajudicial de satisfação do crédito do credor, com base na venda do bem móvel dado em garantia fiduciária previsto no Decreto-lei 911/1969,[24] quanto aquele de venda do bem imóvel ofertado em garantia na alienação fiduciária prevista no Decreto-lei 70/1966.[25]

Merece registro que o Supremo Tribunal Federal destacou, ao concluir pela constitucionalidade do Decreto-lei 911/1969, que a sistemática extrajudicial de efetivação da garantia do

---

a própria figura da alienação fiduciária em garantia, ao permitir a adjudicação compulsória do bem garantido em favor do credor também confere validade ao entendimento de que o que se veda, de fato, são as práticas abusivas e naturais ao pacto comissório, não havendo, portanto, vedação do ordenamento em que o credor se aproprie plenamente do bem do devedor em caso de inadimplemento. Como se vê, portanto, não é a apropriação do bem que gera o juízo de desmerecimento de tutela no âmbito do ordenamento jurídico, mas sim, a lógica subjacente ao pacto comissório, qual seja, a aquisição da propriedade sem a aferição do justo valor da coisa no momento de vencimento da dívida e constatado o inadimplemento absoluto, sem a restituição do eventual *superfluum*, em violação a direitos do devedor, de credores, e incorrendo em enriquecimento ilícito".

[22] "Alienação fiduciária. Busca e apreensão. Recurso extraordinário de que não se conhece, por não se configurar a alegada incompatibilidade entre o disposto nos itens XXXVII e LV do art. 5º da Constituição e o procedimento estabelecido pelo Decreto-lei 911/1969" (STF, RE 141.320, 1ª Turma, j. 22.10.1996, Rel. Min. Octavio Gallotti).

[23] "Execução extrajudicial. Decreto-lei 70/1966. Constitucionalidade. Compatibilidade do aludido diploma legal com a Carta da República, posto que, além de prever uma fase de controle judicial, conquanto a posteriori, da venda do imóvel objeto da garantia pelo agente fiduciário, não impede que eventual ilegalidade perpetrada no curso do procedimento seja reprimida, de logo, pelos meios processuais adequados. Recurso conhecido e provido" (STF, RE 223075, 1ª Turma, j. 23.06.1998, Rel. Min. Ilmar Galvão).

[24] Com efeito, recentemente, em julgamento pelo Plenário em sede de repercussão geral, o Supremo Tribunal Federal reafirmou a constitucionalidade do Decreto-lei 911/1969: "Direito constitucional e direito civil. Alienação fiduciária. busca e apreensão dos bens. Art. 3º do Decreto-lei 911/1969. Constitucionalidade. Recurso Extraordinário a que se dá provimento para afastar a extinção de ofício do processo e determinar o retorno dos autos ao Tribunal de origem para o prosseguimento do julgamento do agravo de instrumento. Fixada a seguinte tese de julgamento: 'O art. 3º do Decreto-Lei 911/1969 foi recepcionado pela Constituição Federal, sendo igualmente válidas as sucessivas alterações efetuadas no dispositivo'" (STF, RE 382928, Tribunal Pleno, j. 22.09.2020, Rel. p/acórdão Min. Alexandre de Moraes).

[25] Na mesma linha, o Supremo Tribunal Federal, também em julgamento recente pelo Plenário em sede de repercussão geral, reafirmou a constitucionalidade também do Decreto-lei 70/1966: "Direito Processual Civil e Constitucional. Sistema Financeiro da Habitação. Decreto-lei 70/1966. Execução extrajudicial. Normas recepcionadas pela Constituição Federal de 1988. Precedentes. Recurso extraordinário provido. 1. O procedimento de execução extrajudicial previsto pelo Decreto-Lei 70/1966 não é realizado de forma aleatória, uma vez que se submete a efetivo controle judicial em ao menos uma de suas fases, pois o devedor é intimado a acompanhá-lo e pode lançar mão de recursos judiciais, se irregularidades vierem a ocorrer durante seu trâmite. 2. Bem por isso, há muito a jurisprudência da Suprema Corte tem apontado que as normas constantes do Decreto-lei 70/1966, a disciplinar a execução extrajudicial, foram devidamente recepcionadas pela Constituição Federal de 1988. 3. Recurso extraordinário provido" (STF, RE 556520, Tribunal Pleno, j. 08.04.2021, Rel. p/ acórdão Min. Dias Toffoli, *DJe* 14.06.2021).

crédito, mais célere e eficiente, contribui para diminuir os custos dos financiamentos bancários, com possibilidade de redução das taxas de juros e maior acesso ao crédito.[26]

Em suma, percebe-se, nitidamente, que **todos esses mecanismos de alienação fiduciária em garantia, envolvendo bens móveis ou imóveis**, regulados no direito brasileiro a partir da década de 1960, **podem ser enquadrados no modelo de pacto marciano**, pois admitem que o credor venda o bem para satisfação do crédito, com obrigação de restituição ao devedor da diferença eventualmente apurada quando o valor do bem for superior ao da dívida; admitindo-se, ainda, em linha subsidiária, a apropriação direta pelo credor, prevista na Lei 9.514/1997 (art. 27, §§ 5º e 6º).

Nesse sentido, relembre-se, o pacto marciano, na sua formação original, permitia que o credor obtivesse a propriedade do bem dado em garantia, mas, com o surgimento de variante mais moderna, admite-se também que o credor promova a alienação do bem dado em garantia para satisfazer seu crédito com o produto da venda.[27]

Em todos esses casos, como se verá no Capítulo 4, o legislador prevê expressamente formas de autotutela executiva, em que o bem móvel ou imóvel dado em garantia fiduciária é alienado pelo credor, no mais das vezes na via extrajudicial, em amplo campo, no direito brasileiro, de construção, por meio da autonomia privada, de formas de autotutela executiva, uma vez que, como destacou o próprio Supremo Tribunal Federal no recente julgamento em torno da constitucionalidade do Decreto-lei 70/1966, a ideia hoje vigente nos ordenamentos é permitir a realização dos direitos, que pode ocorrer também fora do ambiente judicial,[28] colocando-se o acesso ao judiciário na linha eventual, para correções de abusos ou ilegalidades que porventura venham a ocorrer no exercício da autotutela executiva.[29]

---

[26] Nesse sentido, cf. voto do Min. Gilmar Mendes: "Reconhecer a não recepção da norma em questão aumentaria a burocracia e os custos dos contratos de financiamento bancário, com aumento das taxas de juros para acobertar riscos com a operação, apresentando-se como entrave ao desenvolvimento econômico e tecnológico do país, bem como restrição ao exercício da livre iniciativa, sobretudo nas áreas mais carentes de recursos e maquinários. Isso porque, como se sabe, para garantir a disponibilização de crédito no mercado financeiro a juros mais baixos, deve-se diminuir os custos do contrato e aumentar as garantias bancárias. Para viabilizar esse fluxo financeiro, a legislação ordinária prevê procedimentos mais céleres e eficazes para satisfazer eventual dívida contraída com o agente financeiro sobre o bem dado em garantia" (STF, RE 382928, Tribunal Pleno, j. 22.09.2020, Rel. p/acórdão Min. Alexandre de Moraes).

[27] Nesse sentido, cf. TERRA, Aline de Miranda Valverde; GUEDES, Gisela Sampaio da Cruz. A apropriação do objeto da garantia pelo credor: da vedação ao pacto comissório à licitude do pacto marciano. Belo Horizonte, *Revista da Faculdade de Direito da UFMG*, n. 70, p. 68, jan.-jun. 2017: "O credor não está, todavia, obrigado a se tornar proprietário pleno do bem dado em garantia pelo valor estimado. Cuida--se de mera faculdade.36 Se preferir, poderá não exercê-la, optando por outros instrumentos de tutela conferidos pela ordem jurídica".

[28] Nesse sentido, cf. voto do Min. Gilmar Mendes: "Fico bastante preocupado com essa forma de pensar que traz sempre mais questões para o Judiciário. A mim me parece que a ideologia hoje presente é de realização de direito, se necessário, com intervenção judicial, e não exatamente a fórmula que parece presidir" (STF, RE 556520, Tribunal Pleno, j. 08.04.2021, Rel. p/acórdão Min. Dias Toffoli, *DJe* 14.06.2021).

[29] Nesse sentido, cf. voto do Min. Dias Toffoli: "Reitero, Senhor Presidente, o entendimento então esposado, no sentido de que a aludida execução não se realiza de forma aleatória, visto que, efetivamente, submete-se ao crivo judicial antes de ultimada, sendo o devedor regularmente intimado a acompanhar o desenrolar de todo o procedimento, podendo impugnar, a qualquer tempo e em qualquer de suas fases, seu andamento, recorrendo, inclusive, ao Poder Judiciário, se necessário, na defesa de eventuais direitos e interesses que porventura estejam sendo desrespeitados durante o trâmite desse processo" (STF, RE 556520, Tribunal Pleno, j. 08.04.2021, Rel. p/acórdão Min. Dias Toffoli, *DJe* 14.06.2021).

Noutras palavras, em todas essas hipóteses mencionadas e reconhecidas pelo direito brasileiro, desde o século XIX, admite-se que as partes, a partir da sua autonomia privada, construam possibilidades de realização direta do direito substancial, sem intervenção do sistema jurisdicional, e que se inserem no ambiente chamado de "autotutela executiva", com a instituição de mecanismos voltados diretamente para a satisfação do crédito pelo próprio credor, no caso de inadimplemento do devedor, como se verá mais adiante.

3.4. MECANISMOS ATUAIS DE AUTOSSATISFAÇÃO DO CRÉDITO NO CÓDIGO CIVIL DE 2002

O Código Civil de 2002 permite, no penhor comum, conforme art. 1.433, IV, que credor e devedor ajustem contratualmente a execução extrajudicial, assegurando-se ao credor a tutela direta do seu crédito, com previsão de restituição ao devedor de eventual saldo remanescente (art. 1.435, V). Autoriza, também, o Código Civil de 2002, que o credor possa se apropriar dos frutos da coisa empenhada, podendo o valor deles ser imputado nas despesas de guarda e conservação, nos juros e no capital da obrigação garantida (art. 1.435, III).

Prevê, também, o penhor sobre direitos de crédito (art. 1.451 do CC/2002), com possibilidade de o credor, detentor do penhor sobre o direito de crédito, exigir o pagamento direto do devedor do crédito empenhado, para satisfação do seu próprio crédito (arts. 1.453, 1.455 e 1.459, IV, do CC/2002).[30]

No próprio penhor legal, surge possibilidade de autossatisfação do crédito, ainda que mitigado, porquanto se inicia por ato de poder privado, apossando-se o credor de coisas móveis que estejam em poder do devedor, cabendo-lhe, ato contínuo, requerer a intervenção judicial, com a devida homologação desse ato (arts. 703 a 706 do CPC). Admite-se, contudo e a teor do art. 703, § 3º, do CPC, a homologação extrajudicial do penhor legal. Se o devedor impugnar a cobrança, o procedimento será judicializado.

Ao lado do sistema de garantia fiduciária no mercado financeiro e imobiliário, o Código Civil de 2002, nos arts. 1.361 a 1.368-B, regula a possibilidade de se instituir, com escopo de garantia, a propriedade fiduciária de coisa móvel infungível, que o devedor transfere ao credor (art. 1.361), e no caso de não pagamento da dívida no vencimento, o credor vende a coisa dada em garantia no sistema de propriedade fiduciária, judicial ou extrajudicialmente, para o pagamento da dívida (art. 1.364).[31]

---

[30] LAMEGO, Nelson Luiz Machado. Recuperação de crédito: evitando a excussão judicial de garantias. *Revista dos Tribunais*, São Paulo, v. 891, p. 9-28, jan. 2010: "O nosso vigente diploma civil prevê, expressamente, o penhor sobre direitos suscetíveis de cessão sobre coisas móveis, o que constitui uma evolução em relação ao diploma civil anterior que, à míngua de previsão específica, forçava o uso do instituto da cessão de crédito para essa finalidade. A possibilidade de constituir penhor sobre direitos creditórios oferece evidente vantagem em comparação à simples cessão de crédito outrora utilizada para essa finalidade, ou seja, o credor pignoratício ao adquirir direito real sobre o crédito empenhado pode exigi-lo do devedor do crédito empenhado, desde que este tenha sido regularmente notificado do penhor, ou mesmo exigi-lo de quem quer que o detenha, inclusive, do próprio devedor pignoratício que recebê-lo sem sua anuência".

[31] LAMEGO, Nelson Luiz Machado. Recuperação de crédito: evitando a excussão judicial de garantias. *Revista dos Tribunais*, São Paulo, v. 891, p. 9-28, jan. 2010: "Outrossim, com a entrada em vigor da Lei 10.406/2002, que instituiu a propriedade fiduciária de coisas móveis infungíveis em garantia, coexistem no nosso ordenamento duas espécies de alienação fiduciária de coisas móveis. A primeira espécie, restrita ao âmbito do Sistema Financeiro, regido pela referida Lei 4.728/1965, admite alienação fiduciária sobre coisas móveis fungíveis e é a espécie que nos interessa para os fins deste artigo, que discute recuperação de crédito. A outra espécie, destinada aos fiduciários não integrantes do Sistema Financeiro rege-se

Todos esses mecanismos listados, exemplificativamente, no âmbito do Código Civil de 2002, podem ser encartados no ambiente de técnicas ou cláusulas marcianas, por permitirem ao credor, em maior ou menor medida, a autossatisfação do seu crédito, cenário permeado, sempre, por cautelas, como o dever de restituir valor excedente em relação ao valor da dívida, bem como sempre aberta a possibilidade de questionamento judicial.

Por outro lado, o Código Civil de 2002, tal como ocorre no Código Civil italiano, não obstante prever soluções marcianas, não se refere expressamente ao pacto marciano e apresenta a vedação expressa do pacto comissório: *i*) nas hipóteses das garantias reais (penhor, anticrese e hipoteca), proíbe, no art. 1.428, que o credor fique com a coisa dada em garantia em caso de inadimplemento, dispondo que "é nula a cláusula que autoriza o credor pignoratício, anticrético ou hipotecário a ficar com o objeto da garantia, se a dívida não for paga no vencimento"; e *ii*) a mesma proibição é reiterada no ambiente da alienação fiduciária em garantia, prevendo-se, no art. 1.365, que "é nula a cláusula que autoriza o proprietário fiduciário a ficar com a coisa alienada em garantia, se a dívida não for paga no vencimento".

Como se percebe, tanto da redação do art. 1.428 quanto do art. 1.365, ambos do Código Civil de 2002, trata-se de vedação da apropriação pelo credor do bem dado em garantia pelo devedor, em razão do inadimplemento, para evitar que o credor possa se apropriar de eventual diferença do maior valor do bem em relação ao valor da dívida.[32]

3.5. O PACTO COMISSÓRIO E O PACTO MARCIANO NO DIREITO BRASILEIRO ATUAL

O direito brasileiro, como visto, encampa a vedação do pacto comissório, já inserida, por exemplo, no art. 765 do Código Civil de 1916, mantida no atual Código Civil de 2002 no art. 1.428, para as garantias reais, e no art. 1.365, para a alienação fiduciária. Em nenhum dos dois Códigos foi, porém, feita referência ao pacto marciano, sem embargo de ambos apresentarem mecanismos de matriz marciana ou com enquadramento na tipologia do pacto marciano.

Em tal contexto, a mesma discussão a respeito da extensão da vedação do pacto comissório e a aplicação do seu corretivo, pacto marciano, também permeia o direito brasileiro, mesmo que em menor escala em relação ao direito italiano.

O Superior Tribunal de Justiça, numa linha mais restritiva, vem destacando a vedação do pacto comissório no direito brasileiro (art. 765 do CC/2016; e art. 1.428 do CC/2002),[33]

---

pelo Código Civil, Livro III (Direito das Coisas), Título III, Capítulo IX (Da Propriedade Fiduciária) – arts. 1.361 a 1.368-A do CC/2002, e somente permite a propriedade fiduciária sobre coisas móveis infungíveis, cujas regras somente são aplicáveis subsidiariamente a outras espécies de alienação na parte em que não colidir com as leis específicas".

[32] MONTEIRO FILHO, Carlos Edison do Rêgo. *Pacto comissório e pacto marciano no sistema brasileiro de garantias*. Rio de Janeiro: Editora Processo, 2017, p. 7, a respeito da vedação do pacto comissório destaca que "trata-se, portanto, de cláusula que autoriza a apropriação pelo credor do bem dado em garantia diante do inadimplemento da dívida, sem que haja avaliação da coisa, ou por meio da avaliação realizada pelo próprio credor, que tomará para si eventual diferença entre o valor do objeto da garantia e o valor da dívida, caso aquele seja maior do que este".

[33] MONTEIRO FILHO, Carlos Edison do Rêgo. *Pacto comissório e pacto marciano no sistema brasileiro de garantias*. Rio de Janeiro: Editora Processo, 2017, p. 201-202, conclui a análise jurisprudencial indicando que "o STJ retomou o posicionamento antes adotado pelo STF, apresentado na primeira fase desta análise. Dessa maneira, desde 1991 prevalece na jurisprudência brasileira a incidência da vedação de pacto comissório tanto às garantias típicas estudadas no item 3.1 quanto aos negócios com escopo de garantia analisados no item 3.2".

estendendo a nulidade não só para os casos de garantias reais ou alienação fiduciária, mas para os "negócios indiretos que o dissimulem sob aparência de convenção lícita", citando, como exemplo, "contrato de compra e venda com pacto de retrovenda ou compromisso de compra e venda em garantia de empréstimo em dinheiro",[34] ou mesmo com ajustamento de contratos simultâneos para permitir ao credor ficar com o bem dado em garantia se a dívida não for paga no vencimento.[35]

Todavia, a doutrina, na esteira de autores como Pontes de Miranda e Moreira Alves, vem admitindo, no direito brasileiro, a licitude do pacto marciano no confronto com a vedação do pacto comissório, até porque, relembre-se com a doutrina italiana, **o problema do pacto marciano se coloca, antes de mais nada, como o problema relacionado diretamente com a *ratio* da vedação do pacto comissório.**[36]

A vedação do pacto comissório é apresentada, no direito brasileiro, mais ou menos nos mesmos termos da doutrina italiana, indicando que as duas razões mais relevantes para a proibição residiriam na tutela do devedor e da *par condicio creditorum*,[37] sem embargo de outras

---

[34] "O vedado pacto comissório configura-se quando se vislumbrar hipótese fática em que o inadimplemento de obrigação pecuniária – objeto de garantia real – implicar, como efeito prático automático, a transferência da propriedade da coisa gravada ao titular do crédito e tal avença se der no período anterior ao vencimento da dívida. Inteligência dos artigos 765 do Código Civil de 1916 e 1.428 do *codex* de 2002. A nulidade decorrente da constatação de pacto comissório alcança os negócios indiretos que o dissimulem sob a aparência de convenção lícita (inciso VI do artigo 166 do Código Civil), a exemplo de contrato de compra e venda com pacto de retrovenda ou compromisso de compra e venda em garantia de empréstimo em dinheiro" (STJ, REsp n. 1.747.956/SP, Rel. p/acórdão Min. Luis Felipe Salomão, Quarta Turma, julg. 15.06.2021, *DJe* 30.08.2021).

[35] "O pacto comissório, vedado pelos ordenamentos jurídicos pretérito (art. 765 do CC/1916) e hodierno (art. 1.428 do CC/2002), é aquele que, em contratos simultâneos, permite o credor ficar, diretamente, com o bem dado em garantia, se a dívida não for paga no vencimento, caracterizando verdadeiro ato simulado" (STJ, REsp n. 1.424.930/MT, Rel. p/acórdão Min. Luis Felipe Salomão, Quarta Turma, julg. 13.12.2016, *DJe* 24.02.2017). Em doutrina, sobre a extensão da vedação do pacto comissório, cf. TERRA, Aline de Miranda Valverde; GUEDES, Gisela Sampaio da Cruz. A apropriação do objeto da garantia pelo credor: da vedação ao pacto comissório à licitude do pacto marciano. *Revista da Faculdade de Direito da UFMG*, Belo Horizonte, n. 70, p. 58, jan.-jun. 2017: "Seja como for, ainda que se reconheça apenas nos dois primeiros fundamentos as reais justificativas da proibição do pacto comissório, sua relevância é de tal monta que parte da doutrina advoga em favor da extensão da sanção de nulidade, expressamente cominada pelos arts. 1.365 e 1.428 do CC, para além das garantias neles previstas, de modo a proibir que, em qualquer situação, o credor se aproprie definitivamente do bem objeto da garantia em caso de inadimplemento". As mesmas autoras destacam, a seguir, o cuidado que se deve ter com a ampliação da incidência da vedação do pacto comissório, para além das garantias reais, ob. cit., p. 60: "Seja como for, não se pode, de antemão, condenar toda e qualquer opção pelo simples fato de ela exercer, na prática, a função indireta de garantia, como se estivesse tentando escamotear um pacto comissório".

[36] BIANCA, Cesare Massimo. *Il divieto del patto commissorio*. Napoli: Edizioni Scientifiche Italiane, 1959, riproduzione 2013, p. 204: "Nella impostazione comunemente data, il problema del patto marciano si pone, così, innanzi tutto come problema della *ratio* del divieto del patto commissorio". No mesmo sentido, mais recentemente, CIPRIANI, Nicola. *Patto commissorio e patto marciano*. Napoli: Edizioni Scientifiche Italiane, 2000, p. 129. No mesmo sentido, cf. DE MENECH, Carlotta. Il patto marciano e gli incerti confini del divieto di patto commissorio. *I Contratti*. Milano: IPSOA – Wolters Kluwer, n. 8-9, p. 823 e ss., 2015 No direito brasileiro, TERRA, Aline de Miranda Valverde; GUEDES, Gisela Sampaio da Cruz. A apropriação do objeto da garantia pelo credor: da vedação ao pacto comissório à licitude do pacto marciano. *Revista da Faculdade de Direito da UFMG*, Belo Horizonte, n. 70, p. 74, jan.-jun. 2017, também destacam que "a vedação ao pacto comissório é, com efeito, o ponto de partida sobre o qual deve ser construída a disciplina do pacto marciano".

[37] TERRA, Aline de Miranda Valverde; GUEDES, Gisela Sampaio da Cruz. A apropriação do objeto da garantia pelo credor: da vedação ao pacto comissório à licitude do pacto marciano. *Revista da Faculdade de Direito da UFMG*, Belo Horizonte, n. 70, p. 54, jan.-jun. 2017: "Segundo se afirma em doutrina, a

Capítulo 3 · O PACTO COMISSÓRIO E O PACTO MARCIANO NO DIREITO BRASILEIRO | 83

razões também serem arroladas, como monopólio da jurisdição estatal,[38] interesse social e até mesmo repressão à usura,[39] todas levando, porém, ao campo do desequilíbrio contratual em desfavor do devedor e dano social pela violação à função de garantia.[40]

Noutras palavras, como identificam as doutrinas italiana e francesa, a vedação do enriquecimento injustificado do credor acaba por constituir a verdadeira razão da vedação do

---

proibição do pacto comissório serve a duas principais funções: (i) proteger o devedor e (ii) preservar o princípio da *par conditio creditorum*". Destaca-se, porém, que o fundamento principal seria a tutela do devedor, cf. ZAGNI, João Pedro Fontes. Pacto comissório e pacto marciano: comentários e distinções funcionais. *Revista de Direito Privado*, São Paulo: v. 101, p. 73-101, set.-out. 2019: "Indo adiante, vemos que a tutela da vulnerabilidade do devedor como motivo determinante a ensejar o descabimento do pacto comissório se dá justamente pelo fato de o devedor se veria em situação de extorsão, perdendo o bem dado em garantia, sem perceber uma justa devolução do *superfluum*. Essa situação de extorsiva, ademais, verifica-se claramente na hipótese em que é celebrado o pacto comissório após ou na iminência do vencimento da dívida (e do inadimplemento)". Também PENTEADO, Mauro Bardawil. *O penhor de ações no direito brasileiro*. São Paulo: Malheiros Editores, 2008, p. 196, aponta que "diversos são os fundamentos do preceito que veda o pacto comissório", destacando que, a seu ver, "o principal continua a ser proteção do devedor", mas ao mesmo tempo também se refere, *ob. cit.*, p. 196, à proteção dos demais credores: "Sustenta-se, ainda, em doutrina, que a *ratio legis* da vedação do pacto comissório encontra amparo também na defesa dos demais credores do devedor pignoratício. Nesse particular, defende-se que, para uma efetividade maior do princípio da *par condicio creditorum*, o devedor não pode ser desapossado de um bem cujo valor é superior ao da dívida; se de fato isso se verificasse, os demais credores do devedor pignoratício seriam lesados, pois o valor do bem que sobejasse a dívida garantida, não poderia ser utilizada para o seu pagamento".

[38] ZAGNI, João Pedro Fontes. Pacto comissório e pacto marciano: comentários e distinções funcionais. *Revista de Direito Privado*, São Paulo, v. 101, p. 73-101, set.-out. 2019: "Primeiramente, tem-se atribuído vedação ao pacto comissório utilizando-se de argumento processual da inderrogabilidade do procedimento judicial, em vedação à autotutela. Tal argumento, todavia, não parece ser hábil a justificar a proibição ao pacto comissório, uma vez existindo diversos exemplos legais de autotutela em direitos patrimoniais, bem como um argumento estritamente processual não parece gozar de amparo na perspectiva unitária do ordenamento".

[39] TERRA, Aline de Miranda Valverde; GUEDES, Gisela Sampaio da Cruz. A apropriação do objeto da garantia pelo credor: da vedação ao pacto comissório à licitude do pacto marciano. *Revista da Faculdade de Direito da UFMG*, Belo Horizonte, n. 70, p. 57, jan.-jun. 2017. Em relação à usura, a questão foi levantada por PONTES DE MIRANDA, Francisco Cavalcanti. *Tratado de Direito Privado*. São Paulo: RT, 2012, v. XX, p. 96, ao destacar que a vedação do pacto marciano no Código Civil de 1916, "está em que o pacto comissório, nas garantias reais, poria o devedor à mercê de explorações usurárias". Todavia, como demonstra BIANCA, Cesare Massimo. *Il divieto del patto commissorio*. Napoli: Edizioni Scientifiche Italiane, 1959, riproduzione 2013, p. 211-212, a questão da usura não pode ser misturada com as razões da vedação do pacto comissório: "A parte ogni altra considerazione, quindi, il fatto che nell'alienazione commissoria possa mancare ogni profitto usurario e che l'alienazione stessa possa anche risultare a tutto vantaggio del debitore, esclude che la nullità assoluta del patto commissorio possa essere senz'altro spiegata nel carattere usurario dal patto".

[40] MONTEIRO FILHO, Carlos Edison do Rêgo. *Pacto comissório e pacto marciano no sistema brasileiro de garantias*. Rio de Janeiro: Editora Processo, 2017, p. 57-58: "costuma-se identificar mais três potenciais argumentos aptos a sustentar a vedação ao pacto comissório. São eles: (i) o desequilíbrio econômico; (ii) o enriquecimento sem causa do credor; (iii) e o interesse social na não difusão do pacto comissório. Como se verá, porém, esses três fundamentos mostram-se componentes de um mesmo matiz, que busca evitar a violação da *função de garantia* prestada no âmbito da relação jurídica concreta". Cf., no mesmo sentido, ZAGNI, João Pedro Fontes. Pacto comissório e pacto marciano: comentários e distinções funcionais. *Revista de Direito Privado*, São Paulo, v. 101, p. 73-101, set.-out. 2019.

pacto comissório,[41] por permitir o desequilíbrio ou desproporção entre o valor do bem e o valor da dívida, cenário que também é anotado pela doutrina brasileira.[42]

3.6. CORREÇÃO DOS EXCESSOS DO PACTO COMISSÓRIO POR OBRA DO PACTO MARCIANO

Por conseguinte, no direito brasileiro, na esteira do direito italiano, o pacto marciano pode ser visto como lícito mecanismo de correção da vedação comissória, ao possibilitar a avaliação para apuração do justo preço do bem dado em garantia e a devolução de eventual excedente acaso o valor do bem seja maior do que o da dívida,[43] perspectiva que assegura tanto a posição do credor, oferecendo mecanismo célere e eficiente para satisfação direta do crédito, quanto do próprio devedor, com a garantia procedimental da apuração do valor do bem por perito especializado e imparcial, escolhido de comum acordo por ambas as partes. Tal garantia procedimental se mostra benéfica para o devedor, pois nem judicialmente tem assegurada a aplicação do preço justo ou preço de mercado do bem em sede das alienações judiciais,[44] ao que se soma a obrigação do credor de restituir ao devedor eventual valor a maior do bem em relação ao crédito.[45]

---

[41] Relembre-se, por exemplo, com FIORENTINI, Francesca. La riforma francese delle garanzie nella prospettiva comparatistica. *Europa e diritto privato*. Milano: Giuffrè Editore, n. 3, p. 1198, 2006, que o "divieto di arricchimento ingiustificato è dunque la vera *ratio* del divieto del patto commissorio".

[42] ZAGNI, João Pedro Fontes. Pacto comissório e pacto marciano: comentários e distinções funcionais. *Revista de Direito Privado*, São Paulo, v. 101, p. 73-101, set.-out. 2019: "E, da constatação de que o credor colocaria o devedor à sua mercê, em evidente vulnerabilidade em decorrência da natureza da avença, tem-se a próxima *ratio* da vedação ao pacto comissório, qual seja, a vedação ao enriquecimento sem causa". No mesmo sentido, cf. TERRA, Aline de Miranda Valverde; GUEDES, Gisela Sampaio da Cruz. A apropriação do objeto da garantia pelo credor: da vedação ao pacto comissório à licitude do pacto marciano. *Revista da Faculdade de Direito da UFMG*, Belo Horizonte, n. 70, p. 55, jan.-jun. 2017: "É precisamente a assimetria existente entre tais situações que justifica a proibição: fosse válido o pacto comissório, o devedor ficaria à mercê do credor, que agiria sempre em prol de seus próprios interesses, enriquecendo-se, no mais das vezes, às custas do devedor".

[43] PENTEADO, Mauro Bardawil. *O penhor de ações no direito brasileiro*. São Paulo: Malheiros editores, 2008, p. 199-200: "Nesse contexto é que as doutrinas brasileira e estrangeira mais abalizadas passaram a admitir o chamado *Pacto Marciano* – segundo Moreira Alves, em homenagem ao jurisconsulto romano Marciano e confirmado em rescrito dos imperadores Severo e Antonino – pelo qual as partes estabelecem no contrato de garantia que, se o débito não for pago, a propriedade do bem poderá passar ao credor desde que antes haja uma prévia avaliação do bem, efetuada por terceiro, e o valor que sobejar a dívida seja devolvido ao devedor pignoratício". Cf., ainda, MILAGRES, Marcelo. *Manual de direito das coisas*. 3. ed. Belo Horizonte: Editora D'Plácido, 2022, p. 423: "É preciso, contudo, diferenciar o pacto comissório do pacto marciano. No pacto comissório, não há apuração do valor do bem garantido e eventual e valor excedente em relação à dívida, em razão da execução, não é restituído ao devedor. No pacto marciano, deve apurar do 'justo' valor do bem ofertado em garantia, sendo assegurado ao devedor o recebimento de eventual saldo remanescente".

[44] O art. 891 do CPC indica que não será aceito, nas alienações judiciais, lance que apresente preço vil, sendo, todavia, referência legal de preço vil, conforme parágrafo único do mesmo art. 891, valor inferior a 50% da avaliação.

[45] ZAGNI, João Pedro Fontes. Pacto comissório e pacto marciano: comentários e distinções funcionais. *Revista de Direito Privado*, São Paulo, v. 101, p. 73-101, set.-out. 2019: "O pacto marciano, em suma, distingue-se de forma estrutural e funcional na medida em que se adquire a propriedade do bem dado em garantia em razão do inadimplemento, mas esta aquisição ocorrerá após aferição de justo valor do bem dado em garantia, que, em caso de valor excedente (*superfluum*), será restituído ao devedor".

Assim, na realidade, a vedação do pacto comissório, como destaca a doutrina, reside na apropriação direta do bem pelo credor (ou sua alienação) sem previsão de apuração do justo preço ou mesmo sem obrigação de devolver eventual saldo, decorrente da diferença entre o valor real do bem e o valor da dívida,[46] de modo que o corretivo do pacto marciano atua exatamente nesses dois pontos:[47] corrige a assimetria ou o desequilíbrio na relação contratual, ou mesmo em relação a outros credores, provocado pelo pacto comissório "puro", especialmente mediante a realização, reitere-se, da avaliação do bem por terceiro imparcial, após o inadimplemento do devedor;[48] e torna obrigatória a devolução do eventual valor excedente do bem em relação ao valor da dívida, evitando, assim, que o devedor possa ser prejudicado pelo credor.[49]

A avaliação do bem dado em garantia no pacto marciano mostra-se fundamental, razão pela qual também a doutrina brasileira apresenta recomendações importantes para que tal ato seja revestido das devidas cautelas, como realização por terceiro isento e imparcial, indicado de comum acordo pelas partes, e pautada por critérios objetivos,[50] com utilização de métodos usuais de mercado.[51]

---

[46] TERRA, Aline de Miranda Valverde; GUEDES, Gisela Sampaio da Cruz. A apropriação do objeto da garantia pelo credor: da vedação ao pacto comissório à licitude do pacto marciano. *Revista da Faculdade de Direito da UFMG*, Belo Horizonte, n. 70, p. 65, jan.-jun. 2017: "O problema, logo se percebe, não está na possibilidade de o credor se apropriar direta e permanentemente do bem como mecanismo de satisfação da dívida, mas sim na forma pela qual seu valor é fixado para efeito da apropriação".

[47] TERRA, Aline de Miranda Valverde; GUEDES, Gisela Sampaio da Cruz. A apropriação do objeto da garantia pelo credor: da vedação ao pacto comissório à licitude do pacto marciano. *Revista da Faculdade de Direito da UFMG*, Belo Horizonte, n. 70, p. 65, jan.-jun. 2017: "Ora, se não é a apropriação *tout court* que recebe juízo negativo de merecimento de tutela, basta que as partes elejam critério justo e imparcial de aferição do valor do bem para que o credor possa incorporá-lo em definitivo a seu patrimônio".

[48] TERRA, Aline de Miranda Valverde; GUEDES, Gisela Sampaio da Cruz. A apropriação do objeto da garantia pelo credor: da vedação ao pacto comissório à licitude do pacto marciano. *Revista da Faculdade de Direito da UFMG*, Belo Horizonte, n. 70, p. 66, jan.-jun. 2017, destacam que "a diferença do pacto marciano para o comissório reside no fato de a apropriação do objeto da garantia pelo credor não se dar pelo valor da dívida, mas com base em valor determinado por avaliação realizada por terceiro independente e imparcial, a afastar o risco de prejuízo para o devedor ou para os demais credores. O pacto marciano não suscita, por conseguinte, a assimetria inerente ao pacto comissório". E a seguir, concluem, *ob. cit.*, p. 66: "No pacto marciano, essa aferição é feita por terceiro isento, que terá a tarefa de estimar ou avaliar o bem, após o inadimplemento. Esse procedimento afasta o que há de genuinamente censurável no pacto comissório e confere validade ao pacto marciano".

[49] PENTEADO, Mauro Bardawil. *O penhor de ações no direito brasileiro*. São Paulo: Malheiros Editores, 2008, p. 200: "A prévia avaliação efetuada por terceiro, aliada à regra que determina que o valor que sobejar a dívida deverá ser devolvido ao devedor, evita que ele seja prejudicado pelo credor".

[50] ZAGNI, João Pedro Fontes. Pacto comissório e pacto marciano: comentários e distinções funcionais. *Revista de Direito Privado*, São Paulo, v. 101, p. 73-101, set.-out. 2019: "O preço justo, em seu aspecto procedimental, deve ser fruto de uma avaliação objetiva,29 realizada, na maioria dos casos, por terceiro".

[51] TERRA, Aline de Miranda Valverde; GUEDES, Gisela Sampaio da Cruz. A apropriação do objeto da garantia pelo credor: da vedação ao pacto comissório à licitude do pacto marciano. *Revista da Faculdade de Direito da UFMG*, Belo Horizonte, n. 70, p. 68, jan.-jun. 2017: "Com o fito de apurar o que seria o 'preço justo' do bem objeto da garantia, é necessário proceder à sua avaliação. Daí já se depreende o papel crucial da avaliação, que deve revestir-se de todas as cautelas necessárias para que desempenhe bem a função a que se destina: proteger o devedor e os credores quirografários, impedindo que o credor titular da garantia real fique com um bem cujo valor ultrapasse o da obrigação principal. Nessa direção, recomenda-se: (i) que a avaliação seja isenta e imparcial – sugere-se que seja levada a cabo por terceiro, indicado de comum acordo pelas partes; e (ii) que a avaliação seja pautada, tanto quanto possível, por critérios objetivos, com recurso aos métodos usuais de mercado".

86 | AUTOTUTELA EXECUTIVA – *Humberto Theodoro Júnior e Érico Andrade*

Sem embargo, é possível a fixação do justo preço, na esteira dos direitos italianos e francês, quando o bem objeto da garantia conta com cotação em bolsa ou outro mecanismo de mercado,[52] amplamente divulgado e difundido,[53] que realiza cotações objetivas de determinadas mercadorias, como produtos agrícolas ou veículos, perspectiva admitida, por exemplo, no art. 486 do CC/2002, ao prever que o valor do preço na compra e venda pode ter como referência cotação de mercado ou em bolsa; ou mesmo no CPC, quando dispensa a avaliação do bem penhorado no caso de títulos com cotação em bolsa, títulos da dívida pública, ou mesmo cotação de veículos automotores com preços retratados em cotações de mercado (art. 871).[54]

Outro ponto destacado pela doutrina brasileira, na mesma direção da doutrina italiana, é a necessidade de realização da avaliação do bem após a caracterização do inadimplemento, pois a avaliação feita anteriormente, por exemplo, quando do fechamento do contrato, pode não se mostrar adequada, por não retratar o valor de mercado do bem dado em garantia, o que poderia acarretar a invalidação do pacto marciano ajustado em tais condições.[55]

Registre-se, porém, que a doutrina brasileira não cogita do efeito extintivo da dívida no caso de o valor do bem dado em garantia resultar menor do que o valor da dívida, hipótese em que o devedor continuaria obrigado pelo saldo,[56] salvo previsão legislativa especial, como

---

[52] Nesse sentido, o art. 486 do CC/2002 prevê, no âmbito da compra e venda, que "se poderá deixar a fixação do preço à taxa de mercado ou de bolsa, em certo e determinado dia e lugar". E o art. 871 do CPC também indica a possibilidade de dispensa da avaliação quando há critérios objetivos para aferição do valor do bem: "Art. 871. Não se procederá à avaliação quando: (...) II – se tratar de títulos ou de mercadorias que tenham cotação em bolsa, comprovada por certidão ou publicação no órgão oficial; III – se tratar de títulos da dívida pública, de ações de sociedades e de títulos de crédito negociáveis em bolsa, cujo valor será o da cotação oficial do dia, comprovada por certidão ou publicação no órgão oficial; IV – se tratar de veículos automotores ou de outros bens cujo preço médio de mercado possa ser conhecido por meio de pesquisas realizadas por órgãos oficiais ou de anúncios de venda divulgados em meios de comunicação, caso em que caberá a quem fizer a nomeação o encargo de comprovar a cotação de mercado". Cf., ainda, no mesmo sentido, MONTEIRO FILHO, Carlos Edison do Rêgo. *Pacto comissório e pacto marciano no sistema brasileiro de garantias*. Rio de Janeiro: Editora Processo, 2017, p. 240-241.

[53] TERRA, Aline de Miranda Valverde; GUEDES, Gisela Sampaio da Cruz. A apropriação do objeto da garantia pelo credor: da vedação ao pacto comissório à licitude do pacto marciano. *Revista da Faculdade de Direito da UFMG*, Belo Horizonte, n. 70, p. 68, jan.-jun. 2017: "Diante de certas circunstâncias, a avaliação efetuada por terceiro pode, excepcionalmente, ser dispensada. Tome-se como exemplo o penhor cujo bem tenha cotação diária no mercado, como é o caso do penhor de ações de companhia listada em bolsa. É evidente que, nesse caso, o bem não precisaria se sujeitar à avaliação de terceiro independente, porque o próprio mercado já apresenta uma avaliação objetiva".

[54] Cf. MONTEIRO FILHO, Carlos Edison do Rêgo. *Pacto comissório e pacto marciano no sistema brasileiro de garantias*. Rio de Janeiro: Editora Processo, 2017, p. 240-241.

[55] TERRA, Aline de Miranda Valverde; GUEDES, Gisela Sampaio da Cruz. A apropriação do objeto da garantia pelo credor: da vedação ao pacto comissório à licitude do pacto marciano. *Revista da Faculdade de Direito da UFMG*, Belo Horizonte, n. 70, p. 69, jan.-jun. 2017. Cf., no mesmo sentido, ZAGNI, João Pedro Fontes. Pacto comissório e pacto marciano: comentários e distinções funcionais. *Revista de Direito Privado*, São Paulo, v. 101, p. 73-101, set.-out. 2019.

[56] MONTEIRO FILHO, Carlos Edison do Rêgo. *Pacto comissório e pacto marciano no sistema brasileiro de garantias*. Rio de Janeiro: Editora Processo, 2017, p. 98: "No caso de se precificar o bem por valor inferior ao montante do débito, quita-se parcialmente a dívida, mantendo-se o devedor obrigado ao restante, agora sem a presença da garantia". No mesmo sentido, cf. ZAGNI, João Pedro Fontes. Pacto comissório e pacto marciano: comentários e distinções funcionais. *Revista de Direito Privado*, São Paulo, v. 101, p. 73-101, set.-out. 2019.

existe nos financiamentos do sistema financeiro da habitação, em que se indica uma espécie de "perdão legal" do saldo da dívida.[57]

Em tal contexto, de adequada avaliação de mercado do bem, seguida da devolução ao devedor de eventual valor excedente do bem dado em garantia em relação ao montante da dívida, também a doutrina brasileira destaca que o pacto marciano beneficia credor e devedor: o primeiro com a satisfação mais rápida do crédito e o segundo porque a avaliação pelo preço adequado, de mercado, desonera o devedor de despesas correntes e assegura que ao bem seja atribuído valor adequado, o que nem sempre ocorre, por exemplo, na venda judicial no processo de execução.[58]

3.7. A PRESENÇA DO PACTO MARCIANO NA JURISPRUDÊNCIA BRASILEIRA

No âmbito jurisprudencial, os tribunais estaduais têm acolhido em alguns julgados a validade do pacto marciano, retirando-o da esfera da vedação do pacto comissório, como ocorreu em recente julgamento do Tribunal de Justiça de São Paulo, no qual, ao se destacar a vedação do pacto comissório, ressaltou-se que "o pacto marciano, por outro lado, representa uma faculdade do credor e está revestido de requisitos que evitam abusos do credor em prejuízo ao devedor e demais credores. Isso porque, no caso de inadimplemento, o credor poderá se apropriar do bem oferecido em garantia, desde que *(a)* haja uma prévia avaliação independente, realizada por terceiro isento e *(b)* quitada a dívida, o valor restante seja devolvido ao devedor".[59]

Sem embargo da jurisprudência ainda incipiente sobre o pacto marciano, podem ser encontradas duas manifestações importantes a respeito da sua validade no âmbito do Conse-

---

[57] MONTEIRO FILHO, Carlos Edison do Rêgo. *Pacto comissório e pacto marciano no sistema brasileiro de garantias*. Rio de Janeiro: Editora Processo, 2017, p. 99: "Há, contudo, casos em que a lei expressamente perdoa o devedor ou o credor deste excedente, liberando-o da obrigação. Nesta esteira, na esfera do Sistema Financeiro da Habitação (SFH), o artigo 7º da Lei 5.741/1971 prevê que 'não havendo licitante na praça pública, o Juiz adjudicará, dentro de quarenta e oito horas, ao exequente o imóvel hipotecado, ficando exonerado o executado da obrigação de pagar o restante da dívida'. Já no campo do Sistema de Financiamento Imobiliário (SFI), preveem os parágrafos 5º e 6º do artigo 27 da Lei 9.514/1997 a quitação integralidade da dívida, liberando tanto o credor quanto o devedor de eventual excedente".

[58] TERRA, Aline de Miranda Valverde; GUEDES, Gisela Sampaio da Cruz. A apropriação do objeto da garantia pelo credor: da vedação ao pacto comissório à licitude do pacto marciano. *Revista da Faculdade de Direito da UFMG*, Belo Horizonte, n. 70, p. 69-70, jan.-jun. 2017: "A apropriação direta e definitiva do bem pelo credor beneficia, pois, ambas as partes: permite que o credor satisfaça de imediato seu crédito e, se desejar, venda o bem rapidamente, sem a burocracia imposta pelos procedimentos de alienação; desonera o devedor de todas as despesas decorrentes dos leilões que, muitas vezes, revelam-se ineficazes; e viabiliza o recebimento pelo devedor de importância excedente maior do que receberia com a venda em leilão".

[59] TJSP, AI 2130635-40.2020.8.26.0000, Rel. Des. Alexandre Lazzarini, 1ª Câmara Direito Empresarial, julg. 25.11.2020. Em outro julgado de 2009 (AC 581.973.4/2), amplamente comentado pela doutrina, o TJSP também se manifestou pela validade do pacto marciano, em contraposição à vedação do pacto comissório, cf. GARCIA, Rodrigo Saraiva Porto. O pacto marciano na alienação fiduciária em garantia. *Revista dos Tribunais do Rio de Janeiro – on-line*. São Paulo, n. 4, p. 263-268, mar.-abr. 2014; TERRA, Aline de Miranda Valverde; GUEDES, Gisela Sampaio da Cruz. A apropriação do objeto da garantia pelo credor: da vedação ao pacto comissório à licitude do pacto marciano. *Revista da Faculdade de Direito da UFMG*, Belo Horizonte, n. 70, p. 66, jan.-jun. 2017. Também o TJSC se manifestou recentemente pela licitude do pacto marciano nas AC's 0004777-62.2008.8.24.0015 e 0006654-37.2008.8.24.0015, Rel. Des. Stanley Braga, 6ª Câmara de Direito Civil, jul. 12.02.2019.

lho da Justiça Federal – CJF, como resultado de jornadas de estudos empreendidas na Justiça Federal. Com efeito, em 2018, na VIII Jornada de Direito Civil, foi aprovado o Enunciado 626, com a seguinte redação:

> ENUNCIADO 626 – Art. 1.428: Não afronta o art. 1.428 do Código Civil, em relações paritárias, o pacto marciano, cláusula contratual que autoriza que o credor se torne proprietário da coisa objeto da garantia mediante aferição de seu justo valor e restituição do supérfluo (valor do bem em garantia que excede o da dívida).[60]

Na Justificativa do Enunciado 626 destaca-se que "ao contrário do comissório, o pacto marciano, ao assegurar a aferição do justo valor do bem dado em garantia e a restituição do supérfluo, age como barreira de contenção aos abusos do credor, tutelando a vulnerabilidade do devedor", de modo que "impede-se que o credor fixe unilateralmente o valor da coisa dada em garantia, bem como que se aproprie de valor superior ao da obrigação principal" e, por isso, fica afastada a *ratio* da vedação do pacto comissório, qual seja, "a possibilidade de enriquecimento sem causa do credor, que não lucrará com o ajuste". Destaca-se, ainda, que o pacto marciano contribui "para a função preventiva do sistema ao conceder maior eficácia à garantia, permitindo a aquisição da coisa pelo credor".[61]

Mais recentemente, em 2021, na II Jornada de Prevenção e Solução Extrajudicial de Litígios do mesmo CJF, foi aprovado o Enunciado 118, com a seguinte redação:

> ENUNCIADO 118 – A autorização para que o credor aliene extrajudicialmente o objeto dado em garantia de seu crédito deve constar do respectivo contrato, que também determinará: (i) o preço mínimo para alienação, ou a necessidade de avaliação prévia do bem, a ser feita, por exemplo, em conjunto pelas partes ou avaliador por eles escolhido; e, (ii) a restituição ao devedor do excesso obtido com a venda, após quitação integral do débito. É sempre assegurado aos contratantes o direito de questionamento em juízo.[62]

Trata-se, pois, de nítida perspectiva enquadrável na tipologia do pacto marciano, ajustada pelas partes com base na sua autonomia negocial, como consta da Justificativa do Enunciado 118, ao se destacar que "é possível que os contratantes, no âmbito de sua autonomia privada (CC, art. 421), prevejam a possibilidade de o credor alienar extrajudicialmente o objeto da garantia ofertada pelo devedor ou terceiro para satisfação do crédito inadimplido", indicando como base legal as várias regras do Código Civil de 2002 que permitem ao credor obter a propriedade do bem como no penhor comum (art. 1.433, IV), no penhor de crédito (arts.

---

[60] VIII Jornada de Direito Civil do Conselho da Justiça Federal – CJF. Disponível em: https://www.cjf. jus.br/cjf/corregedoria-da-justica-federal/centro-de-estudos-judiciarios-1/publicacoes-1/jornadas-cej/ viii-enunciados-publicacao-site-com-justificativa.pdf. Acesso em: 25 jul. 2023. Também a doutrina dá destaque ao Enunciado 626 aprovado nas VIII Jornadas de Direito Civil, como destaca, por exemplo, MILAGRES, Marcelo. *Manual de direito das coisas*. 3. ed. Belo Horizonte: Editora D'Plácido, 2022, p. 424.

[61] VIII Jornada de Direito Civil do Conselho da Justiça Federal – CJF. Disponível em: https://www.cjf. jus.br/cjf/corregedoria-da-justica-federal/centro-de-estudos-judiciarios-1/publicacoes-1/jornadas-cej/ viii-enunciados-publicacao-site-com-justificativa.pdf. Acesso em: 25 jul. 2023.

[62] II Jornada de Prevenção e Solução Extrajudicial de Litígios do Conselho da Justiça Federal – CJF. Disponível em: https://www.cjf.jus.br/cjf/corregedoria-da-justica-federal/centro-de-estudos-judiciarios-1/ prevencao-e-solucao-extrajudicial-de-litigios. Acesso em: 25 jul. 2023.

1.455, parágrafo único, e 1.459, IV), na anticrese (arts. 1.506 e 1.507) e nas garantias fiduciárias (art. 1.364).[63]

Tais enunciados mostram sinalização importante no âmbito judicial brasileiro, já que maturados no âmbito de trabalhos de pesquisa e debates coordenados por Ministros do Superior Tribunal de Justiça e, por isso, podem servir de importante referência para a evolução dos estudos e discussões que começam a surgir em torno do tema no direito brasileiro.

Por outro lado, cabe lembrar que, no direito brasileiro, não é apanhada pela vedação do pacto comissório, a dação em pagamento, como forma convencional de extinção da obrigação, a teor do parágrafo único do art. 1.428 do CC/2002, ou mesmo do parágrafo único do art. 1.365 do CC/2002,[64] quando admitem, como exceção à vedação comissória que, "após o vencimento, poderá o devedor dar a coisa em pagamento da dívida",[65] perspectiva que, de certo, não se confunde com o pacto comissório, mas admite que o credor venha a ficar com bem do devedor após o vencimento da dívida, o que mostra que o legislador brasileiro não se apegou à vedação do pacto comissório de maneira absoluta e admite, em determinadas condições, a estipulação do pacto marciano.[66]

---

[63] II Jornada de Prevenção e Solução Extrajudicial de Litígios do Conselho da Justiça Federal – CJF. Disponível em: https://www.cjf.jus.br/cjf/corregedoria-da-justica-federal/centro-de-estudos-judiciarios-1/prevencao-e-solucao-extrajudicial-de-litigios. Acesso em: 25 jul. 2023.

[64] TERRA, Aline de Miranda Valverde; GUEDES, Gisela Sampaio da Cruz. A apropriação do objeto da garantia pelo credor: da vedação ao pacto comissório à licitude do pacto marciano. *Revista da Faculdade de Direito da UFMG*, Belo Horizonte, n. 70, p. 63, jan.-jun. 2017: "Impõe-se destacar, por fim, que a proibição ao pacto comissório não impede a dação em pagamento, realizada depois do vencimento da obrigação, consoante expressamente disposto não só no parágrafo único do art. 1.365, como também no parágrafo único do art. 1.428 do CC".

[65] O STJ tem admitido a dação em pagamento após o inadimplemento, como se extrai do seguinte julgado: "Consoante a orientação jurisprudencial firmada nesta Corte Superior, é nulo o compromisso de compra e venda que se traduz, em verdade, como instrumento para o credor obter o bem dado em garantia em relação a obrigações decorrentes de contrato de mútuo, quando estas não forem adimplidas. O próprio art. 1.428, parágrafo único, do CC/2002 permite ao devedor, após o vencimento, dar a coisa em pagamento da dívida. No caso em exame, não se verifica a cristalização de pacto comissório, mormente porque o contrato de mútuo foi firmado em 30.7.2002, ao passo que o compromisso de compra e venda do imóvel ocorreu em 6.5.2003, isto é, quase 1 (ano) após a celebração do contrato primevo. Além disso, não houve previsão, no contrato de mútuo, de cláusula que estabelecesse que, em caso de não pagamento, o imóvel passaria a pertencer ao credor. Verifica-se, portanto, que, na hipótese vertente, não ocorreu nulidade, notadamente porque os contratos não foram celebrados concomitantemente, sendo o ato de compra posterior ao mútuo, caracterizando-se, em verdade, a legítima possibilidade de dar a coisa em pagamento da dívida após o vencimento, máxime em virtude da natureza jurídica alternativa das obrigações que ficaram à livre escolha do devedor, consubstanciadas no pagamento do empréstimo ou na venda de 61% (sessenta e um por cento) dos imóveis oferecidos em garantia" (REsp n. 1.424.930/MT, Rel. p/acórdão Min. Luis Felipe Salomão, Quarta Turma, julg. 13.12.2016, *DJe* 24.02.2017). No mesmo sentido, cf. TERRA, Aline de Miranda Valverde; GUEDES, Gisela Sampaio da Cruz. A apropriação do objeto da garantia pelo credor: da vedação ao pacto comissório à licitude do pacto marciano. *Revista da Faculdade de Direito da UFMG*, Belo Horizonte, n. 70, p. 64-65, jan.-jun. 2017.

[66] ZAGNI, João Pedro Fontes. Pacto comissório e pacto marciano: comentários e distinções funcionais. *Revista de Direito Privado*, São Paulo, v. 101, p. 73-101, set.-out. 2019: "Primeiramente, cumpre ressaltar que os próprios parágrafos únicos dos arts. 1.365 e 1.428 já admitem a possibilidade de dação em pagamento. Aqui, não se defende uma similaridade entre as figuras dos pactos comissório e marciano com a dação em pagamento, que possuem naturezas jurídicas distintas. Mas sim, defende-se que o ordenamento, nos próprios parágrafos únicos dos arts. 1.365 e 1.428 já expressam a aceitação de que o patrimônio do devedor passe ao do credor. É inegável a similaridade funcional entre o pacto marciano *a posteriori* e a dação em pagamento, a justificar processo interpretativo de acordo com a unidade e complexidade do ordenamento, que chega à conclusão de que, pela leitura do ordenamento como um

3.8. PRESENÇA DA SISTEMÁTICA MARCIANA DENTRO DO PROCEDIMENTO JUDICIAL DA EXECUÇÃO

É interessante, ainda, anotar que, como tem sido ressaltado pela doutrina e pela jurisprudência, dentro da própria execução judicial, o CPC prevê – na linha do que muito antes já ocorria com a execução fiscal, conforme art. 24 da Lei 6.830/1980 – diversas formas de consumar a expropriação dos bens penhorados (art. 825), figurando em primeiro lugar a adjudicação pelo credor dos referidos bens, por preço não inferior ao da avaliação (art. 876).[67] Não se interessando pela adjudicação, tem ainda o exequente a opção de realizar a venda por iniciativa particular (isto é, por sua "própria iniciativa" ou por corretor ou leiloeiro, à sua escolha, conforme art. 880). Desse modo, só se promoverá, no regime do CPC, a alienação em leilão judicial, se não ocorrer a adjudicação ou alienação por iniciativa particular, por escolha do credor.

Há, como se vê, no próprio processo judicial, alta dosagem de "autossatisfatividade" no comportamento autorizado em caráter preferencial pela lei processual ao credor-exequente, mesmo, repita-se, dentro do procedimento judicial da execução por quantia certa – refira-se ela a créditos particulares ou públicos – desde que, havendo apropriação de valor equivalente ao crédito exequendo, o credor repasse ao executado o valor excedente, para evitar o locupletamento sem causa (arts. 876, § 4º, II, 905 e 907 do CPC).

Igual regime prevalece na execução da dívida ativa da Fazenda Pública, regida pela Lei 6.830/1980, cujo art. 24 assegura expressamente à Fazenda exequente a adjudicação dos bens penhorados, antes ou depois do leilão. Antes do leilão, a adjudicação será feita pelo preço da avaliação (art. 24, I), critério que prevalecerá também quando o leilão se encerrar sem licitante (art. 24, II, "a"). Havendo licitante, a Fazenda exequente terá trinta dias, após o encerramento do leilão, para exercer o direito de adjudicação, com preferência, pelo preço equivalente à melhor oferta manifestada na arrematação (art. 24, II, "b").[68]

3.9. ACOLHIDA DO PACTO MARCIANO PELA DOUTRINA, EM NOME DA ATUAL VALORIZAÇÃO DA AUTONOMIA PRIVADA

Todo esse contexto, em que permeada a vedação do pacto comissório no direito brasileiro, permite a atual e escorreita conclusão doutrinária no sentido de que o pacto marciano[69]

---

todo, tem-se a admissão do pacto marciano, uma vez que o que é vedado é o enriquecimento ilícito, e não a transmissão do bem dado em garantia ao credor".

[67] ZAGNI, João Pedro Fontes. Pacto comissório e pacto marciano: comentários e distinções funcionais. *Revista de Direito Privado*, São Paulo, v. 101, p. 73-10, set.-out. 2019: "Mais ainda, o próprio Código de Processo Civil admite a hipótese de adjudicação em favor do credor, como visto no teor do art. 876. Assim, resta evidente que a vedação ao pacto comissório não atinge o pacto marciano em razão de interpretações literais da lei". Também MILAGRES, Marcelo. *Manual de direito das coisas*. 3. ed. Belo Horizonte: Editora D'Plácido, 2022, p. 424, invoca o art. 876 do CPC para confirmar a licitude do pacto marciano no direito brasileiro.

[68] Registre-se que, no caso de adjudicação do bem pela fazenda pública exequente, o parágrafo único do art. 24 da Lei 6.830/1980, na mesma linha do CPC, prevê que "se o preço da avaliação ou o valor da melhor oferta for superior ao dos créditos da Fazenda Pública, a adjudicação somente será deferida pelo Juiz se a diferença for depositada, pela exequente, à ordem do Juízo, no prazo de 30 (trinta) dias".

[69] MONTEIRO FILHO, Carlos Edison do Rêgo. *Pacto comissório e pacto marciano no sistema brasileiro de garantias*. Rio de Janeiro: Editora Processo, 2017, p. 134-135, indica tal conclusão de viabilidade de instituição do pacto marciano para o penhor, mas, em seguida, admite a aplicação do mesmo cenário, por exemplo, para a garantia hipotecária e para a garantia fiduciária.

se afigura "plenamente lícito e merecedor de tutela, a despeito de não contar com previsão expressa em lei", pois se trata de mecanismo de satisfação do crédito que pode ser ajustado pelas partes, "no exercício de sua autonomia privada";[70] bem como "lícita e merecedora de tutela" a inserção de pacto marciano nas alienações fiduciárias, inclusive para correção da perspectiva de que a legislação atual permite que o bem seja arrematado em segundo leilão por valor inferior ao de mercado.[71]

A abertura do cenário das garantias para a autonomia privada, inclusive para construção adequada do chamado, como visto no capítulo anterior, "marciano útil", conta atualmente com evidentes sinais ou sintomas legislativos no sentido de valorizar a autonomia negocial, inclusive para permitir o ajustamento do pacto marciano, para prever a possibilidade de o credor se tornar proprietário do bem, após o inadimplemento, seguido da avaliação adequada e restituição de eventual excesso do valor do bem em relação ao montante da dívida; ou mesmo para realizar, após a avaliação adequada, a alienação do bem dado em garantia, para se pagar, restando sempre a obrigação de restituir eventual valor excedente.[72]

Noutras palavras, a autonomia contratual das partes permite, no âmbito do pacto marciano, que ajustem que o credor tanto pode se tornar proprietário do bem dado em garantia, que representa a figura originária do pacto marciano, quanto também se admite a variante de o credor optar pela venda do bem,[73] cenário que não descaracteriza propriamente a figura do pacto marciano.

---

[70] TERRA, Aline de Miranda Valverde; GUEDES, Gisela Sampaio da Cruz. A apropriação do objeto da garantia pelo credor: da vedação ao pacto comissório à licitude do pacto marciano. *Revista da Faculdade de Direito da UFMG*, Belo Horizonte, n. 70, p. 67, jan.-jun. 2017.

[71] TERRA, Aline de Miranda Valverde; GUEDES, Gisela Sampaio da Cruz. A apropriação do objeto da garantia pelo credor: da vedação ao pacto comissório à licitude do pacto marciano. *Revista da Faculdade de Direito da UFMG*, Belo Horizonte, n. 70, p. 71, jan.-jun. 2017: "A rigor, além de lícita e merecedora de tutela, a inclusão de pacto marciano em alienação fiduciária de bens imóveis pode mesmo revelar-se a melhor solução para uma deficiência grave da disciplina legal, que impõe ao devedor inevitáveis prejuízos sempre que o bem não é arrematado em primeiro leilão – e, não raro, também quando o é –, já que lhe permite recuperar o valor das benfeitorias realizadas no imóvel". No mesmo sentido, cf. MONTEIRO FILHO, Carlos Edison do Rêgo. *Pacto comissório e pacto marciano no sistema brasileiro de garantias*. Rio de Janeiro: Editora Processo, 2017, p. 150-151: "Se, no segundo leilão, o maior lance oferecido não for igual ou superior ao valor da dívida o credor adquirirá a propriedade do bem levado à execução. Uma vez adjudicada a coisa, quitar-se-á a dívida, mesmo que esta seja superior à coisa inserida no domínio do credor. De outro giro, porém, caso o total do débito se revele inferior ao valor do imóvel, no sistema da lei, não será necessário ao credor devolver a quantia excedente. Tal procedimento, como desenvolvido pelo diploma legal citado, não importa em pacto comissório. Isso porque a vedação à cláusula comissória não visa a proibir que o bem dado em garantia se insira no domínio do credor. Na verdade, segundo a sistemática da Lei 9.514/1997, proíbe-se a transferência definitiva da propriedade sem que haja, ao menos, a tentativa de alienação da coisa. (...) Percebe-se, pelo exposto, procedimento complexo, não imune a críticas. Por essa razão vislumbra-se mais interessante aos contratantes a aposição de pacto marciano, sobretudo como espécie de fuga do rito da Lei 9.514/1997". Cf., ainda, ZAGNI, João Pedro Fontes. Pacto comissório e pacto marciano: comentários e distinções funcionais. *Revista de Direito Privado*, São Paulo, v. 101, p. 73-101, set.-out. 2019.

[72] ZAGNI, João Pedro Fontes. Pacto comissório e pacto marciano: comentários e distinções funcionais. *Revista de Direito Privado*, São Paulo, v. 101, p. 73-101, set.-out. 2019: "Cumpre dizer, ademais, que no bojo da cláusula marciana, o credor terá a mera faculdade de tornar-se proprietário da coisa mediante a restituição do *superfluum* após avaliação do justo valor da coisa, atingido o vencimento – assim, se assim optar, pode proceder com a venda judicial ou extrajudicial a terceiro, retendo consigo o valor inadimplido e devolvendo o excedente a terceiro".

[73] PENTEADO, Mauro Bardawil. *O penhor de ações no direito brasileiro*. São Paulo: Malheiros Editores, 2008, p. 200: "O Pacto Marciano outorga ao credor uma faculdade. Logo, lembra Moreira Alves, não está ele obrigado a se tornar proprietário pleno do bem dado em garantia pelo valor estimado. Se

A autonomia privada das partes sofreu, no direito brasileiro atual, interessante valorização, com a conversão da MP 881/2019 na Lei 13.874/2019, em que o legislador, ao estabelecer a chamada "Declaração de Direitos de Liberdade Econômica", assentou como princípios que norteiam o exercício de atividades econômicas, por exemplo, a liberdade e a intervenção subsidiária e excepcional do Estado (art. 2º, I e III); e como direito de toda pessoa natural ou jurídica o de "gozar de presunção de boa-fé nos atos praticados no exercício da atividade econômica, para os quais as dúvidas de interpretação do direito civil, empresarial, econômico e urbanístico serão resolvidas de forma a **preservar a autonomia privada**, exceto se houver expressa disposição legal em sentido contrário" (art. 3º, V).

Com isso se alterou, por exemplo, por meio da mesma Lei 13.874/2019, o CC/2002 para se prever, no art. 421, parágrafo único, que, "nas relações contratuais privadas, prevalecerão o princípio da intervenção mínima e a excepcionalidade da revisão contratual", assegurando-se às partes, nos contratos civis e comerciais, a possibilidade de "estabelecer parâmetros objetivos para a interpretação das cláusulas negociais e de seus pressupostos de revisão ou de resolução" (art. 421-A, I), bem como tratar da "alocação de riscos", que deve ser respeitada e observada (art. 421-A, II), assentando-se que "a revisão contratual somente ocorrerá de maneira excepcional e limitada" (art. 421-A, III).

Em sede doutrinária, tem-se recentemente admitido a possibilidade de a autonomia privada das partes construir legitimamente a cláusula marciana no ambiente das garantias pignoratícia e hipotecária ou mesmo da alienação fiduciária, de modo a não esbarrar na vedação do pacto comissório. Assim, mesmo sem previsão legal expressa, a autonomia privada abre caminho, no direito brasileiro, para as partes estipularem licitamente o pacto marciano, desde que com a incorporação das "cautelas" marcianas.[74]

Portanto, todo esse novo contexto de valorização da autonomia privada, em que se insere a Lei 13.874/2019, parece atrair e validar a possibilidade da gestão contratual dos casos de inadimplemento, via estipulação do pacto marciano, com limitação da revisão judicial contratual – admitida esta última apenas em hipóteses excepcionais –, em ambiente de valorização

---

quiser, poderá o credor renunciar a tal faculdade de adquirir o bem e optar pela alienação judicial ou extrajudicial se assim previsto no contrato".

[74] MONTEIRO FILHO, Carlos Edison do Rêgo. *Pacto comissório e pacto marciano no sistema brasileiro de garantias*. Rio de Janeiro: Editora Processo, 2017, p. 134-135, indica tal conclusão de viabilidade de instituição do pacto marciano para o penhor, mas, em seguida, admite a aplicação do mesmo cenário, por exemplo, para a garantia hipotecária e para a garantia fiduciária: "Trata-se de típica hipótese de cláusula lícita no ordenamento jurídico brasileiro. Isso porque o pacto marciano, repita-se: (i) não afronta a função de garantia da coisa dada em penhor; (ii) não se mostra acordo potencialmente lesivo aos interesses do devedor; (iii) impõe que o bem seja transmitido por seu justo preço, o que obriga o credor a restituir eventual diferença entre o valor da dívida e do crédito; (iv) afasta a especulação acerca do ganho que pode ser obtido com a apropriação do bem; (v) permite ao credor perseguir o mesmo valor que obteria com o adimplemento da obrigação; (vi) não consubstancia enriquecimento sem causa indevido do credor. Ao argumento de que o pacto marciano teria efeito de desnaturar a tipicidade do direito real de penhor, desprovendo-o de sequela e preferência, objeta-se, em prol da cláusula, que a apropriação privada do bem empenhado em nada destoa da essência do penhor. (...) Na cláusula marciana, insista-se, apesar de o credor se apropriar da coisa dada em penhor, há, igualmente, a devolução do valor excedente ao devedor". E mais adiante, conclui o autor, *ob. cit.*, p. 137/138: "No âmbito do direito brasileiro, conforme analisado, independentemente de previsão legal expressa, o pacto marciano vinculado ao penhor pode ser lícito, como manifestação do exercício da autonomia privada e expressão do princípio da solidariedade, e parece proteger com precisão os anseios de ambas as partes na relação jurídica. A cláusula marciana importa operação proporcional em seus termos e poupa, ainda, os contratantes, da imprevisibilidade de resultados, da morosidade e dos custos associados à alienação do bem".

da autonomia privada, para construção de soluções para divergências na execução contratual, atuadas, dentro de determinados limites, pelas próprias partes, entre as quais surge o pacto marciano, como mecanismo de atuação direta do credor para realizar a satisfação do seu crédito, por meio da autotutela executiva, a ser detalhada no próximo capítulo.

3.10. CONCLUSÕES PARCIAIS

A análise do estágio atual da legislação brasileira, permeada por alguns julgados de tribunais estaduais e pela discussão doutrinária, permite extrair, neste capítulo, as seguintes conclusões parciais:

1) o mecanismo de atuação do pacto marciano tem sido admitido no direito brasileiro em leis especiais desde o século XIX, ganhou destaque no século XX, com legislação ainda vigente nos dias atuais, sobre a alienação fiduciária em garantia envolvendo bens móveis (*v.g.*, Lei 4.728/1965 e Decreto-lei 911/1969) e bens imóveis (*v.g.*, Decreto-lei 70/1966 e Lei 9.514/1997), tendo sido tais mecanismos (Decreto--lei 911/1969 e Decreto-lei 70/1966) considerados constitucionais pelo Supremo Tribunal Federal em julgamentos recentes;

2) podem, também, ser encontrados mecanismos de tipo marciano no Código Civil de 1916 como, por exemplo, a possibilidade de venda extrajudicial do bem objeto do penhor prevista no art. 774, III; e no Código Civil de 2002 como na venda extra-judicial no penhor (art. 1.433, IV), na apropriação dos frutos da coisa empenhada pelo credor (art. 1.435, III), no penhor sobre direitos de crédito (art. 1.451), em que se admite a possibilidade de o credor realizar o recebimento do crédito empenhado, para satisfação do próprio crédito (arts. 1.453, 1.455 e 1.459, IV, do CC/2002), ou mesmo a possibilidade de o credor vender a coisa dada em garantia no sistema de propriedade fiduciária, judicial ou extrajudicialmente, para o pagamento da dívida (art. 1.364);

3) em tal contexto, não obstante a previsão de vedação do pacto comissório no art. 765 do Código Civil de 1916, e nos arts. 1.428 e 1.365 do Código Civil de 2002, é possível defender que os mecanismos da alienação fiduciária em garantia regulados na legislação especial e hoje no próprio Código Civil de 2002, e mesmo as normas do Código Civil em torno do penhor, ao regularem a atuação de mecanismos de tipo marciano, aliadas à perspectiva da dação em pagamento após o vencimento da dívida (art. 1.428, parágrafo único, e art. 1.365, parágrafo único, ambos do Código Civil de 2002), ou mesmo da adjudicação do bem pelo credor no processo execu-tivo para satisfação do crédito (art. 876 do CPC), permitem a construção do pacto marciano de direito comum no direito brasileiro;

4) noutras palavras, a linha do direito positivo brasileiro em relação à vedação do pacto comissório deixa antever a possibilidade da construção válida do pacto marciano, como corretivo adequado para a vedação do pacto comissório, de modo a permitir a possibilidade de se ajustar o pacto marciano de direito comum, ou do marciano "útil", mesmo sem previsão legal expressa, baseada na autonomia negocial das partes, pois o pacto marciano funciona como corretivo da vedação comissória, afastando-se das razões que impuseram a vedação do pacto comissório, especial-mente no âmbito de proteção do próprio devedor e dos demais credores, com a

avaliação imparcial para apurar o justo preço (que pode ser proveniente de fixação ou marcação de preço de mercado) e devolução do eventual valor a maior do bem em relação à dívida, para o devedor;

5) a autonomia negocial permite, na atualidade, com a Lei 13.874/2019, especialmente no âmbito das relações paritárias, mais mobilidade e flexibilidade na montagem das garantias, até porque, como destaca a doutrina, "a adequada tutela do crédito requer a estruturação de eficiente sistema de garantias";[75]

6) assim, na esteira do direito italiano, no complexo cenário atual, com a internacionalização dos mercados, criação do mercado eletrônico e seus impactos no ambiente contratual, a criação de mecanismos eficientes para cobrança do crédito permite o fortalecimento do próprio mercado de crédito,[76] com benefícios gerais para credor e devedor, especialmente para este último, não só para maior acesso ao crédito, mas também com a segurança de que o bem dado em garantia será avaliado por regras objetivas para apuração do preço justo,[77] aliando, assim, nossa tradição jurídica de vedação do pacto comissório com as exigências de competitividade do mercado,[78] permitindo-se a construção do pacto marciano válido ou "útil", para atuar adequadamente como instrumento moderno para permitir a realização das garantias pelo credor,[79] com as devidas cautelas em relação ao próprio devedor e

---

[75] TERRA, Aline de Miranda Valverde; GUEDES, Gisela Sampaio da Cruz. A apropriação do objeto da garantia pelo credor: da vedação ao pacto comissório à licitude do pacto marciano. *Revista da Faculdade de Direito da UFMG*, Belo Horizonte, n. 70, p. 52, jan.-jun. 2017.

[76] TERRA, Aline de Miranda Valverde; GUEDES, Gisela Sampaio da Cruz. A apropriação do objeto da garantia pelo credor: da vedação ao pacto comissório à licitude do pacto marciano. *Revista da Faculdade de Direito da UFMG*, Belo Horizonte, n. 70, p. 73, jan.-jun. 2017: "No cenário contemporâneo, em que se avolumam transações cada vez mais céleres e complexas, intensifica-se a necessidade de fortalecer o mercado de crédito, desiderato apenas alcançável por meio do desenvolvimento de mecanismos capazes de garantir aos credores a rápida e eficaz recuperação do crédito".

[77] TERRA, Aline de Miranda Valverde; GUEDES, Gisela Sampaio da Cruz. A apropriação do objeto da garantia pelo credor: da vedação ao pacto comissório à licitude do pacto marciano. *Revista da Faculdade de Direito da UFMG*, Belo Horizonte, n. 70, p. 74, jan.-jun. 2017: "Afinal, se, de um lado, constitui instrumento eficiente e justo de resguardar os interesses do credor sem prejudicar o devedor e os credores quirografários, do outro, facilita a obtenção do crédito, trazendo, assim, benefícios inegáveis também para o devedor, sem colidir com a essência da garantia, nem com a sua função".

[78] Relembrem-se, ainda, as lições de FIORENTINI, Francesca. La riforma francese delle garanzie nella prospettiva comparatistica. *Europa e diritto privato*. Milano: Giuffrè Editore, n. 3, p. 1199, 2006: "Tra le sfide cruciali che i sistemi giuridici odierni sono chiamati ad affrontare vi è quella di saper essere di supporto alle pressanti esigenze di competitività che si manifestano sul mercato globale, coltivando regole e soluzioni che trovino bensì le loro solide radici nella tradizione, ma che sappiano, al contempo, dar risposta alle esigenze di un mercato transfrontaliero". No direito brasileiro, cf. PENTEADO, Mauro Bardawil. *O penhor de ações no direito brasileiro*. São Paulo: Malheiros Editores, 2008, p. 199: "De qualquer forma, é preciso deixar claro que o fundamento moral da vedação do pacto comissório deve continuar a se aplicar, isto é, essas novas figuras jurídicas não podem dispor que o devedor será prejudicado, sendo desapossado pelo credor de um bem de valor muito superior ao da dívida".

[79] TERRA, Aline de Miranda Valverde; GUEDES, Gisela Sampaio da Cruz. A apropriação do objeto da garantia pelo credor: da vedação ao pacto comissório à licitude do pacto marciano. *Revista da Faculdade de Direito da UFMG*, Belo Horizonte, n. 70, p. 53, jan.-jun. 2017.

demais credores,[80] a fim de permitir a tutela jurídica adequada das garantias para melhorar o próprio acesso ao crédito;[81]

7) na esteira do direito italiano, é possível, no direito brasileiro, a partir da autonomia privada das partes, o ajuste, no pacto marciano, tanto para prever que o credor pode se tornar proprietário do bem dado em garantia, o que representa a figura originária do pacto marciano, quanto para se ajustar a variante marciana que possibilita o credor optar pela venda do bem, para se pagar com o valor apurado.

---

[80] ZAGNI, João Pedro Fontes. Pacto comissório e pacto marciano: comentários e distinções funcionais. *Revista de Direito Privado*, São Paulo: v. 101, p. 73-101, set.-out. 2019: "O pacto marciano, como visto, além de possuir natureza completamente divergente do pacto comissório, também se constitui como solução hábil a gerar eficiências no sistema e no mercado, bem como a tutelar de melhor forma o direito do credor e do devedor".

[81] ZAGNI, João Pedro Fontes. Pacto comissório e pacto marciano: comentários e distinções funcionais. *Revista de Direito Privado*, São Paulo, v. 101, p. 73-101, set.-out. 2019: "O estudo do pacto marciano insere-se em recorte cuja investigação e aprofundamento mostra-se imprescindível para o desenvolvimento da economia e da sociedade brasileira, na medida em que a tutela jurídica das garantias, em grande escala, sustenta o desenvolvimento econômico e o acesso ao crédito".

Capítulo 4

A AUTOTUTELA EXECUTIVA NO DIREITO COMPARADO E NO DIREITO BRASILEIRO

Sumário: 4.1. Contextualização da "desjudicialização" no âmbito do direito brasileiro – 4.2. O negócio processual e outras formas de atuação da autonomia privada para tutela dos direitos: 4.2.1. O negócio processual no direito brasileiro; 4.2.2. A autossatisfação executiva e o *pactum de non exequendo*; 4.2.3. Legitimidade da criação negocial de procedimentos executivos especiais judiciais ou extrajudiciais; 4.2.4. A perícia contratual do direito italiano; 4.2.5. A perícia contratual e os negócios processuais no direito brasileiro – 4.3. A autotutela executiva nos direitos italiano e brasileiro: 4.3.1. A autotutela executiva na atualidade; 4.3.2. A autotutela moderna e a repulsa à autotutela primitiva baseada na força do próprio credor; 4.3.3. O papel importante do pacto marciano na moderna autotutela executiva; 4.3.4. Reflexos benéficos do pacto marciano para o credor e para o devedor; 4.3.5. O pacto marciano e a política legislativa brasileira de valorização da autonomia privada; 4.3.6. A preservação do veto ao pacto comissório no direito brasileiro – 4.4. Conclusões parciais.

4.1. CONTEXTUALIZAÇÃO DA "DESJUDICIALIZAÇÃO" NO ÂMBITO DO DIREITO BRASILEIRO

Segundo o levantamento do CNJ, divulgado na publicação *Justiça em números de 2019*, o "Poder Judiciário contava com um acervo de 79 milhões de processos pendentes de baixa no final do ano de 2018, sendo que mais da metade desses processos (54,2%) se referia à fase de execução"[1]. Na edição do *Justiça em números de 2020*, não obstante o número total de processos pendentes no judiciário ter sofrido redução para 77 milhões, indica-se aumento do número de execuções pendentes (55,8%).[2]

No *Justiça em números de 2021*, indicou-se que "o Poder Judiciário finalizou o ano de 2020 com 75,4 milhões de processos em tramitação", registrando-se, em relação às execuções, que "o impacto da execução é significativo principalmente nos segmentos da Justiça Estadual, Federal e Trabalhista, correspondendo, respectivamente, a 53,9%, 49,6%, e 55,3% do acervo

---

[1]   Justiça em números 2019. Brasília: CNJ, 2019, p. 126. Disponível em: https://www.cnj.jus.br/wp-content/uploads/conteudo/arquivo/2019/08/justica_em_numeros20190919.pdf. Acesso em: 25 jul. 2023.

[2]   Justiça em números 2020. Brasília: CNJ, 2020, p. 150. Disponível em: https://www.cnj.jus.br/wp-content/uploads/2020/08/WEB-V3-Justi%C3%A7a-em-N%C3%BAmeros-2020-atualizado-em-25-08-2020.pdf. Acesso em: 25 jul. 2023.

total de cada ramo" e destacou, ainda, que, "em alguns tribunais, a execução chega a consumir mais de 60% do acervo".[3]

Por fim, no último relatório do CNJ, publicado no *Justiça em números de 2022*, a situação permanece praticamente inalterada, iniciando o relatório com a observação de que os processos em fase de execução "constituem grande parte dos casos em trâmite e etapa de maior morosidade", destacando-se, a seguir, que o "Poder Judiciário contava com um acervo de 77 milhões de processos pendentes de baixa no final do ano de 2021, sendo que mais da metade desses processos (53,3%) se referia à fase de execução".[4]

É de se registrar que um dos grandes gargalos na execução é representada pela execução fiscal (65% do estoque das execuções),[5] mas mesmo a execução chamada de "não fiscal" representa volume significativo, quando se verifica que em 2022 foram apresentados 806.348 casos novos e o estoque de execuções "não fiscais" pendentes é de 3.639.889,[6] sendo a taxa de congestionamento das execuções "não fiscais" em 2022 de 87,9%.[7]

Diante desse quadro, que evidencia não só o enorme volume das execuções em relação ao total de processos em curso na Justiça (mais de 50% dos processos pendentes), mas também a impressionante taxa de congestionamento na execução judicial, é preciso, urgentemente, repensar e rediscutir a tutela executiva na Justiça brasileira,[8] como um dos principais pontos para melhorar a eficiência da atuação da jurisdição estatal na busca de maior adequação às normas fundamentais do CPC, por exemplo, a implementação da tutela efetiva dos direitos em tempo razoável, permeada pela busca de eficiência na atuação jurisdicional (arts. 4º e 8º do CPC), o que significa melhorar a gestão e a adequação da distribuição dos recursos alocados no Judiciário como um todo, no novo contexto da visão da justiça como serviço público.[9]

Daí a importância dos debates em curso no direito brasileiro para buscar caminhos mais adequados para a atuação da tutela executiva, impulsionados pela chamada "desjudicialização" da execução civil e pelas alterações no modelo da execução fiscal, para permitir sua efetivação

---

[3]   Justiça em números 2021. Brasília: CNJ, 2021, p. 170. Disponível em: https://www.cnj.jus.br/wp-content/uploads/2021/09/relatorio-justica-em-numeros2021-12.pdf. Acesso em: 25 jul. 2023.

[4]   Justiça em números 2022. Brasília: CNJ, 2022, p. 164. Disponível em: https://www.cnj.jus.br/wp-content/uploads/2022/11/justica-em-numeros-2022.pdf. Acesso em: 25 jul. 2023.

[5]   Justiça em números 2022. Brasília: CNJ, 2022, p. 164. Disponível em: https://www.cnj.jus.br/wp-content/uploads/2022/11/justica-em-numeros-2022.pdf. Acesso em: 25 jul. 2023.

[6]   Justiça em números 2022. Brasília: CNJ, 2022, Figura 110, p. 167. Disponível em: https://www.cnj.jus.br/wp-content/uploads/2022/11/justica-em-numeros-2022.pdf. Acesso em: 25 jul. 2023.

[7]   Justiça em números 2022. Brasília: CNJ, 2022, Tabela 8, p. 170. Disponível em: https://www.cnj.jus.br/wp-content/uploads/2022/11/justica-em-numeros-2022.pdf. Acesso em: 25 jul. 2023.

[8]   COSTANTINO, Giorgio. Degiurisdizionalizzazione della espropriazione immobiliare. *Rivista Trimestrale di Diritto e Procedura Civile*. Milano: Giuffrè Editore, anno XLVII, n. 4, p. 1053, 1993, leciona que a tutela executiva é um dos pontos centrais da legislação processual na discussão da realização de direitos, inclusive em razão das reconhecidas dificuldades jurídicas e econômicas que apresenta: "L'esecuzione forzata è tra le parti più rilevanti della legislazione perché presenta difficoltà gravi sia d'ordine privato e pubblico, sia d'ordine economico".

[9]   LUPOI, Michele Angelo. *Tra flessibilità e semplificazione – Un embrione di case management all'italiana?* Bologna: Bononia University Press, 2018, p. 59: "Nell'ambito di una nuova visione della giurisdizione, intesa come 'servizio pubblico' per l'attuazione dei diritti soggettivi dei privati, si ritiene che non si possa continuare a pensare alla singola causa come paradigma di riferimento del modello del giusto processo, senza considerare il panorama complessivo di riferimento: ovvero la molteplicità delle cause civili contemporaneamente pendenti in corti più o meno sovraccariche e prive di mezzi e personale". Cf., no mesmo sentido, no direito brasileiro THEODORO JÚNIOR, Humberto; ANDRADE, Érico. Impactos da Constituição Federal na evolução do processo civil. In: MORAES, Guilherme Peña de (Org.). *30 Anos da Constituição Federal e o Direito Brasileiro*. Rio de Janeiro: Forense, 2018, p. 336-337.

Capítulo 4 · A AUTOTUTELA EXECUTIVA NO DIREITO COMPARADO E NO DIREITO BRASILEIRO | 99

na via administrativa, debates que, agora, adentram o legislativo federal, com a apresentação de dois projetos de lei em 2019, ora em tramitação no Senado, quais sejam o PL 4.257/2019,[10] envolvendo a execução fiscal, e o PL 6.204/2019,[11] tratando da execução civil.

No movimento mais amplo da "desjudicialização" no direito brasileiro também se encontra tramitando no Congresso Nacional, por exemplo, o despejo extrajudicial por meio de atuação dos Cartórios de Títulos e Documentos, para os casos de desfazimento do contrato de locação em decorrência da falta de pagamento do aluguel e demais encargos, objeto do PL 3.999/2020.[12]

Ou mesmo as discussões em torno da instituição, no Brasil, do "filtro", já previsto no direito italiano, chamado de "jurisdição condicionada",[13] da mediação prévia obrigatória em algumas causas, como se vê, hoje, em dois projetos de lei tramitando no Congresso Nacional, o PL 3.813/2020 e o PL 533/2019.[14]

Recentemente, a Lei 14.382, de 27 de junho de 2022, alterou a Lei 6.015/1973 (Lei de Registros Públicos), para acrescentar o art. 216-B, em que se previu que, "sem prejuízo da via jurisdicional, a adjudicação compulsória de imóvel objeto de promessa de venda ou de cessão poderá ser efetivada extrajudicialmente no serviço de registro de imóveis da situação do imóvel".[15]

---

[10] Ora em tramitação no Senado Federal. Disponível em: https://www25.senado.leg.br/web/atividade/materias/-/materia/137914. Acesso em: 25 jul. 2023.

[11] Ora em tramitação no Senado Federal. Disponível em: https://www25.senado.leg.br/web/atividade/materias/-/materia/139971. Acesso em: 25 jul. 2023.

[12] Ora em tramitação na Câmara Federal. Disponível em: https://www.camara.leg.br/proposicoesWeb/fichadetramitacao?idProposicao=2258980. Acesso em: 25 jul. 2023.

[13] LUISO, Francesco P. *Diritto Processuale Civile*. Decima edizione. Milano: Giuffrè-Francis Lefebvre, 2019, v. V, p. 68: "Il d.lgs. 28/2010 introduce dunque una fattispecie di *giurisdizione condizionata*: un'ipotesi, cioè, in cui l'accesso alla tutela giurisdizionale è possibile solo allorché si sia verificata la condizione prevista dal legislatore. Qui la condizione è l'esperimento di un procedimento di mediazione".

[14] O PL 3813/2020, ora em tramitação na Câmara dos Deputados, prevê em seu art. 1º que "nos litígios entre particulares, relativos a direitos patrimoniais disponíveis, sobretudo os que envolvam relações jurídicas cíveis, consumeristas, empresariais e trabalhistas, as partes envolvidas deverão obrigatoriamente se submeter, antes da propositura de eventual ação judicial, à prévia sessão de autocomposição, a ser realizada nos moldes da presente lei" e estabelece que a não comprovação da realização ou tentativa de realização da sessão extrajudicial implicaria extinção do processo, sem resolução do mérito, por falta de interesse de agir, podendo a matéria ser conhecida de ofício pelo juiz (art. 7º, § 1º). Disponível em: https://www.camara.leg.br/proposicoesWeb/fichadetramitacao?idProposicao=2257795. Acesso em: 25 jul. 2023. Já o PL 533/2019, também tramitando na Câmara dos Deputados, visa instituir o requisito da pretensão resistida como necessário à constatação do interesse processual da parte nas ações que envolvam direitos patrimoniais disponíveis em https://www.camara.leg.br/proposicoesWeb/fichadetramitacao?idProposicao=2191394. Acesso em: 25 jul. 2023). Registre-se que a linha jurisprudencial encontrada no Supremo Tribunal Federal não é clara a respeito da constitucionalidade de tal tipo de condicionamento, ora admitindo, como no caso de prévio requerimento administrativo para só depois acessar a jurisdição na hipótese do *habeas data* (STF, RE 22/DF, Rel. Min. Celso de Mello, Pleno, julg.19.09.1991, *RTJ* 162/805), ou em relação a pleitos de benefícios previdenciários (STF, RE 631240, Rel. Min. Roberto Barroso, *DJe* 10.11.2014). Mas o STF não admitiu a hipótese no processo do trabalho, quando se instituiu legislativamente a necessidade de se passar pelas comissões prévias para tentativa de acordo e somente após, frustrado o acordo, partir para realizar o acesso à justiça do trabalho (STF, ADI 2.139/DF, Rel. Min. Carmen Lúcia, Pleno, *DJe* 19.02.2019).

[15] A respeito da adjudicação compulsória extrajudicial, cf. TALAMINI, Eduardo. adjudicação compulsória extrajudicial: pressupostos, natureza e limites. *Revista de Processo*, São Paulo: RT, v. 336, p. 319-339, fev. 2023.

São mecanismos que, não obstante diversos, se colocam fora do sistema judicial no variado leque de remédios extrajudiciais para atuação da tutela dos direitos e podem contribuir enormemente para diminuir a reconhecida sobrecarga judicial ou "gargalo" existente especificamente no ambiente executivo judicial, na esteira do estímulo trazido pelo CPC, quando valoriza soluções extrajudiciais (art. 3º, §§ 1º, 2º e 3º), a partir da quebra do monopólio da jurisdição estatal para solucionar as crises jurídicas,[16] de modo que passam a integrar e compor o rico mosaico atual da tutela dos direitos, em que se combinam meios extrajudiciais com a própria atuação jurisdicional. Tudo sem deixar de lado a sempre presente possibilidade de acesso à tutela jurisdicional que tem, como dito no item 1.1, importante papel de garantia para coibir eventuais inadequações e abusos na utilização dos remédios para atuação dos direitos fora da jurisdição estatal, resguardando, assim, o princípio constitucional do acesso à justiça.

Em tal contexto é que se fala em remédios para a tutela dos direitos, que podem ser aplicados tanto na via judicial quanto na via extrajudicial, buscando-se, hoje, em via mais gerais, a efetividade dos remédios para a tutela dos direitos, apresentando a doutrina italiana até mesmo interessante e provocatória indagação em torno da função concreta do processo para atuação dos direitos: até que ponto o processo não se colocaria, em certas situações, como obstáculo à realização dos direitos em vez de garantia da sua efetivação?[17]

Na linha dessa mesma tendência, de perseguir mais eficiência na atuação do sistema judicial, com melhor adequação e distribuição dos recursos judiciários, surge a discussão em torno de mecanismos adequados para atuação dos direitos, em sede de autotutela dos direitos, mais especificamente da chamada "autotutela executiva", criada mediante uso da autonomia negocial para engendrar contratualmente mecanismos voltados à realização direta dos direitos, em linha com as mais recentes tendências do direito europeu.[18]

---

[16] Como leciona PICARDI, Nicola. *La giurisdizione all'alba del terzo millennio*. Milano: Giuffrè Editore, 2007, p. 181, "in definitiva, il principio del monopolio statuale della giurisdizione si è vistosamente sgretolato: la giurisdizione non è più esclusiva funzione dello Stato; gli organi cui sono affidate le funzioni giurisdizionale non sono sempre organi dello Stato". Cf., ainda, sobre a quebra do monopólio estatal do serviço justiça, PUNZI, Carmine. Dalla crisi del monopolio statale della giurisdizione al superamento dell'alternativa contrattualità-giurisdizionalità dell'arbitrato. *Rivista di Diritto Processuale*, Padova: Cedam, anno LXIX, n. 1, p. 19, 2014: "Appare, dunque, pienamente giustificata la profonda revisione operata dalla dottrina contemporanea dell'assioma della giurisdizione quale attribuzione esclusiva della sovranità e la conclusione che il monopolio statale della giurisdizione si è andato vistosamente sgretolando". No direito brasileiro, cf. THEODORO JÚNIOR, Humberto; ANDRADE, Érico. Impactos da Constituição Federal na evolução do processo civil. In: MORAES, Guilherme Peña de (Org.). *30 Anos da Constituição Federal e o Direito Brasileiro*. Rio de Janeiro: Forense, 2018, p. 334-336.

[17] ZOPPINI, Andrea. L'effettività *in-vece* del processo. *Rivista di Diritto Processuale*, Padova, Cedam/Wolters Kluwer, v. LXXIV, n. 3, p. 679, 2019: "Gli interrogativi appena formulati esitano in un ultimo quesito, solo apparentemente eversivo e provocatorio: è possibile, e se sì in che termini, guardare al processo, e soprattutto alla tutela giurisdizionale, non più come una risorsa e una garanzia, ma come un ostacolo frapposto all'effettiva soddisfazione dei propri interessi?". No direito brasileiro, cf. ANDRADE, Érico; GONÇALVES, Gláucio Maciel; MILAGRES, Marcelo de Oliveira. Autonomia privada e solução de conflitos fora do processo: autotutela executiva, novos cenários para a realização dos direitos? *Revista de Processo*, São Paulo, v. 322, p. 437-476, dez.-2021.

[18] GABRIELLI, Enrico. Nuovi modelli di garanzie patrimoniali – una garanzia reale senza possesso. *Giurisprudenza Italiana*. Torino: UTET-WKI, n. 7, p. 1715 e ss, 2017: "Una garanzia così connotata, se accompagnata dalla valorizzazione del potere di autotutela esecutiva del creditore nelle modalità e tecniche di escussione del vincolo sul bene, e quindi nelle attività di recupero in via forzosa del credito, risulta più efficiente e virtuosa, sul piano della soddisfazione dell'interesse del creditore garantito, e come tale più coerente con le attuali linee di sviluppo del diritto comune europeo delle garanzie mobiliari e finanziarie (cfr. ad esempio il D. Lgs. 21 maggio 2004, n. 17, e successive modificazioni, di attuazione della Dir. 2002/47/CE sui contratti di garanzia finanziaria)".

Trata-se, assim, de expediente de inegável eficiência e praticidade que, como mecanismo extrajudicial, busca contornar, ao menos em parte, a crise atual da execução civil, que vem sendo acolhido pelas legislações em geral, inclusive no Brasil, num número sempre crescente de negócios jurídicos especiais e que, por esforço doutrinário, como se verá adiante, pode perfeitamente ser generalizado à luz dos atuais rumos da política pública de desburocratização e desjudicialização da atividade executiva, pautada, no caso, pela autonomia negocial privada, na esfera tanto do direito material quanto processual, para engendrar mecanismo extrajudicial para a tutela do direito de crédito.[19]

Antes, porém, de adentrar a temática da autotutela executiva, cumpre perpassar duas interessantes perspectivas que podem reforçar sua viabilidade, no caso do direito brasileiro, os negócios processuais, especialmente aqueles firmados no âmbito do processo de execução; e, no direito italiano, a chamada perícia contratual.

4.2. O NEGÓCIO PROCESSUAL E OUTRAS FORMAS DE ATUAÇÃO DA AUTONOMIA PRIVADA PARA TUTELA DOS DIREITOS

4.2.1. O negócio processual no direito brasileiro

Na mesma linha de prestigiar, sempre que possível, a autonomia privada, especialmente quando em jogo direitos disponíveis, o CPC previu a possibilidade da negociação entre as partes capazes para estipular mudanças no procedimento, a fim de ajustá-lo às especificidades da causa e convencionar sobre os seus ônus, poderes, faculdades e deveres processuais, antes ou durante o processo (art. 190, *caput*).[20]

Do prestígio que a lei material e processual faz da autonomia negocial, dando-lhe dimensão de princípio atuante inclusive na esfera das técnicas processuais de tutela jurídica, parece *à* boa parte da doutrina que a negociabilidade assume dimensões gerais, de modo a compreender tanto as atividades de natureza cognitiva quanto as executivas.

---

[19] A respeito da autotutela executiva no direito brasileiro, cf. THEODORO JÚNIOR, Humberto; ANDRADE, Érico. Novas perspectivas para atuação da tutela executiva no direito brasileiro: autotutela executiva e "desjudicialização" da execução. *Revista de Processo*, São Paulo, v. 315, p. 109-158, maio 2021; e ANDRADE, Érico; GONÇALVES, Gláucio Maciel; MILAGRES, Marcelo de Oliveira. Autonomia privada e solução de conflitos fora do processo: autotutela executiva, novos cenários para a realização dos direitos? *Revista de Processo,* São Paulo, v. 322, p. 437-476, dez. 2021.

[20] "No direito brasileiro, considerando a atual disposição inserida no art. 190 do CPC/2015, no sentido de admitir ampla gama de negócios jurídicos processuais atípicos, além de vários negócios típicos, inclusive no processo de execução, vislumbra-se a possibilidade não só de negócios envolvendo os procedimentos no âmbito da execução judicial, inclusive na linha de realização de atos executivos fora da justiça, mas também a possibilidade de se realizar a perspectiva negocial de execução extrajudicial, de modo que tal perspectiva não deixa de apresentar vários pontos de contato com a autotutela executiva de cunho negocial, que, por isso, pode encontrar também ponto de apoio nos negócios processuais" (THEODORO JÚNIOR, Humberto; ANDRADE, Érico. Novas perspectivas para atuação da tutela executiva no direito brasileiro: autotutela executiva e "desjudicialização" da execução. *Revista de Processo,* São Paulo, v. 315, p. 129, maio 2021). Cf. ainda DIDIER JR., Fredie; CABRAL, Antônio do Passo. Negócios jurídicos processuais atípicos e execução. *Revista de Processo,* São Paulo, v. 275, p. 193-228, jan. 2018; YARSHELL, Flávio Luiz; RODRIGUES, Viviane Siqueira. Desjudicialização da execução civil: uma solução útil e factível entre nós? In: MEDEIROS NETO, Elias Marques: RIBEIRO, Flávia Pereira (coords.). *Reflexão sobre a desjudicialização da execução civil.* Curitiba: Juruá Editora, 2020, p. 368-369.

Com efeito, a doutrina tem admitido amplamente a realização de negócios processuais na execução judicial, tanto antes do seu início quanto no seu curso,[21] uma vez que a execução em si e a própria atividade executiva constituem campos férteis para atuação da autonomia das partes,[22] considerando tanto o princípio dispositivo vigente no direito processual, especialmente no âmbito executivo,[23] quanto a regra da disponibilidade substancial dos direitos de crédito. Destaca-se, ainda, a importância da negociabilidade na execução para prestigiar a consensualidade nas relações comerciais.[24]

No âmbito dos negócios processuais em sede executiva, uma das possibilidades de incidência descortinadas pela doutrina diz respeito justamente à limitação da responsabilidade patrimonial do devedor a determinados bens, excluindo os demais,[25] destacando-se, inclusive que os "negócios jurídicos de garantia real são claramente negócios jurídicos sobre a penhorabilidade, amplamente consagrados em diversos países, inclusive no Brasil".[26]

---

[21] DIDIER JR., Fredie; CABRAL, Antônio do Passo. Negócios jurídicos processuais atípicos e execução. *Revista de Processo,* São Paulo, v. 275, p. 193-228, jan. 2018 destacam que "exame superficial da legislação permite constatar que, também em relação ao processo de execução, podem ser observadas várias convenções processuais sobre a condução da atividade executiva. De fato, tanto antes de a execução começar, como no seu curso, as partes podem negociar a respeito de diversos aspectos do procedimento executivo e das suas situações jurídicas processuais". Cf., ainda, NOGUEIRA, Pedro Henrique; MAZZEI, Rodrigo. Anotações prévias sobre a negociação processual e a proposta de desjudicialização da execução. In: BELIZZE, Marco Aurélio; MENDES, Aluísio Gonçalves de Castro; ALVIM, Teresa Arruda; CABRAL, Trícia Navarro Xavier. *Execução Civil – Novas Tendências.* Indaiatuba: Editora Foco, 2022, p. 735-736: "É possível utilizar, amplamente, a negociação processual, quer promover a celeridade e a eficiência da execução forçada, quer para limitar a atividade executiva, restringindo a prática de atos de constrição, quer, ainda, para regular como os atos executórios haverão de ser praticados, conferindo assim, maior previsibilidade para os envolvidos".

[22] DIDIER JR., Fredie; CABRAL, Antônio do Passo. Negócios jurídicos processuais atípicos e execução. *Revista de Processo,* São Paulo, v. 275, p. 193-228, jan. 2018.

[23] NOGUEIRA, Pedro Henrique; MAZZEI, Rodrigo. Anotações prévias sobre a negociação processual e a proposta de desjudicialização da execução. In: BELIZZE, Marco Aurélio; MENDES, Aluísio Gonçalves de Castro; ALVIM, Teresa Arruda; CABRAL, Trícia Navarro Xavier. *Execução Civil – Novas Tendências.* Indaiatuba: Editora Foco, 2022, p. 740: "Como a disponibilidade é um poder conferido ao exequente, fica clara também a possibilidade de haver acordos processuais (negócios jurídicos processuais bilaterais) celebrados com o executado em torno dela. Se o credor pode dispor da execução, possível seria celebrar negócios jurídicos e obter vantagens legítimas como contrapartida da abdicação a ser negociada". Cf., ainda, THEODORO JÚNIOR, Humberto. Pacto marciano: a autotutela satisfativa como importante instrumento na política universal de superação da crise vivenciada pela execução civil. In: NASCIMENTO FILHO, Firly; FERREIRA, Márcio Vieira Souto Costa; BENEDUZI, Renato. *Estudos em Homenagem a Sérgio Bermudes.* Rio de Janeiro: G/Z Editora, 2023, p. 335.

[24] DIDIER JR., Fredie; CABRAL, Antônio do Passo. Negócios jurídicos processuais atípicos e execução. *Revista de Processo,* São Paulo, v. 275, p. 193-228, jan. 2018: "Cabe salientar, ainda, que a negociação processual na execução é importante para o tráfego das relações comerciais, porque fomenta a consensualidade".

[25] DIDIER JR., Fredie; CABRAL, Antônio do Passo. Negócios jurídicos processuais atípicos e execução. *Revista de Processo,* São Paulo, v. 275, p. 193-228, jan. 2018: "A respeito dos bens do executado sujeitos potencialmente a sofrer a atividade executiva, a vontade negocial das partes pode, por acordo processual, limitar a execução a certa massa de bens do executado; ou excluir um ou mais bens da esfera de incidência da responsabilidade patrimonial. Pode-se limitar a um tipo de objeto ou garantia imobiliária, por exemplo), permitindo perseguir só bens móveis; ou ainda limitar a responsabilidade ao patrimônio adquirido até ou a partir de certa data".

[26] DIDIER JR., Fredie; CABRAL, Antônio do Passo. Negócios jurídicos processuais atípicos e execução. *Revista de Processo,* São Paulo, v. 275, p. 193-228, jan. 2018. Registre-se, todavia, que o STJ, no julgamento do REsp n. 1.810.444/SP, Rel. Min. Luis Felipe Salomão, Quarta Turma, julg. 23.02.2021, *DJe* 28.04.2021, não admitiu negócio processual prevendo, "em caso de inadimplemento contratual, o bloqueio de ativos

4.2.2. A autossatisfação executiva e o pactum de non exequendo

Interessante anotar que a doutrina brasileira tem inserido no âmbito dos negócios processuais o chamado *pactum de non petendo,* que traduz "promessa de não processar", ou seja "os convenentes se comprometem, por um prazo ou sob condição, a não ajuizar ações judiciais uns contra os outros".[27]

Assim, o *pactum de non petendo* tem como efeito a obrigação do promitente de não ajuizar as ações judiciais para a tutela judicial de determinado direito, normalmente com a ressalva de que as partes podem se valer dos meios extrajudiciais para a cobrança, já que o pacto não teria efeito no plano do direito material.[28] Como destaca a doutrina, a "promessa de não processar gera uma obrigação de não agir, isto é, uma prestação de não fazer consistente em abster-se de ajuizar uma demanda judicial".[29]

No caso de violação do *pactum de non petendo,* em que descumprida a obrigação de não fazer, não ajuizar a ação, a melhor solução, aponta a doutrina, seria a rejeição da demanda mediante extinção sem julgamento do mérito.[30]

Uma das possibilidades de se ajustar o *pactum de non petendo* é na execução, em que se estipula a promessa de não exercitar a pretensão executiva ou não ajuizar a ação executiva, chamado de *pactum de non exequendo,* inserindo-se no campo da negociação processual a temática do exercício da pretensão executiva em relação a título executivo judicial ou extrajudicial.[31]

Variação do tema, a partir da atuação da autonomia privada das partes contratantes, é o estabelecimento, no próprio contrato, de limitações à impugnação da execução contratual ou mesmo quanto aos instrumentos para promover tal impugnação (como exclusão da alegação

---

    financeiros para fins de arresto e penhora, em caráter inaudita altera parte e sem necessidade de se prestar garantia".

[27]   CABRAL, Antonio do Passo. *Pactum de non petendo*: a promessa de não processar no direito brasileiro. *Revista de Processo,* São Paulo, v. 305, p. 17-44, jul. 2020. A respeito da validade do *pactum de non petendo* no direito português, cf. COSTA E SILVA, Paula. *Pactum de non petendo*: exclusão convencional do direito de acção e exclusão convencional da pretensão material. In: CABRAL, Antonio do Passo; NOGUEIRA, Pedro Henrique. *Negócios Processuais.* 3. ed. Salvador: JusPodivm, 2017, p. 443-480.

[28]   CABRAL, Antonio do Passo. *Pactum de non petendo*: a promessa de não processar no direito brasileiro. *Revista de Processo,* São Paulo, v. 305, p. 17-44, jul. 2020.

[29]   CABRAL, Antonio do Passo. *Pactum de non petendo*: a promessa de não processar no direito brasileiro. *Revista de Processo,* São Paulo, v. 305, p. 17-44, jul. 2020.

[30]   COSTA E SILVA, Paula. *Pactum de non petendo*: exclusão convencional do direito de acção e exclusão convencional da pretensão material. In: CABRAL, Antonio do Passo; NOGUEIRA, Pedro Henrique. *Negócios Processuais.* 3. ed. Salvador: JusPodivm, 2017, p. 475, destaca que "a propositura de uma acção pela parte que haja renunciado ao seu direito de acção leva a uma decisão de inadmissibilidade da mesma, por falta de preenchimento de um pressuposto processual atípico – a 'accionabilidade do direito' – e, consequentemente, pela verificação de uma excepção dilatória". No direito brasileiro, cf., no mesmo sentido CABRAL, Antonio do Passo. *Pactum de non petendo*: a promessa de não processar no direito brasileiro. *Revista de Processo,* São Paulo, v. 305, p. 17-44, jul. 2020: "Basta registrar aqui que é possível que o juiz dê cumprimento ao *pactum de non petendo* simplesmente pronunciando a inadmissibilidade da demanda, i.e., rejeitando-a liminarmente".

[31]   CABRAL, Antonio do Passo. *Pactum de non petendo*: a promessa de não processar no direito brasileiro. *Revista de Processo,* São Paulo, v. 305, p. 17-44, jul. 2020.

de exceção de contrato não cumprido), reduzindo, no mais das vezes, o remédio para o caso de inadimplemento a um só,[32] a indenização.[33]

As partes, com isso, pretendem retirar da justiça a solução da crise de direito material, na interpretação ou execução das obrigações lançadas no negócio jurídico, a fim de geri-la contratualmente.[34]

4.2.3. Legitimidade da criação negocial de procedimentos executivos especiais judiciais ou extrajudiciais

Em suma, o amplo espectro dos negócios processuais no Brasil, especialmente no ambiente executivo, reforça não só a possibilidade de criação de procedimento executivo especial de natureza convencional, mas também a criação de técnicas executivas especiais embutidas no procedimento comum executivo ou mesmo fora do procedimento jurisdicional, em que surge a possibilidade de as partes criarem meios executivos convencionais.[35]

Daí, como destaca a doutrina, "assumindo-se que a autonomia da vontade, como força propulsora dos negócios jurídicos processuais, pode ser exercida quanto aos poderes de execução, sem que se levantem barreiras constitucionais a isso, a via da execução extrajudicial se afigura factível entre nós e pode se tornar uma desejável solução dentro de uma fórmula de justiça multiportas, a partir da qual são oferecidas alternativas de acesso à justiça, adequadas a cada tipo de conflito".[36]

---

[32]   GABRIELLI, Enrico. Autonomia privata ed esclusione dei rimedi contrattuali (brevi spunti di riflessione sulla clausola di *exclusive remedy*). In: GRISI, Giuseppe (a cura di). *Processo e tecniche di attuazione dei diritti*. Napoli: Jovene Editore, 2019, p. 442: "Il perimetro ed il contesto di riferimento della clausola, come appare a prima vista evidente indipendentemente dal suo contenuto dispositivo, è però prevalentemente quello dei cc.dd. patti sulla risoluzione, mediante la limitazione in capo ai contraenti sia del potere di impugnazione del contratto, sia degli strumenti per promuoverla, riducendo i rimedi contrattuali anche ad uno solo". No direito brasileiro, cf. ANDRADE, Érico; GONÇALVES, Gláucio Maciel; MILAGRES, Marcelo de Oliveira. Autonomia privada e solução de conflitos fora do processo: autotutela executiva, novos cenários para a realização dos direitos? *Revista de Processo*. São Paulo, v. 322, p. 437-476, dez. 2021.

[33]   GABRIELLI, Enrico. Autonomia privata ed esclusione dei rimedi contrattuali (brevi spunti di riflessione sulla clausola di *exclusive remedy*). In: GRISI, Giuseppe (a cura di). *Processo e tecniche di attuazione dei diritti*. Napoli: Jovene Editore, 2019, p. 443: "Il quadro economico nel quale tali clausole si muovono è quello delle clausole di garanzia e di indennizzo o di manleva che assistono, in maniera sintetica ovvero analitica, le cessioni di partecipazioni sociali o di aziende, laddove una delle parti, per evitare la completa caducazione del contratto e quindi dell'affare sottostante, cerca di individuare nell'unico obbligo di pagare un indennizzo, la cui misura viene negozialmente preordinata, il solo rimedio esperibile dalla controparte, la quale lamenti delusioni economiche o inaspettate sorprese dall'affare o inadempimenti ad opera della controparte".

[34]   GABRIELLI, Enrico. Autonomia privata ed esclusione dei rimedi contrattuali (brevi spunti di riflessione sulla clausola di *exclusive remedy*). In: GRISI, Giuseppe (a cura di). *Processo e tecniche di attuazione dei diritti*. Napoli: Jovene Editore, 2019, p. 442-443: "Le parti, infatti, il più delle volte non si fidano dei giudici e dei giudizi (e tutto sommato, visto quello che si legge nelle sentenze, non hanno torto) e desiderano pertanto risolvere autonomamente tra loro le possibili contestazioni o controversie mediante la previsione in contratto di procedure e regole di gestione 'endocontrattuali' della crisi, che tra loro si è aperta sull'interpretazione o esecuzione del rapporto e delle sue obbligazioni e prestazioni reciproche".

[35]   DIDIER JR., Fredie. *Ensaio sobre os negócios jurídicos processuais*. Salvador: Ed. JusPodivm, 2018, p., 87.

[36]   YARSHELL, Flávio Luiz; RODRIGUES, Viviane Siqueira. Desjudicialização da execução civil: uma solução útil e factível entre nós? *In* MEDEIROS NETO, Elias Marques: RIBEIRO, Flávia Pereira (coords.). *Reflexão sobre a desjudicialização da execução civil*. Curitiba: Juruá Editora, 2020, p. 371.

Não há dúvida de que todo esse contexto dos negócios processuais na execução judicial apresenta vários pontos de contato com a autotutela executiva, de cunho negocial, que encontra, no direito brasileiro, importante ponto de apoio ou de confirmação do seu ajustamento consensual nos próprios negócios processuais executivos.[37]

4.2.4. A perícia contratual do direito italiano

O pacto marciano, ao indicar a necessidade de a avaliação do bem ser realizada por terceiro, especializado e imparcial – como uma das suas caraterísticas centrais, na atualidade, ao lado da devolução do eventual valor excedente para o devedor, permitindo, ambas, o afastamento do enquadramento na vedação comissória –, indica aproximação ou semelhança, no direito italiano, da perícia marciana com a interessante figura chamada de perícia "contratual",[38] razão pela qual vale a pena, ainda que brevemente, traçar seus contornos, que, no direito brasileiro pode até se inserir no contexto do negócio processual, ajustado com base na autonomia negocial das partes e que se presta a reforçar o cabimento não só do pacto marciano no direito brasileiro, mas também da figura da autotutela executiva.

A chamada perícia "contratual" tem surgido na prática comercial italiana e não encontrou, até agora, regulamentação legal específica, apontando-se os seguintes contornos gerais do mecanismo: as partes contratuais, diante de controvérsia ou de conflito no âmbito contratual, estabelecem solicitar a terceiro, opinião ou parecer técnico, para solucionar a divergência específica, solução que normalmente se coloca como vinculante para as partes contratuais.[39]

Trata-se de instituto que se aproxima da arbitragem, com a diferença que as partes, no caso da perícia contratual, buscam o acertamento de determinado ponto de fato relativo à relação contratual, objeto da perícia, e se vinculam especificamente ao seu resultado, que não abarca toda a relação jurídica, como normalmente ocorre na arbitragem.[40]

Daí o entendimento de que tal "perícia", chamada de contratual em razão da sua origem fundada na autonomia das partes exercitada em sede negocial, não se coloca propriamente como instituto de direito material, mas sim processual,[41] voltado à solução de controvérsias fora da justiça estatal e, por isso, insere-se no contexto dos meios "alternativos" à solução de conflitos.

A casuística encontrada na prática jurídica italiana indica que a perícia "contratual" tem sido adotada em quatro cenários situados no âmbito da execução contratual, cuja

---

[37]   DIDIER JR., Fredie; CUNHA, Leonardo Carneiro da; BRAGA, Paula Sarno; OLIVEIRA, Rafael Alexandria de. *Curso de Direito Processual Civil*. 7. ed. Salvador: JusPodivm, 2017, v. 5, p. 49: "O art. 190 do CPC, ao criar uma cláusula geral de negociação processual atípica, pode servir como fundamento para a construção de uma execução extrajudicial convencional. O tema, por isso, ganha novo impulso".

[38]   DOLMETTA, Aldo Angelo. La ricerca del "marciano utile". *Rivista di Diritto Civile*. Padova: Cedam/ Wolters Kluwer, anno LXIII, n. 4, p. 811 e ss., 2017: "Valutazione di carattere tecnico, espressa con una dichiarazione di scienza e non di volontà (ovvero di integrazione della volontà altrui), la perizia marciana rientra nell'ambito delle c.d. perizie contrattuali". A respeito da perícia contratual no Brasil, cf. ANDRADE, Érico. Meios alternativos e de solução de controvérsias: comitês de resolução de divergências nos contratos de concessão. In: YARSHELL, Flávio Luiz; COSTA, Susana Henriques da; FRANCO, Marcelo Veiga. *Acesso à justiça, direito e sociedade. Estudos em homenagem ao Professor Marc Galanter*. São Paulo: Quartier Latin, 2022, p. 315-348. Ainda sobre a perícia contratual como mecanismo extrajudicial de solução de conflitos, cf. TALAMINI, Eduardo. adjudicação compulsória extrajudicial: pressupostos, natureza e limites. *Revista de Processo*, São Paulo, v. 336, p. 319-339, fev. 2023.

[39]   BOVE, Mario. *La giustizia privata*. 4. ed. Milano: Wolters Kluwer, 2018, p. 297.

[40]   BOVE, Mario. *La giustizia privata*. 4. ed. Milano: Wolters Kluwer, 2018, p. 29.

[41]   BOVE, Mario. *La giustizia privata*. 4. ed. Milano: Wolters Kluwer, 2018, p. 308.

solução normalmente é vinculante para as partes e exclui a atuação da justiça estatal: *i)* definição da prestação contratual efetivamente realizada, tendo em vista a prestação pactuada no contrato (por exemplo, no caso de obrigação de dar ou fazer, o perito acerta a qualidade do trabalho desenvolvido, da obra realizada ou da mercadoria entregue, também chamado de arbitramento de qualidade); *ii)* apuração e valoração de danos sofridos por uma das partes ou o nexo causal entre certa conduta e o dano sofrido (por exemplo, análise, em contrato de seguro, do grau de invalidez decorrente de determinado sinistro que atinge o segurado); *iii)* apuração de violação de norma contratual ou se determinado comportamento contraria norma legal (por exemplo, análise da existência de concorrência desleal ou justa causa para resolução do contrato); *iv)* apuração e valoração de desequilíbrios contratuais em contratos de longa duração (por exemplo, o perito avalia se ocorreram os fatos que levaram ao desequilíbrio ou mesmo fixa o novo conteúdo negocial, decorrente do reequilíbrio).[42]

Com a adoção da perícia "contratual", tem-se que o terceiro, perito, com conhecimento técnico adequado, resolve, de forma vinculante para as partes, a divergência específica ou as questões relevantes postas, o que implica exclusão da atuação da justiça estatal neste ponto. Via de regra, o perito não decide sobre a controvérsia na sua totalidade, mas manifesta-se sobre a questão técnica específica[43] e sua utilidade reside exatamente em tal ponto: como a questão controvertida entre as partes normalmente é técnica, de alta complexidade, a solução apresentada pelo perito tende, de um lado, a acelerar a solução, com ganho de tempo, e, de outro, a obter o melhor resultado, em razão da atuação do técnico escolhido.

Com o deslinde da controvérsia técnica, de forma vinculante, na via extrajudicial, se tem a resolução em si da divergência contratual,[44] com a vinculação das partes ao parecer técnico apresentado pelo perito, ao qual se vinculam as partes, pois, do contrário, se a controvérsia desaguasse na justiça estatal, certamente haveria a necessidade de realização da prova pericial, gerando complicações jurídicas e perda de tempo na solução do conflito.[45]

De tal contexto se extraem dois elementos relevantes para análise da natureza jurídica da perícia contratual: um, negativo, no sentido de que a controvérsia é subtraída da justiça estatal; e outro, positivo, relativo ao efeito vinculante para as partes do pronunciamento do perito no âmbito da perícia "contratual".[46]

4.2.5. *A perícia contratual e os negócios processuais no direito brasileiro*

No direito brasileiro, a chamada perícia contratual poderia se colocar como negócio jurídico processual atípico (art. 190 do CPC) no campo da prova, em que as partes escolhem contratualmente o perito – negócio típico já previsto no curso do processo judicial (art. 471 do CPC) – e se vinculam, também contratualmente, ao resultado da perícia extrajudicial. Cenário reforçado pelo art. 472 do CPC ao prever que o juiz pode dispensar a prova pericial "quando as partes, na inicial e na contestação, apresentarem, sobre as questões de fato, pareceres técnicos ou documentos elucidativos que considerar suficientes".

---

[42] BOVE, Mario. *La giustizia privata*. 4. ed. Milano: Wolters Kluwer, 2018, p. 300-301.

[43] BOVE, Mario. *La giustizia privata*. 4. ed. Milano: Wolters Kluwer, 2018, p. 301.

[44] BOVE, Mario. *La giustizia privata*. 4. ed. Milano: Wolters Kluwer, 2018, p. 301.

[45] BOVE, Mario. *La giustizia privata*. 4. ed. Milano: Wolters Kluwer, 2018, p. 301-302, nota 9.

[46] BOVE, Mario. *La giustizia privata*. 4. ed. Milano: Wolters Kluwer, 2018, p. 302.

Assim, diante da vinculatividade do parecer técnico, apresentado no contexto negocial da perícia contratual, em relação às partes, perspectiva que permite uma espécie de "precognição" do resultado da controvérsia, normalmente a crise jurídica não é levada ao judiciário, chegando as partes a um acordo. Porém, se tal litígio deságua no sistema judicial, a perícia "contratual" pode eliminar a realização de nova perícia judicial, com sua substituição pela prévia perícia extrajudicial, que pode ser ajustada entre as partes, permitindo, com isso, no mínimo, a aceleração na realização do acertamento judicial.[47]

O pacto marciano, com a avaliação do bem realizada, em regra, por terceiro especializado e imparcial, se aproxima da perícia "contratual", pois o resultado de tal avaliação vincula as partes no que tange à excussão da garantia dada com cláusula marciana e seria interessante até mesmo avançar no ajuste com eventual previsão de que, no caso de discussão judicial, a avaliação realizada pelo terceiro vincularia as partes em juízo, com dispensa da prova pericial judicial, funcionando, assim, a perícia marciana como perícia "contratual".

Traçado todo este quadro prévio, de ampla possibilidade de atuação da autonomia privada, autonomia negocial das partes, nos campos processual e substancial, para regulação extrajudicial da solução de conflitos contratuais, cabe detalhar a seguir o importante mecanismo que integra o pacto marciano, responsável pela sua operacionalização extrajudicial para efetivação mais célere do crédito do credor, ao disciplinar, como visto (item 1.2 *supra*), a realização coativa do crédito mediante atuação da autotutela executiva.

4.3. A AUTOTUTELA EXECUTIVA NOS DIREITOS ITALIANO E BRASILEIRO

A autotutela em geral, numa primeira aproximação, exprime a ideia de que o exercício dos remédios para atuação dos direitos é realizado pelo próprio titular do direito violado ou ameaçado, indicando a doutrina italiana que a autotutela implica possibilidade de a parte realizar "justiça" por si mesma.[48] Trata-se, pois, da "tutela do próprio interesse operada diretamente pelo próprio interessado", sem a intermediação de terceiro.[49] Tal concepção deriva, aliás, da própria etimologia da palavra "autotutela", como atuação, proteção ou defesa do direito operada pelo seu próprio titular.[50]

Por essa razão, não se confunde a autotutela com outras formas de realização dos direitos fora da justiça estatal, como a arbitragem ou outros métodos de solução de conflito extrajudiciais que envolvem a atuação da figura de um terceiro para intermediar a efetivação dos direitos,[51] razão pela qual a autotutela se diferencia não só da arbitragem, mas também

---

[47] Sobre o acertamento judicial, no Brasil e na Itália, cf. THEODORO JÚNIOR, Humberto; ANDRADE, Érico. Análise comparativa do acertamento judicial no direito italiano e no direito brasileiro. *Revista de Processo*, São Paulo, v. 336, p. 47-82, fev. 2023.

[48] Cf. definição na nota 6 *supra* e a lição de BIANCA, Cesare Massimo di. Voce Autotutela (dir. priv.) *In Enciclopedia del Diritto*. Milano: Giuffrè, 2000, v. IV (agg.), no sentido de que "il farsi giustizia da sé implica ulteriormente che l'autotutela sia posta in essere dal soggetto titolare del diritto violato o minacciato".

[49] MEZZANOTTE, Luisa. *Il diritto di ritenzione. Dall'autotutela alla pena privata*. Napoli: Edizioni Scientifiche Italiane, 1995, p. 12: "l'autotutela è stata autorevolmente definita come 'una tutela del proprio interesse operata direttamente dallo stesso interessato'".

[50] MEZZANOTTE, Luisa. *Il diritto di ritenzione. Dall'autotutela alla pena privata*. Napoli: Edizioni Scientifiche Italiane, 1995, p. 13: "Più esatta appare la nozione ricavata dall'etimologia stessa della parola: protezione o difesa del diritto, operata dallo stesso titolare".

[51] BIANCA, Cesare Massimo di. Voce Autotutela (dir. priv.) *in Enciclopedia del Diritto*. Milano: Giuffrè, 2000, v. IV (agg.), aponta que a arbitragem e outros mecanismos de ADR não constituem uma forma

de outros mecanismos de "desjudicialização" que envolvem a intermediação de terceiro, tais como a mediação (Lei 13.140/2015) e as hipóteses que envolvem a atuação das serventias extrajudiciais, como no caso de separação, divórcio e inventário, inicialmente previstas na Lei 11.441/2007 e hoje reguladas nos arts. 610, §§ 1º e 2º, e 733 do CPC; da usucapião processada perante os cartórios ou serventias extrajudiciais inicialmente prevista na Lei 11.977/2009 e hoje regulada no art. 216-A da Lei 6.015/1973 acrescido pelo art. 1.071 do CPC; e, mais recentemente, a adjudicação compulsória de imóvel objeto de promessa de venda ou de cessão perante os cartórios de imóveis (Lei 14.382/2022).[52]

A autotutela executiva foi a regra na antiguidade mais remota dos romanos[53] e assim se manteve até que se construiu, na cultura ocidental europeia, a estruturação mais organizada dos poderes públicos,[54] que depois veio a desaguar na noção de monopólio da jurisdição estatal, nele incluindo tanto a atividade de acertamento quanto de satisfação de direitos em conflito. Da justiça pelas "próprias mãos" remanesceram apenas figuras raríssimas e excepcionais como o desforço imediato em defesa da posse (art. 1.210, § 1º, do CC/2002) e a legítima defesa em reação a ataques danosos à pessoa ou aos seus bens patrimoniais (art. 188 do CC/2002).[55]

---

de autotutela, que traduz a realização do direito pela própria parte envolvida, sem a intervenção ou participação de um terceiro: "Il ravvisare l'autotutela nella tutela privata dei diritti non consente tuttavia di cogliere quel dato specifico che giustifica la costruzione dell'autotutela quale autonoma categoria giuridica. L'arbitrato è infatti un procedimento rimesso a terzi in funzione di giudici, costituendo una forma di tutela analoga a quella della giurisdizione statale, e reclamando come questa il rispetto dei principi del contraddittorio, dell'alterità e dell'imparzialità. Esso manca dunque di quel carattere che è proprio e comune alle tradizionali ipotesi di autotutela e che esprime il significato essenziale di questa figura, ossia l'esercizio di rimedi di diritto o di fatto da parte dello stesso titolare del diritto violato o minacciato. L'autotutela è fondamentalmente farsi giustizia da sé, e come tale si contrappone alla giurisdizione, sia questa pubblica o privata". Todavia, registre-se que Emilio Betti, em um dos primeiros trabalhos de sistematização da autotutela segundo a doutrina italiana (cf., por exemplo, BIANCA, *ob. cit.*), inseria no campo da autotutela institutos muito variados, como arbitragem, confissão extrajudicial, negócios sobre ônus da prova, cf. BETTI, Emilio. Voce Autotutela (dir. priv.) *in Enciclopedia del Diritto*. Milano: Giuffrè, 1959, v. IV.

[52] Nesse sentido, por exemplo, a previsão posta no PL 6204/2019, que trata da desjudicialização da execução civil, por meio da atuação das serventias extrajudiciais, especificamente os cartórios de protesto, que atuariam como agente de execução, também afastaria o enquadramento do mecanismo como autotutela, cf. THEODORO JÚNIOR, Humberto; ANDRADE, Érico. Novas perspectivas para atuação da tutela executiva no direito brasileiro: autotutela executiva e "desjudicialização" da execução. *Revista de Processo*, São Paulo, v. 315, p. 109-158, maio 2021. Mais recentemente cf. THEODORO JÚNIOR, Humberto. Pacto marciano: a autotutela satisfativa como importante instrumento na política universal de superação da crise vivenciada pela execução civil. In: NASCIMENTO FILHO, Firly; FERREIRA, Márcio Vieira Souto Costa; BENEDUZI, Renato. *Estudos em Homenagem a Sérgio Bermudes*. Rio de Janeiro: G/Z Editora, 2023, p. 330-331. Também está tramitando no Congresso Nacional o PL 3.999/2020, que "dispõe sobre o despejo extrajudicial e a consignação extrajudicial de chaves".

[53] DE BELVIS, Elisa. *L'esecuzione privatizzata*. Napoli: Edizioni Scientifiche Italiane, 2018, p. 173: "l'esecuzione personale in danno del debitore pecuniario, prevista dalle XII Tavole tramite la *legis actio per manus iniectionem*, e quella tramite appropriazione di beni dell'obbligato, nella sussistenza dei presupposti tassativi di applicazione della *legis actio per pignoris capionem*, vengono incise dall'introduzione, che si deve al pretore Publio Rutilio, dell'esecuzione patrimoniale secondo lo schema della *bonorum venditio*".

[54] DE BELVIS, Elisa. *L'esecuzione privatizzata*. Napoli: Edizioni Scientifiche Italiane, 2018, p. 173: "Per l'affermazione di un principio di obbligatorietà del ricorso all'autorità del giudice si deve però attendere l'assolutismo imperiale e il correlativo rafforzamento dei poteri pubblici nel nuovo Stato centralizzato".

[55] BIANCA, Cesare Massimo di. Voce Autotutela (dir. priv.) *in Enciclopedia del Diritto*. Milano: Giuffrè, 2000, v. IV (agg.). No direito brasileiro, cf., por exemplo, CINTRA, Antônio Carlos de Araújo Cintra; GRINOVER, Ada Pellegrino; DINAMARCO, Cândido Rangel. *Teoria Geral do Processo*. 28. ed. São Paulo: Malheiros, 2012, p. 37: "Apesar da enérgica repulsa à autotutela como meio ordinário para a

Capítulo 4 · A AUTOTUTELA EXECUTIVA NO DIREITO COMPARADO E NO DIREITO BRASILEIRO | 109

Tal entendimento, tradicional no direto brasileiro, gira em torno, basicamente, da interpretação do art. 345 do Código Penal, que tipifica como "crime contra administração da justiça" realizar justiça com as próprias mãos (o chamado "exercício arbitrário das próprias razões"), ou seja, parece definir como ilícito penal o exercício da autotutela,[56] no qual o entendimento tradicional de que a autotutela, como medida excepcional, teria de derivar de forma expressa de determinada previsão legal, o que afastaria a perspectiva, por exemplo, da autotutela convencional.[57]

Interessante anotar que a doutrina italiana situa como mecanismo de autotutela alguns institutos de direito civil, como o direito de retenção, pois, mais do que o enquadramento da retenção como direito pessoal ou real, revela-se como mecanismo de autotutela ao permitir que a parte possa reter a coisa diretamente, por conta própria e sem intervenção judicial, até o pagamento do seu crédito;[58] ou mesmo de determinadas cláusulas "penais" privadas, como as arras, que também funcionam como mecanismo de autotutela, por permitir ao credor a apropriação direta do sinal pago pela contraparte.[59]

---

satisfação de pretensões em benefício do mais forte ou astuto, para certos casos excepcionalíssimos a própria lei abre exceções à proibição. Constituem exemplos, o direito de retenção (CC, arts. 578, 644, 1.291, 1.433, inc. II, 1.434, etc.), o desforço imediato (CC, art. 1.210, § 1º), o direito de cortar raízes e ramos de árvores limítrofes que ultrapassem a extrema do prédio (CC, art. 1.283), a autoexecutividade das decisões administrativas (...)"; DIDIER Jr., Fredie. *Curso de Direito Processual Civil*. 18. ed. Salvador: JusPodivm, 2016, v. 1, p. 166; e BERMUDES, Sergio. *Introdução ao Processo Civil*. 4. ed. Rio de Janeiro: Forense, 2006, p. 17.

[56] Confira-se o tipo penal, com o *nomen juris* de "exercício arbitrário das próprias razões" inserido no Código Penal: "Art. 345 – Fazer justiça pelas próprias mãos, para satisfazer pretensão, embora legítima, salvo quando a lei o permite: Pena – detenção, de quinze dias a um mês, ou multa, além da pena correspondente à violência". Cf. CINTRA, Antônio Carlos de Araújo Cintra; GRINOVER, Ada Pellegrino; DINAMARCO, Cândido Rangel. *Teoria Geral do Processo*. 28. ed. São Paulo: Malheiros, 2012, p. 33: "O extraordinário fortalecimento do Estado, ao qual se aliou a consciência da sua essencial função pacificadora, conduziu, a partir da já mencionada evolução do direito romano e ao longo dos séculos, à afirmação da *quase absoluta exclusividade estatal no exercício dela*. A autotutela é definida como crime, seja quando praticada pelo particular ('*exercício arbitrário das próprias razões*', art. 345 CP), seja pelo próprio Estado ('*exercício arbitrário ou abuso de poder*', art. 350)". No mesmo sentido, cf. DIDIER Jr., Fredie. *Curso de Direito Processual Civil*. 18. ed. Salvador: JusPodivm, 2016, v. 1, p. 166; e BERMUDES, Sergio. *Introdução ao Processo Civil*. 4. ed. Rio de Janeiro: Forense, 2006, p. 17.

[57] Cf. MEZZANOTTE, Luisa. *Il diritto di ritenzione. Dall'autotutela alla pena privata*. Napoli: Edizioni Scientifiche Italiane, 1995, p. 14-15: "In realtà la distinzione fondamentale, come è stato da altri osservato, consiste nell'autotutela unilaterale che opera per il fatto del solo interessato e consensuale che fa nascere il problema dell'ammissibilità di convenzioni che diano vita a poteri di autotutela. A noi sembra che tale forma non sia ammissibile, in quanto farebbe esorbitare il diritto di autotutela dalle tassative ipotesi legali, con conseguenti implicazioni che non sembrano accettabili per la predetta estraneità della fattispecie dall'autonomia privata".

[58] MEZZANOTTE, Luisa. *Il diritto di ritenzione. Dall'autotutela alla pena privata*. Napoli: Edizioni Scientifiche Italiane, 1995, p. 36: "Non v'è dubbio infatti che questo diritto che si esercita continuando a tenere (*re-tinere*) la cosa altrui, come si è già detto, trovi una sua precisa collocazione in quei diritti di autotutela accordati dalla legge ad un soggetto, il quale, nel caso della ritenzione può rifiutarsi di restituire la cosa al proprietario perché quest'ultimo non lo rimborsa delle spese sostenute sulla cosa stessa. Il diritto di ritenzione è quindi una tipica ipotesi di autotutela perché il soggetto al quale la norma lo attribuisce, può esercitare autonomamente il diritto di difesa senza l'ausilio del giudice". E, a seguir, a mesma autora conclui, *ob. cit.*, p. 37, sobre o direito de retenção, que "si può individuare la natura giuridica del diritto in questione, il quale, lungi dall'appartenere alla categoria dei diritti reali o dei diritti personali, appare come una tipica ipotesi di autotutela che si attua col meccanismo della pena privata".

[59] MEZZANOTTE, Luisa. *Il diritto di ritenzione. Dall'autotutela alla pena privata*. Napoli: Edizioni Scientifiche Italiane, 1995, p. 20-21: "È infatti nella più ampia prospettiva del diritto riconosciuto al privato di autotutelarsi senza ricorrere all'organo giudiziario, che è ammessa la c.d. pena privata,

Pode-se afirmar, a partir da visão histórica da figura da autotutela, que vinha sendo tratada como medida rejeitada na evolução da cultura de raízes europeias e, por isso, relegada a segundo plano pela doutrina,[60] que se limitava a anotar sua excepcionalidade, na esteira da vedação da atuação privada em tal campo.[61]

4.3.1. A autotutela executiva na atualidade

No entanto, na atualidade, a autotutela passou a ganhar novos contornos, como importante mecanismo de tutela dos direitos, especialmente quando encarado o relevante papel da autonomia negocial que hoje se amplia para abarcar também a criação negocial de meios de solução extrajudicial dos conflitos jurídicos, ao mesmo tempo que se desenvolve clara noção de que a solução dos conflitos não é mais monopólio do Estado (*vide* itens 1.1 e 4.1, *supra*)[62].

Assim, como normalmente não há nos ordenamentos jurídicos regras que traduzam, em caráter absoluto, a inderrogabilidade da jurisdição, nem mesmo no âmbito da execução forçada,[63] abre-se o horizonte para que a autonomia privada, dentro de determinados limites, possa engendrar negocialmente o remédio extrajudicial da autotutela satisfativa.[64] Permite-se, pois, que as partes possam negocialmente optar por tutelar o crédito na jurisdição estatal ou

---

ovvero: la legge consente la pena privata allo scopo di autotutelarsi. Si pensi infatti, alla caparra confirmatoria, alle disposizioni testamentarie a titolo di pena e alle varie ipotesi in cui è previsto il diritto di ritenzione, in tutte ricorre lo stesso meccanismo: la pena privata funge da mezzo di attuazione del diritto di autotutela".

[60] LEPORE, Andrea. *Autotutela e autonomia negoziale*. Napoli: Edizioni Scientifiche Italiane, 2019, p. 132, indica que o tema, até pouco tempo atrás, vinha sendo "incompreensivelmente" negligenciado pela doutrina. Tal cenário, de deixar em segundo plano a autotutela, também é encontrado no direito brasileiro, cf. BERMUDES, Sergio. *Introdução ao Processo Civil*. 4. ed. Rio de Janeiro: Forense, 2006, p. 16-17; e CINTRA, Antônio Carlos de Araújo Cintra; GRINOVER, Ada Pellegrino; DINAMARCO, Cândido Rangel. *Teoria Geral do Processo*. 28. ed. São Paulo: Malheiros, 2012, p. 33.

[61] BIANCA, Cesare Massimo di. Voce Autotutela (dir. priv.) *in Enciclopedia del Diritto*. Milano: Giuffrè, 2000, vol. IV (agg.), destaca que as incertezas sobre os contortnos e da própria noção de autotutela "sono confermate dalle generiche indicazioni dei manuali che per lo più si limitano a segnalare il divieto al privato di farsi giustizia da sé o difendere da sé i propri diritti". Cenário semelhante orientação é encontrado no direito brasileiro, *v.g.*, DIDIER Jr., Fredie. *Curso de Direito Processual Civil*. 18. ed. Salvador: JusPodivm, 2016, v. 1, p. 166, ao afirmar genericamente que a autotutela é "solução vedada, como regra, nos ordenamentos jurídicos civilizados. É conduta tipificada como crime: exercício arbitrário das próprias razões (se for um particular) e exercício arbitrário ou abuso de poder (se for o Estado). Como mecanismo de solução de conflitos, entretanto, ainda vige em alguns pontos do ordenamento. Como hipótese excepcional, diz Niceto Alcalá-Zamora y Castilho, a autodefesa é um conceito negativo ou por exclusão". No mesmo sentido, BERMUDES, Sergio. *Introdução ao Processo Civil*. 4. ed. Rio de Janeiro: Forense, 2006, p. 16-17.

[62] Cf., por exemplo, mais recentemente, THEODORO JÚNIOR, Humberto. Pacto marciano: a autotutela satisfativa como importante instrumento na política universal de superação da crise vivenciada pela execução civil. In: NASCIMENTO FILHO, Firly; FERREIRA, Márcio Vieira Souto Costa; BENEDUZI, Renato. *Estudos em Homenagem a Sérgio Bermudes*. Rio de Janeiro: G/Z Editora, 2023, p. 332-333.

[63] BIANCA, Cesare Massimo. Il divieto del patto commissorio. Napoli: Edizioni Scientifiche Italiane, 1959, riproduzione 2013, p. 202: "Ammessa l'inesistenza di una norma proibitiva di ordine pubblico che ponga come illecita ogni preventiva deroga, diretta o indiretta, alle norme sulla espropriazione forzata e, in particolare, ogni deroga che sostituisca a tale espropriazione una procedura privata di liquidazione dei beni dei debitore".

[64] DE BELVIS, Elisa. *L'esecuzione privatizzata*. Napoli: Edizioni Scientifiche Italiane, 2018, p. 227.

Capítulo 4 · A AUTOTUTELA EXECUTIVA NO DIREITO COMPARADO E NO DIREITO BRASILEIRO | **111**

fora dela, mediante incidência de remédios extrajudiciais inseridos no contexto da autotutela executiva, sempre com determinadas "cautelas", como aquelas encontradas, como visto, no pacto marciano.[65]

O cenário contemporâneo é outro, muito diferente daquele passado, em que simplesmente se negava aos particulares condições de defenderem ou atuarem por si mesmos os próprios direitos,[66] ao que se somava o monopólio da jurisdição estatal para atuar direitos. Hoje, a satisfação dos direitos inadimplidos pode muito bem ser encontrada adequadamente por meio de remédios concebidos negocialmente e operados fora do processo judicial.[67]

Na zona cinzenta entre o inadimplemento e a execução forçada judicial encontra-se, como visto, espaço propício ao exercício dos poderes negociais, em relação ao qual "devedor e credor podem acordar para limitar ou excluir a operatividade das normas de execução coativa, regulando com modalidade alternativa a fase de satisfação do interesse creditório".[68]

---

[65] DE BELVIS, Elisa. *L'esecuzione privatizzata*. Napoli: Edizioni Scientifiche Italiane, 2018, p. 228-229, quando conclui que "dobbiamo constatare che l'inizio e lo svolgimento della funzione giurisdizionale è rimesso alla volontà delle parti (quanto all'*an* se non quanto al *quomodo*). E che queste ultime sono certamente vincolate al rispetto delle regole dell'ordinamento processuale, in tal senso inderogabili, ove ricorrono alla tutela giurisdizionale, ma rimangono libere di optare per una diversa soluzione, come in linea generale, il deferimento ad arbitri della loro controversia e, con riferimento all'ambito dell'esecuzione forzata, a forme alternative di liquidazione del patrimonio del debitore, come i nostri meccanismi traslativi di fonte legale o convenzionali strutturati secondo la cautela marciana".

[66] Relembre-se, com LUMINOSO, Angelo. Patto commissorio, patto marciano e nuovi strumenti di autotutela esecutiva. *Rivista di Diritto Civile*. Padova: Cedam/Wolters Kluwer, anno LXIII, n. 1, p. 21, 2017, a possibilidade de atuação direta de direitos pelo credor seja pela via da *autodefesa satistativa consensual* seja pela via da *execução forçada em autotutela*: "Le considerazione appena svolte mostrano che, nella attuale realtà processuale – di fronte ai moderni risultati ottenuti, quanto alla riduzione dei tempi del processo esecutivo, mediante le numerose riforme approvate negli ultimi tempi –, un efficace antidoto rispetto alla lentezza delle procedure di espropriazione forzata potrebbe essere rappresentato dall'impiego diffuso di strumenti di autotutela esecutiva, sia nella forma dell'autodifesa satisfattoria consensuale' sia in quella della 'esecuzione forzata in autotutela'".

[67] Cf. THEODORO JÚNIOR, Humberto. Pacto marciano: a autotutela satisfativa como importante instrumento na política universal de superação da crise vivenciada pela execução civil. In: NASCIMENTO FILHO, Firly; FERREIRA, Márcio Vieira Souto Costa; BENEDUZI, Renato. *Estudos em Homenagem a Sérgio Bermudes*. Rio de Janeiro: G/Z Editora, 2023, p. 327 e ss.

[68] FOLLIERI, Luigi. *Esecuzione forzata e autonomia privata*. Torino: G. Giappichelli Editore, 2016, p. 4: "Occorre, dunque, chiedersi se, nella zona *grigia* che si colloca tra l'inadempimento e l'esecuzione forzata (individuale o concorsuale), vi sia spazio per l'esercizio di poteri negoziali; e se, segnatamente, debitore e creditore possano accordarsi per limitare od escludere l'operatività delle norme di esecuzione coattiva, regolando con modalità alternative la fase di soddisfazione dell'interesse creditorio. Il tema – che per lungo tempo è rimasto negletto nella letteratura giuridica privatistica – merita oggi nuova attenzione e propone nuovi profili di interesse, anche alla luce delle recentissime linee evolutive del sistema normativo".

A autotutela executiva vem ganhando novos contornos como importante mecanismo de tutela dos direitos,[69] especialmente quando gerados pela autonomia negocial das partes,[70] instituído pela via contratual, perspectiva em que o próprio credor exerce a função executiva--satisfativa da obrigação na via extrajudicial.[71]

Preconiza-se, atualmente, na Itália que o tema da autotutela deve ser revisto, para deixar de ser entendido como mecanismo excepcional e totalmente dependente de expressa previsão legal,[72] quando, por exemplo, no ambiente contratual, tem-se a possibilidade de atuação da autonomia negocial das partes (Capítulo 1, supra), que tem espaço para engendrar novas hi-

---

[69] LEPORE, Andrea. *Autotutela e autonomia negoziale*. Napoli: Edizioni Scientifiche Italiane, 2019, p. 21 e 187, ao apontar a necessidade de não se acolher acriticamente dogmas consolidados, como o da excepcionalidade da autotutela, explicita a atual reviravolta quanto à expansão da autotutela, especialmente a autotutela excutiva convencional: "Gli esempi proposti dimonstrano dunque come la tendenza sia invertita rispetto alle forme di autodifese convenzionale ed esecutiva, in generale, e nei confronti del rapporto patto marciano/patto commissorio, nello specifico. La prospettiva deve cambiare. Ce lo impongono la prassi, (alcuni) studi di letteratura, la giurisprudenza, ed ora anche il legislatore, che con il tempo si sta adeguando al differente quadro economico-sociale. Sono evidenti, infatti, i passi compiuti in questa direzione dal sistema normativo, il quale ha introdotto molteplici fattispecie di autotutela satisfattiva". E conclui o mesmo LEPORE, *ob. cit.*, p. 144, que "l'apertura a forme di autotutela convenzionale executiva, in Italia e in Europa, è evidente".

[70] BONGIORNO, Girolamo. Profili sistematici e prospettiva dell'esecuzione forzata in autotutela. *Rivista Trimestrale di Diritto e Procedura Civile*. Milano: Giuffrè Editore, anno XLII, n. 2, p. 451, 1988: "Nel classificare i vari tipi di difesa privata configurabili nel nostro ordinamento ho fatto riferimento ad una forma di autotutela con funzione esecutivo-satisfattiva che, stando al criterio sistematico seguito dalla dottrina tradizionale, suole essere rimcompresa nella più ampia categoria dell'autotutela consensuale". Certo, porém, que existem mecanismos de autotutela executiva unilaterais, previstos no ordenamento como aponta o mesmo autor *ob. cit.*, p. 451: "mentre è certo che, acanto agli accordi e negozi di autotutela consensuale in funzione esecutiva e satisfattiva, esistono altri casi in cui l'ordinamento attribuisce al privato interessato un potere-mezzo che gli consente di autosoddisfarsi senza l'ausilio del giudice. Ciò significa che l'esecuzione stragiudiziale per autorità privata può in concreto realizzarsi anche senza il preventivo consenso dell'altro soggetto del rapporto giuridico", e dá como exemplo, ob. cit., p. 454, os casos de venda de bens de bens móveis pelo transportador ou pelo depositário, conforme arts. 1686, 1690 e 1789 do Código Civil italiano.

[71] BIANCA, Cesare Massimo di. Voce Autotutela (dir. priv.) *in Enciclopedia del Diritto*. Milano: Giuffrè, 2000, v. IV (agg.): "Rimedi esecutori sono quelli che attuano il contenuto del diritto nel suo originario contenuto. Autotutela esecutoria è l'applicazione stragiudiziale di tali rimedi". E completa a seguir que "nei tipici casi di autotutela esecutoria il creditore consegue il soddisfacimento del suo interesse esercitando un potere nei confronti del debitore inadempiente, e realizzando quindi il contenuto del rapporto obbligatorio, che a tutti gli effetti sarà da considerare adempiuto".

[72] BONGIORNO, Girolamo. Profili sistematici e prospettiva dell'esecuzione forzata in autotutela. *Rivista Trimestrale di Diritto e Procedura Civile*. Milano: Giuffrè Editore, anno XLII, n. 2, p. 481, 1988, no final da década de 80 do século passado já apontava tal tendência de abertura para a autotutela executiva derivada de acordo entre as partes: "Di contro la irreversibile crisi di funzionalità dei processi giurisdizionali di esecuzione forzata dovrebbe suggerire di guardare con minore sospetto e maggiore favore non solo ai modelli legalmente disciplinati di autotutela esecutiva (di cui sino ora si è detto) ma anche a nuovi tipi di difesa privata, specialmente se originati del preventivo consenso del debitore". Mais recentemente, LEPORE, Andrea. *Autotutela e autonomia negoziale*. Napoli: Edizioni Scientifiche Italiane, 2019, p. 19-20: "L'idea che si prova a suggerire, dunque, è quella di non ritenere eccezionali le forme di autotutele privata, non foss'altro perché – come vedremo – appaiono davvero numerosi i modelli impiegati per risolvere momento di stallo nella fase funzionale di un accordo, comporre eventuali controversie prima che possono sfociare in liti giudiziarie o risolverle in via alternativa. Esempi in questo senso se ne rintracciano all'interno del codice civile e della legislazione speciale in maniera cospicua". Anota o mesmo LEPORE, *ob. cit.*, p. 46, que "l'ammissibilità dell'autotutela privata, nel rispetto dei principi fondamentali, è una conseguenza dell'applicazione del principio di sussidiarietà".

póteses de autotutela executiva,[73] com ganhos para a tutela dos direitos em geral e até mesmo, como já dito, para deflacionar o contencioso judicial executivo, razão pela qual tal mecanismo, segundo a doutrina italiana, deve ser encorajado e não desprezado.[74] Cenário que, no direito brasileiro atual, ganha, como visto (item 3.9), reforço com a valorização da autonomia privada das partes no contexto da nova Lei de Liberdade Econômica (Lei 13.874/2019).

Como não existe no direito positivo brasileiro vigente, tal como no direito italiano, norma de inderrogabilidade da expropriação forçada jurisdicional – ou mesmo, pode-se afirmar, não existe um princípio geral de inafastabilidade da reserva (ou exclusividade) da jurisdição estatal no âmbito da execução[75] – tem-se que "a autonomia privada é livre para convencionar regras mais convenientes" às suas relações obrigacionais, de modo que "uma tutela direta do próprio interesse pelas vias extrajudiciais é configurável, para além das hipóteses com específica previsão legislativa, quando uma norma não a vede, e na verdade a consinta implicitamente".[76] Afastada, atualmente, a ideia da inderrogabilidade da tutela processual executiva, se pode

---

[73] BONGIORNO, Girolamo. Profili sistematici e prospettiva dell'esecuzione forzata in autotutela. *Rivista Trimestrale di Diritto e Procedura Civile*. Milano: Giuffrè Editore, anno XLII, n. 2, p. 481, 1988, destaca o amplo espaço para construção de mecanismo de autotutela consensual, diante da inexistência no ordenamento de regra ou princípio de inderrrogabilidade da expropriação forçada judicial: "non esistendo nel nostro ordinamento vigente un generale principio di inderogabilità della espropriazione forzata giurisdizionale, l'autonomia privata è libera di foggiarsi gli assetti più convenienti; pertanto una tutela diretta del proprio interesse in via extragiudiziaria è configurabile al di là di specifiche previsione legislativa, quando una norma non la vieti, ovvero la consenta implicitamente". No mesmo sentido, cf. LEPORE, Andrea. *Autotutela e autonomia negoziale*. Napoli: Edizioni Scientifiche Italiane, 2019, p. 45: "L'autotutela, anche non espressamente prevista dalla legge (dunque, atipica), va ammessa se conforme ai principi, se è funzionale ad attuarli nel caso concreto. Non è peregrino ritenere che diverse possono essere le forme entro le quali si può realizzare: con accordi tipici, atipici o con negozi indiretti". Aliás, como aponta BONGIORNO, *ob. cit.*, p. 481, não obstante pregar cautela, BETTI, Emilio. Voce Autotutela (dir. priv.) *in Enciclopedia del Diritto*. Milano: Giuffrè, 1959, v. IV, já caminhava no sentido de admitir a autotutela consensual em relação a bens do patrimônio disponível do devedor: "Passando ad esaminare i tipi di autotutela consensuale con prevalente funzione satisfattoria, ossia di esecuzione, fa d'uopo procedere anche più guardinghi: sia perché qui si presenta meno netta la delimitazione fra autotutela e autonomia privata – fungendo questa da mezzo per quella –, sia perché, di conseguenza, qui si afferma più prepotente la tendenza a sopraffare, oltrepassando i confini posti dall'ordinamento processuale. La questione se sia possibile una creazione convenzionale di poteri d'autotutela satisfattoria all'infuori delle figure autorizzate legalmente, va esaminata tenendo presenti anche i princìpi che reggono l'efficacia del consenso dell'offeso (art. 50 c.c.): efficacia il cui presupposto è che il consenso cada su beni dei quali il consenziente possa legittimamente disporre sottoponendoli all'altrui potere".

[74] LEPORE, Andrea. *Autotutela e autonomia negoziale*. Napoli: Edizioni Scientifiche Italiane, 2019, p. 49: "E allora, perché limitare congegni di autotutela a monte, i quali potrebbero invece mostrarsi di grande aiuto, eliminando contenzioso, almeno inizialmente? Qualora una delle parti dovesse ritenere di aver subito un abuso, esistono tre gradi di giudizio che possono essere utilizzati. Non si tratta, dunque, di scavalcare lo Stato, ma di fornire ai privati, per un verso, elementi utili, rapidi di risoluzione di controversie negoziali, e, per altro, di far subentrare la tutela statale soltanto in una fase successiva, allorquando ve ne sia l'esigenza concreta, cioè quando l'interesse delle parti non sia soddisfatto dal meccanismo posto in essere. L'autotutela privata può costituire uno strumento decisivo per deflazionare il contenzioso in sede giudiziaria. Non va disprezzata, ma incoraggiata".

[75] FAPPIANO, Giovanni. Il patto marciano: tra tipicità e autonomia contrattuale. *I Contratti*. Milano: IPSOA-WKI, n. 1, p. 86 e ss., 2019: "Criticando tale orientamento, altra dottrina rileva come l'ordinamento civile non stabilisce nessun principio di riserva allo Stato della procedura esecutiva". Cf., no mesmo sentido, DE BELVIS, Elisa. *L'esecuzione privatizzata*. Napoli: Edizioni Scientifiche Italiane, 2018, p. 172.

[76] BONGIORNO, Girolamo. Profili sistematici e prospettiva dell'esecuzione forzata in autotutela. *Rivista Trimestrale di Diritto e Procedura Civile*. Milano: Giuffrè, anno XLII, n. 2, p. 481, 1988.

pensar em métodos de solução de conflitos extrajudiciais e judiciais que funcionalmente trabalham em conjunto para a satisfação do crédito inadimplido.[77]

Diante de todo esse contexto mais atual, as hipóteses negociais ou contratuais de autotutela executiva, mesmo como figuras atípicas, não podem ser enquadradas na figura penal do exercício arbitrário das próprias razões, já que contratualmente respaldadas ou autorizadas pelas declarações de vontade das partes.[78]

Ademais, tal exercício arbitrário das próprias razões, como figura penal, incide sobre alterações do estado de fato e não mediante alteração das situações de direito, como ocorre no âmbito das figuras de autotutela convencional, em que a autorização para que o credor se torne proprietário ou venda o bem dado em garantia, para satisfação do seu crédito, além de contratualmente prevista, decorre juridicamente do inadimplemento do devedor.[79]

4.3.2. A autotutela moderna e a repulsa à autotutela primitiva baseada na força do próprio credor

Certo, por outro lado, que tal resgate da autotutela, especialmente da autotutela executiva, não significa, hoje, restabelecer a atuação dos direitos por meio da força privada, como ocorria na antiguidade,[80] pois, além de se cercar a atuação direta do credor de determinadas

---

[77] DE BELVIS, Elisa. *L'esecuzione privatizzata*. Napoli: Edizioni Scientifiche Italiane, 2018, p. 172, destaca que "non sia corretto riferirsi a tali figure, come alle altre pur eterogenee di autotutela esecutiva, alla stregua di altrettante eccezioni a un principio di inderogabilità della tutela processuale del diritto di credito, in quanto di un siffatto principio non si ritiene dimostrata l'esistenza. Sembra piuttosto possibile pensare a modalità concorrenti e alternative accomunate, in prospettiva funzionale, dall'idoneità a soddisfare coattivamente il credito rimasto inadempiuto".

[78] FAPPIANO, Giovanni. Il patto marciano: tra tipicità e autonomia contrattuale. *I Contratti*. Milano: IPSOA-WKI, n. 1, p. 86 e ss., 2019: "Inoltre, il divieto dell'esercizio arbitrario delle proprie ragioni non può applicarsi al caso di specie, attesa l'esistenza di un libero accordo tra le parti rinvenibile nel patto commissorio stesso".

[79] BIANCA, Cesare Massimo. *Il divieto del patto commissorio*. Napoli: Edizioni Scientifiche Italiane, 1959, riproduzione 2013, p. 193: "il principio della necessità dell'intervento dello Stato non appare sufficientemente dimostrato nella considerazione delle prescrizioni penali sulla tutela arbitraria delle proprie ragioni, in cui si è visto una diretta emanazione di esso. Come è stato osservato, infatti, la norma penale si giustifica come divieto di violenta alterazione di uno stato di fatto. Il richiamo, quindi, non trova applicazione in quelle situazioni in cui, come nel patto commissorio, la tutela del diritto si realizza esclusivamente attraverso il mutamento di una situazione di diritto". No mesmo sentido, cf., DE BELVIS, Elisa. *L'esecuzione privatizzata*. Napoli: Edizioni Scientifiche Italiane, 2018, p. 231.

[80] BONGIORNO, Girolamo. Profili sistematici e prospettiva dell'esecuzione forzata in autotutela. *Rivista Trimestrale di Diritto e Procedura Civile*. Milano: Giuffrè Editore, anno XLII, n. 2, p. 483-484, 1988, anota que a proposta atual de valorização da autotutela não pretende "desenterrar" figuras de autotutela de povos primitivos, baseada na força: "Ma la mia proposta non tende sicuramente a riesumare quelle originarie figure di autotutele dei popoli primitivi (come la *manus iniectio pro iudicato* e ogni altra forma di esecuzione personale o di vendetta privata, germe di perturbamento sociale), quanto a sollecitare per un verso il ricorso ai tipici meccanismi di difesa extragiudiziale autorizzati legalmente e per altro verso il riconoscimento di altri titoli di creazione negoziale (continuamente introdotti dalla pratica nella progressiva evoluzione dei rapporti sociali), tutti destinate ad assicurare i risultati propri dell'adempimento attraverso un preventivo assoggettamento convenzionale all'autotutela satisfattoria del creditore, nel rispetto del diritto di difesa del debitore, dei terzi responsabili per debito altrui e dei creditori concorrenti".

cautelas, ainda se tem a possibilidade sempre aberta do controle do exercício da autotutela, no caso concreto, na via judicial.[81]

Em suma, admite-se uma espécie de "expropriação privada" lícita do bem dado em garantia, sem necessidade de intervenção da via judicial executiva, o que, reitera-se, permite a ampliação da área de atuação da autonomia privada nesta zona cinzenta entre inadimplemento e execução forçada, coligando-se a autossatisfação do credor com a sua legitimação negocial para dispor do bem dado em garantia para satisfação do crédito.[82]

Em tal contexto, a autonomia privada das partes pode, negocialmente, dotar o credor de poderes instrumentais para satisfação direta do crédito pecuniário, fora do ambiente do processo judicial, de modo que podem surgir figuras heterogêneas de autotutela executiva, heterogeneidade que, inclusive, dificulta eventual configuração de um poder geral de autotutela executiva que possa ser submetido a tratamento unitário.[83]

A base comum, porém, pode ser identificada em todas essas figuras de autotutela executiva, e que as aproxima, é o fato de autorizarem a satisfação extrajudicial do crédito mediante atuação de mecanismos que permitem a transferência da propriedade ao credor ou a alienação do bem dado em garantia pelo credor, cujos efeitos podem ser reconduzidos ao ambiente do pacto marciano.[84]

Tanto no caso do direito italiano quanto do brasileiro, como visto nos Capítulos 2 e 3, a figura que congloba atualmente os mais importantes mecanismos de autotutela executiva reside, justamente, no pacto marciano, como convenção voltada especificamente para disciplinar as possibilidades de realização coativa do crédito na via autotutela executiva, inserida no campo dos ajustes negociais que podem ser firmados para regular as obrigações nas suas várias fases, considerando, inclusive, a visualização da obrigação como processo (item 1.2, *supra*).

Portanto, diante da consagração da autonomia negocial dos titulares dos direitos individuais de crédito, é indiscutível o reconhecimento, dentro da manifestação de liberdade negocial, da presença do poder dos particulares de criar, em concurso com outras fontes,

---

[81] LEPORE, Andrea. *Autotutela e autonomia negoziale*. Napoli: Edizioni Scientifiche Italiane, 2019, p. 141, ao destacar que "all'interno dell'autonomia contrattuale, che predispone una forma di autotutela privata convenzionale esecutiva, ciò che è imprescindibile è verificare l'equilibrio degli interessi dedotti nella fattispecie negoziale, è altrettanto possibile affermare, modificando la prospettiva, che in caso di squilibrio questo possa essere ridimensionato attraverso interventi correttivi dell'interprete e segnatamente del giudice, anche giungendo a una *reductio ad aequitatem* e no per forza alla nullità". Até porque, continua mesmo autor, ob. cit., p. 40, "autonomia non significa 'indipendenza' o 'anarchia'", razão pela qual eventuais abusos ou exercícios indevidos podem ser levados e corrigidos perante o sistema jurisdicional.

[82] FOLLIERI, Luigi. Il patto marciano tra diritto "comune" e "speciale". *La Nuova Giurisprudenza Civile*. Padova: Cedam-WKI, n. 12, p. 1857 e ss., 2018: "Una sorta di espropriazione «privata» dell'immobile senza ricorso alla procedura esecutiva, che suggella la crisi delle procedure di esecuzione forzata e, nello stesso tempo, amplia l'area di operatività dell'autonomia privata nella zona grigia che si estende tra l'inadempimento e l'esecuzione coattiva. L'autotutela privata che si surroga all'apparato giurisdizionale ed alle funzioni da esso svolte. Ed a tale potere di auto-soddisfazione del creditore, si collega (in questi due casi) una legittimazione del creditore a disporre del bene altrui costituito in garanzia".

[83] DE BELVIS, Elisa. *L'esecuzione privatizzata*. Napoli: Edizioni Scientifiche Italiane, 2018, p. 171: "L'individuazione di una serie di poteri strumentali alla tutela satisfattiva del creditore pecuniario onde realizzare il suo diritto attraverso attività estranee al processo tende a approdare a una tale eterogeneità di ipotesi e forme negoziali da escludere la configurazione di un potere generale, suscettibile di essere unitariamente considerato, a fondamento delle manifestazioni dell'autotutela esecutiva".

[84] DE BELVIS, Elisa. *L'esecuzione privatizzata*. Napoli: Edizioni Scientifiche Italiane, 2018, p. 172: "Queste sono accomunate dal fatto di autorizzare il soddisfacimento stragiudiziale del credito mediante congegni traslativi della proprietà di beni del debitore i cui effetti sembrano trovare giustificazione proprio in quanto presidiati dalla cautela marciana".

regras objetivas de conduta ou, se se preferir, como visto, regras (normas) jurídicas,[85] voltadas à autossatisfação do direito de crédito[86].

Por fim, é sempre importante lembrar (cf. Capítulo 1 e item 3.9) que a moderna teoria geral do direito não mais recusa ao contrato a natureza de fonte do direito, e, pelo contrário, lhe reconhece e exalta esse relevante papel social e econômico.[87] Assim, o contrato pode atuar como norma hábil a criar convencionalmente a autotutela executiva, no terreno em que nenhuma lei ou princípio venha a vedar de forma expressa.

4.3.3. O papel importante do pacto marciano na moderna autotutela executiva

O pacto marciano se insere como forma de autotutela executiva (Capítulos 2 e 3), pois não atua como *causa solutionis* propriamente dita da obrigação, mas permite a atuação coativa, pelo próprio credor, do vínculo de responsabilidade contratual, mediante atuação de mecanismo executivo de natureza privada, extrajudicial, que vem sendo denominado doutrinariamente de "autotutela executiva", e que representa não somente regra de responsabilidade patrimonial, mas verdadeira compatibilização entre autonomia privada e execução forçada.[88]

O adimplemento normalmente é decorrente de atividade reconduzível à esfera jurídica do devedor, enquanto o mecanismo de autotutela executiva permite ao próprio credor realizar a satisfação do crédito, mas fora do conceito de adimplemento, uma vez que a satisfação decorre do exercício de poderes conferidos ao credor pela lei (autotutela executiva unilateral)[89]

---

[85] CRISCUOLO, Fabrizio. *Autonomia negoziale e autonomia contrattuale*. Napoli: Edizioni Scientifiche Italiane, 2008, p. 3.

[86] Interessante anotar que o TJMG, no Agravo Interno 1.0000.22.092500-2/003, Rel. Des. Marcelo Milagres, 18ª Câmara Cível, j. 28.02.2023, recentemente admitiu a figura da autotutela executiva convencional mediante retenção de valores do cliente pelo banco, ressaltando, entretanto, que, "admitindo-se a convencionada autotutela executiva, é preciso que a eventual retenção de numerário seja proporcional com o montante devido, sob pena de injustificado enriquecimento".

[87] Nesse sentido, cf., THEODORO JÚNIOR, Humberto. *Curso de Direito Processual Civil*. 65. ed. Rio de Janeiro: Forense, v. I, item 46-A (no prelo): "Desde Kelsen que as fontes do direito deixaram de ser vistas apenas nas leis. Os contratos, por exemplo, passaram a ocupar lugar destacado entre tais fontes. E o enfoque da moderna análise do direito segundo a experiência jurídica reconheceu uma trama complexa na formação do direito, da qual resulta 'um quadro normativo polivalente' que definitivamente não se resume à visão dos ditames da lei, do costume e da jurisdição. A facilidade com que se recorre às criações de relações negociais atípicas, nos tempos modernos, faz com que os institutos jurídicos, frequentemente, tenham seu germe, 'não na fantasia dos juristas, ou do assim chamado legislador, mas sim na capacidade inventiva prática dos próprios interessados, recebendo geralmente uma disciplina costumeira, antes que a legislação dela se apodere'".

[88] PIRAINO, Fabrizio. L'inadempimento del contratto di credito immobiliare ai consumatori e il patto marciano. In: D'AMICO, Giovanni; PAGLIANTINI, Stefano; PIRAINO, Fabrizio; RUMI, Tiziana. *I nuovi marciani*. Torino: G. Giappichelli Editore, 2017, p. 198: "Ne consegue che il patto marciano non esibisce una *causa solutionis*, poiché il suo effetto non consiste nel consentire un recupero del contenuto originario dell'obbligazione, ma nell'assicurare l'attuazione coattiva del vincolo di responsabilità contrattuale. Si deve allora discorrere di estinzione della posizione debitoria e non già di attuazione dell'obbligazione: un'estinzione che, dunque, non avviene in conseguenza di una vicenda *lato sensu* di adempimento o di un suo surrogato, ma per effetto di un meccanismo esecutivo di natura privata e, dunque, stragiudiziale, in dottrina indicato con la formula 'autotutela esecutiva', il quale rappresenta l'esplicazione non soltanto di una regola di responsabilità patrimoniale ma anche della compatibilità tra autonomia privata ed esecuzione forzata".

[89] No direito brasileiro encontra-se interessante exemplo de autotutela executiva unilateral no PL 4257/2019, quando prevê que a fazenda pública credora de tributos especificamente vinculados a bens móveis e imóveis, pode realizar a cobrança extrajudicialmente, no âmbito administrativo (art. 41-A e ss.), e, ao

ou pelo contrato (autotutela executiva bilateral) em relação ao devedor inadimplente.[90] Assim, a apropriação ou alienação do bem pelo credor encontra seu fundamento direto não propriamente no contexto da garantia apresentada, mas sim na autorização do devedor ao credor para satisfazer diretamente seu crédito, por meio da autotutela executiva em caso de inadimplemento.[91]

Como anota a doutrina, com a efetivação da autotutela executiva, o contrato não é propriamente adimplido, mas, mediante a transferência da propriedade do bem dado em garantia, ou sua alienação com apropriação do valor pelo credor, se insere numa espécie de procedimento extrajudicial que se coloca como remédio contra o inadimplemento, de modo que a autotutela executiva permite ao credor, no caso de inadimplemento do devedor, deflagrar mecanismos que vão permitir a satisfação do próprio direito de crédito.[92]

O pacto marciano, na realidade, como anota a doutrina italiana, realiza a autotutela executiva por meio de dupla atuação: uma preventiva ou cautelar (autotutela com função cautelar), pois busca prevenir o inadimplemento do devedor mediante atribuição de poderes de autotutela ao credor; e a outra, sequencial, permeada pela eventualidade, no caso de se caracterizar o inadimplemento do devedor, de caráter satisfativo (autotutela satisfativa), ao permitir a atuação do credor, extrajudicialmente, voltada à realização direta do seu crédito com a transferência da propriedade ou venda do bem dado em garantia.[93]

---

final, promover a alienação dos bens móveis ou imóveis que geradores do crédito tributário em sede de leilão a ser realizado pelo agente fiduciário (art. 41-G). Disponível em: *in* https://www25.senado. leg.br/web/atividade/materias/-/materia/137914. Acesso em: 25 jul. 2023). A respeito desse modelo de autotutela executiva unilateral cf. THEODORO JÚNIOR, Humberto; ANDRADE, Érico. Novas perspectivas para atuação da tutela executiva no direito brasileiro: autotutela executiva e "desjudicialização" da execução. *Revista de Processo*, São Paulo, v. 315, p. 109-158, maio 2021.

[90] DE BELVIS, Elisa. *L'esecuzione privatizzata*. Napoli: Edizioni Scientifiche Italiane, 2018, p. 215: "Nel contesto dell'autotutela esecutiva, il soddisfacimento dell'interesse del creditore si esplica sempre mediante una forma di realizzazione del rapporto obbligatorio, il quale, pertanto, dovrà considerarsi infine come adempiuto, ma per il tramite dell'esercizio, da parte del creditore, di un potere nei confronti del debitore inadempiente. Tale potere potrà avere fonte legale o convenzionale".

[91] DE BELVIS, Elisa. *L'esecuzione privatizzata*. Napoli: Edizioni Scientifiche Italiane, 2018, p. 222: "L'appropriazione del bene da parte del creditore trova il suo fondamento non già in un mero intento di garanzia, ma nell'intento di consentire al creditore di soddisfare in via di autotutela il credito inadempiuto".

[92] DE BELVIS, Elisa. *L'esecuzione privatizzata*. Napoli: Edizioni Scientifiche Italiane, 2018, p. 219-220: "Tramite l'appropriazione o la vendita il contratto di finanziamento non viene eseguito; il trasferimento della proprietà del bene non costituisce una modalità di pagamento, quanto piuttosto una procedura volta a porre rimedio all'inadempimento. L'intento delle parti è far conseguire al creditore non l'effetto reale tout court (direttamente, con l'appropriazione, o in via mediata, nel caso di vendita), ma la soddisfazione del proprio credito, se del caso, attraverso la produzione dell'effetto reale medesimo. Tal congegno attribuisce, prima della scadenza del termine di esecuzione della prestazione e con effetti idonei a prodursi solo là dove questa poi resti inadempiuta, un diritto variamente declinato all'acquisto, alla vendita, all'appropriazione o all'utilizzo di un bene, attraverso la destinazione dello stesso al soddisfacimento del credito".

[93] DE BELVIS, Elisa. *L'esecuzione privatizzata*. Napoli: Edizioni Scientifiche Italiane, 2018, p. 220, anota que a autotutela executiva possui dupla face, pois, num primeiro momento, "integra una forma di autotutela con funzione cautelare perché mira a prevenire l'inadempimento attribuendo al creditore poteri di autotutela" e, a seguir, *ob. cit.*, p. 221, registra que em uma "seconda fase, che è eventuale in quanto ha come presupposto minimo l'inadempimento della prestazione originaria segna un passaggio. Quello dal momento in cui il bene è soggetto al vincolo di destinazione (...) e quindi già è esposto alla pretesa del creditore, che è futura e solo potenziale, a quello in cui il bene stesso diventa strumento attuale di realizzazione del credito in via autonoma e diretta (e, quindi, al momento della produzione o del consolidamento del risultato traslativo), stante la sottesa funzione esecutiva satisfattiva e estintiva".

O conjunto dessas duas vertentes integra o que vem sendo chamado de autotutela executiva, como modalidade de autotutela convencional:[94] o ajustamento da autotutela executiva e sua inserção no contrato já deflagara a perspectiva da autotutela com função cautelar, que só eventualmente é ativada, num segundo momento, acaso ocorra o inadimplemento do devedor, o que assinala um momento de passagem, em que se submete o bem dado em garantia ao poder do credor de realizar seu crédito em via direta e autônoma, com a venda ou aquisição da propriedade do bem, que concretiza a função executiva do mecanismo de autotutela.[95]

O pacto marciano, portanto, constitui interessante mecanismo de que as partes podem se valer, com base na sua autonomia privada, que promove aceitável incursão da autonomia negocial no terreno da responsabilidade patrimonial e da execução forçada do crédito, via atuação do remédio extrajudicial da autotutela executiva, que se coloca ao largo da vedação do pacto comissório e da hoje inexistente exclusividade da tutela jurisdicional executiva.[96]

Como anota a doutrina italiana, os casos de pacto marciano previsto na recente reforma da legislação bancária (Decreto Legislativo 59, de 3 de maio de 2016, depois convertido na Lei 119, de 30 de junho de 2016; Decreto Legislativo 72, de 21 de abril de 2016), traduzem subtipos de pacto marciano, inseridos no ambiente da autotutela executiva,[97] atuando como instrumento de execução privada do vínculo de responsabilidade contratual, por meio do qual o credor pode satisfazer seu interesse creditório para eliminar os efeitos provocados pelo inadimplemento do devedor.[98] Estas novas figuras de pacto marciano, enquadráveis sistema-

---

[94] DE BELVIS, Elisa. *L'esecuzione privatizzata*. Napoli: Edizioni Scientifiche Italiane, 2018, p. 221: "Essi integrano, dunque, gli estremi di quelle figure che anche la dottrina tradizionale inquadra come forme di autotutela esecutiva satisfattiva che rientrano nella più vasta categoria dell'autotutela consensuale".

[95] DE BELVIS, Elisa. *L'esecuzione privatizzata*. Napoli: Edizioni Scientifiche Italiane, 2018, p. 265-266: "Il congegno negoziale delle parti mira, ci sembra, a predisporre una forma di autotutela con funzione cautelare, casualmente connessa all'esecuzione privata del vincolo di responsabilità contrattuale. Vediamo perché. La seconda fase, avendo come presupposto minimo l'adempimento della prestazione originaria, è produttiva di effetti solo in via eventuale. La verificazione del presupposto segna il passaggio dal momento in cui il bene è soggetto al vincolo di destinazione e quindi è esposto alla pretesa del creditore, che è futura e solo potenziale, a quello in cui il bene stesso diventa strumento attuale di realizzazione del credito in via autonoma e diretta, stante la sottesa funzione esecutiva satisfattiva ed estintiva".

[96] PIRAINO, Fabrizio. L'inadempimento del contratto di credito immobiliare ai consumatori e il patto marciano. In: D'AMICO, Giovanni; PAGLIANTINI, Stefano; PIRAINO, Fabrizio; RUMI, Tiziana. *I nuovi marciani*. Torino: G. Giappichelli Editore, 2017, p. 203-204: "Tutto considerato e ciononostante, il patto marciano si presenta come un'accettabile incursione dell'autonomia privata sul terreno della responsabilità patrimoniale e dell'esecuzione forzata del diritto di credito, tanto più alla luce del consenso diffuso sull'estraneità alle ragioni del divieto di patto commissorio del principio di esclusività dello Stato nell'esercizio della tutela esecutiva".

[97] Assim, LUMINOSO, Angelo. Patto marciano e sottotipi. *Rivista di Diritto Civile*. Padova: Cedam/Wolters Kluwer, anno LXIII, n. 6, p. 1398 e ss. 2017, a respeito do mecanismo previsto no art. 128-quinquiesdecies T.U.B. destaca que "la disposizione in esame prevede quindi uno strumento di autotutela esecutiva, afferente al credito bancario immobiliare ai consumatori, che può qualificarsi come un sottotipo di patto marciano". O mesmo autor, *ob. cit.*, leciona, a respeito do mecanismo do art. 48-bis T.U.B., que "la disposizione in esame disegna quindi uno strumento di autotutela esecutiva, afferente al credito bancario (immobiliare) alle imprese, che può essere qualificato anch'esso come un (ulteriore) sottotipo di patto marciano".

[98] PIRAINO, Fabrizio. L'inadempimento del contratto di credito immobiliare ai consumatori e il patto marciano. In: D'AMICO, Giovanni; PAGLIANTINI, Stefano; PIRAINO, Fabrizio; RUMI, Tiziana. *I nuovi marciani*. Torino: G. Giappichelli Editore, 2017, p. 197-198.

ticamente como procedimentos executivos extrajudiciais de caráter negocial, se inserem no campo maior e mais fragmentado da autotutela.[99]

Destaca-se, pois, que tais novos subtipos de pacto marciano confirmam a exatidão das opiniões doutrinárias no sentido da admissibilidade de instrumentos de autotutela executiva, com a possibilidade de as partes realizarem tal tipo de ajuste contratual independentemente de previsão legislativa específica,[100] para permitir o afastamento da jurisdição estatal diante de mecanismos equilibrados de autotutela executiva, como os atuais modelos de pacto marciano.[101]

A destinação funcional de bens do devedor, dados em garantia, no caso de inadimplemento, para assegurar a efetivação do crédito, confere ao credor – por via legal, convencional ou uma combinação de ambas (*v.g.*, quando a lei prevê a figura típica da autotutela executiva, mas sua ativação dependente da vontade das partes) – poderes para realizar coativamente seu próprio direito de crédito, mediante apropriação ou venda do bem, no âmbito de convenções marcianas típicas ou atípicas que vão permitir a utilização do remédio extrajudicial da autotutela executiva.[102]

4.3.4. *Reflexos benéficos do pacto marciano para o credor e para o devedor*

O pacto marciano, como mecanismo de autotutela executiva, com as cautelas já delineadas neste trabalho (*vide*, por exemplo, Capítulo 2, especialmente item 2.6), atende, de um lado, adequadamente os interesses do credor, com mecanismo extrajudicial mais simplificado, flexível e célere para tutela do crédito, além do menor custo,[103] que pode permitir, inclusive,

---

[99] DE BELVIS, Elisa. *L'esecuzione privatizzata*. Napoli: Edizioni Scientifiche Italiane, 2018, p. 184: "Poiché essi attribuiscono al creditore insoddisfatto una serie di diritti e facoltà dal cui esercizio deriva il conseguimento diretto e immediato dell'esecuzione per vie diverse dall'azione giurisdizionale, dalla cennata premessa in punto di qualificazione discende la conseguenza, in termini di inquadramento sistematico, di una loro collocazione accanto ad altre procedure esecutive speciali a carattere negoziali (attinenti appunto alla realizzazione di garanzie e) integranti isolate e frammentarie manifestazioni di un potere di autotutela".

[100] LUMINOSO, Angelo. Patto marciano e sottotipi. *Rivista di Diritto Civile*. Padova: Cedam/Wolters Kluwer, anno LXIII, n. 6, p. 1398 e ss., 2017: "La disciplina delle fattispecie speciali di patto marciano sopra esaminate riveste per l'interprete un rilievo significativo, poiché non soltanto offre la conferma della esattezza dell'opinione espressa dalla dottrina e dalla giurisprudenza dominanti circa l'ammissibilità di tale strumento di autotutela esecutiva e la conseguente possibilità per le parti di concludere validamente siffatta convenzione indipendentemente da un'espressa previsione legislativa".

[101] DE MENECH, Carlotta. Il patto marciano e gli incerti confini del divieto di patto commissorio. *I Contratti*. Milano: IPSOA-Wolters Kluwer, n. 8-9, p. 823 e ss., 2015: "Analogamente, l'ammissibilità della convenzione marciana viene conciliata con il principio dell'esclusività della funzione esecutiva statuale, ammettendo che quest'ultima possa esser derogata da un meccanismo tale da assicurare un risultato comunque equilibrato".

[102] DE BELVIS, Elisa. *L'esecuzione privatizzata*. Napoli: Edizioni Scientifiche Italiane, 2018, p. 217: "In questa prospettiva, possiamo dire che la destinazione funzionale dei beni con i quali il debitore risponde dell'inadempimento, fondando il potere del creditore di realizzare coattivamente il proprio diritto, può trarre origine dalla volontà della legge (art. 2470 c.c.), dalla volontà delle parti (nella forma innominata delle convenzioni marciane) o dell'operare congiunto delle due fonti, legale e volontà privata (nel senso che la legge, nella disciplina della fattispecie tipica di contratto di finanziamento, prevede il vincolo di destinazione in funzione di autotutela del creditore, ma l'attivazione degli effetti del congegno satisfattivo sono rimessi a una manifestazione di volontà di quest'ultimo, così nei contratti di garanzia finanziaria, nel prestito vitalizio ipotecario, nel credito ai consumatori, ai sensi dell'art. 120 *quinquiesdecies* TUB e nel finanziamento alle imprese, di cui all'art. 48 *bis* TUB)".

[103] DE BELVIS, Elisa. *L'esecuzione privatizzata*. Napoli: Edizioni Scientifiche Italiane, 2018, p. 195: "Va peraltro sottolineato come i tempi e i costi legati all'espletamento dei meccanismi previsti dal codice di

mais incentivo ao acesso geral ao crédito;[104] e, de outro lado, também atende adequadamente os interesses do devedor, que acaba sendo penalizado no âmbito do pesado, caro e ineficiente processo judicial de execução.[105]

Além disso, ainda contribui com a própria jurisdição estatal, com redução dos processos executivos para cobrança de tais créditos, diante da reconhecida crise da tutela executiva estatal[106] e não esbarra, ainda, o pacto marciano, em qualquer razão de ordem pública, como, por exemplo, a inderrogabilidade da tutela executiva judicial.[107]

A doutrina italiana, ao comparar o resultado que se pode atingir no processo executivo judicial com aquele a que se pode chegar por meio da atuação do mecanismo extrajudicial da autotutela executiva, aponta que, de fato, a atuação da autotutela executiva, como as já proclamadas cautelas marcianas (avaliação do bem dado em garantia por perito especializado imparcial e obrigação do credor de restituir eventual valor excedente do bem em relação ao valor da dívida),[108] se mostra, reitere-se, mais benéfica tanto para o credor quanto para o próprio devedor: ambos obtêm resultado bem delimitado e favorável a cada qual, pois, de um lado, o credor conta com a previsão, desde o nascimento do vínculo obrigacional, de mecanismo de realização do crédito no caso de inadimplemento do devedor, por meio da venda ou apropriação do bem dado em garantia (função cautelar e eventualmente satisfativa da autotutela executiva); e, de outro lado, o devedor também sabe de antemão que, no caso de inadimplemento, um bem específico do seu patrimônio, dado em garantia, será utilizado

---

rito siano un elemento di non poco conto da tenere in considerazione nella ponderazione della scelta, il che spiega il favore verso le soluzione alternative".

[104] PAGLIANTINI, Stefano. Sull'art. 48-bis T.U.B.: il "pasticcio" di un marciano bancario quale meccanismo surrogatorio di un mancato adempimento. In: D'AMICO, Giovanni; PAGLIANTINI, Stefano; PIRAINO, Fabrizio; RUMI, Tiziana. *I nuovi marciani*. Torino: G. Giappichelli Editore, 2017, p. 62: "Quand'è così, niente di stupefacente perciò, nell'ottica s'intende di una *semplificazione* e *flessibilità* del sistema delle garanzie sì da incentivare l'accesso al credito delle imprese. Visto che il ricorso alle procedure giudiziali esecutive non risulta di massima nell'interesse di nessuno, col *novum* dell'art. 48-*bis* il legislatore ha inteso replicare edittalmente, e su larga scala com'è ovvio, quanto il diritto vivente talora pratica sì ma in maniera *random*: abbattere il numero dei processi di espropriazione forzata immobiliare, senz'altro annoverabili, per ingenti costo transattivo di cui sono artefici, tra le (predominanti) ragioni di inefficienza del sistema di tutela dei diritti".

[105] DE MENECH, Carlotta. Il patto marciano e gli incerti confini del divieto di patto commissorio. *I Contratti*. Milano: IPSOA-Wolters Kluwer, n. 8-9, p. 823 e ss., 2015: "Realizzando una forma di autotutela convenzionale esecutoria, la convenzione marciana evita infatti al debitore le penalizzazioni materiali (oltreché morali) ineludibilmente correlate al processo esecutivo. A tal proposito, si consideri che gravano sempre sull'esecutato le spese della procedura; che il ricavato della vendita forzata dei beni risulta spesso di gran lunga inferiore al prezzo di mercato degli stessi".

[106] DOLMETTA, Aldo Angelo. La ricerca del "marciano utile". *Rivista di Diritto Civile*. Padova: Cedam/Wolters Kluwer, anno LXIII, n. 4, p. 811 e ss., 2017: "Non a caso l'attuale proliferazione normativa di marciani secondi trova la sua ragion pratica – tra le altre cose – (anche) nella constatazione della crisi perdurante (forse della crisi istituzionale, anzi) dell'esecuzione forzata che viene ritagliata dalla normativa del vigente codice di procedura. Esecuzione che, secondo il giudizio comune, risulta attraversata, e connotata, dalla lunghezza dei tempi, dalla pesantezza e rigidità delle procedure, dalla modestia dei risultati economici che ne discendono".

[107] DE BELVIS, Elisa. *L'esecuzione privatizzata*. Napoli: Edizioni Scientifiche Italiane, 2018, p. 224-225.

[108] DE BELVIS, Elisa. *L'esecuzione privatizzata*. Napoli: Edizioni Scientifiche Italiane, 2018, p. 234: "A questo proposito può essere interessante effettuare un confronto tra il risultato che debitore e creditore possono conseguire con il ricorso, rispettivamente, ad un accordo traslativo o al processo di espropriazione. L'attenzione va posta sull'effetto dell'attribuzione al creditore di un bene del debitore, basata su una stima oggettiva e imparziale del valore di questo, la cui funzione estintiva dell'obbligazione si esplica solo in caso di inadimplemento".

pelo credor para autossatisfação da dívida, na via da autotutela executiva,[109] respeitado seu justo valor.

Assim, a autotutela executiva, com, repita-se, as cautelas marcianas, pode permitir que o inadimplemento do devedor possa ser combatido pela atuação direta do credor, com a venda ou aquisição da propriedade do bem dado em garantia, com mais eficiência, menos custo e adequação para ambas as partes contratuais, com destaque para a posição do devedor, ao se assegurar que o bem dado em garantia irá ser utilizado para satisfação do crédito pelo seu real valor de mercado,[110] cenário que, como visto, no direito brasileiro, nem mesmo a execução judicial garante.[111] Por isso, como anota a doutrina italiana, não se tem demonstração ou mesmo evidência de que a tutela do devedor não existe ou é eliminada fora do processo de execução estatal.[112]

Nesse sentido, por exemplo, a alienação extrajudicial, pelo credor, do bem do devedor dado em penhor, como uma das formas de autotutela executiva, configura-se como mecanismo de autotutela negocial e, às vezes, até unilateral, quando autorizada diretamente na lei em determinadas circunstâncias, de modo que o controle judicial é totalmente eventual e dependente de impugnação apresentada pelo devedor.[113] Tal perspectiva retrata bem o funcionamento da autotutela executiva: sem autorização judicial e sem a forma do processo

---

[109] DE BELVIS, Elisa. *L'esecuzione privatizzata*. Napoli: Edizioni Scientifiche Italiane, 2018, p. 234: "Si vede che il debitore e il creditore, prestando il consenso all'effetto traslativo, ottengono *entrambi* un risultato ben preciso e favorevole a ciascuno: il creditore predispone un meccanismo di escussione del credito dalle conseguenze certe fin dal sorgere del vincolo obbligatorio e, se del caso, soddisfa le sue ragioni avvalendosi degli effetti di questo (abbiamo detto, funzione cautelare, ed eventualmente satisfattiva ed estintiva). Il debitore, a sua volta, consegue non solo la liberazione dal vincolo cui è assoggettato, come dicevamo sopra, ma una liberazione che si produce sulla base del valore effettivo del bene della cui proprietà si spoglia a favore del creditore".

[110] DE BELVIS, Elisa. *L'esecuzione privatizzata*. Napoli: Edizioni Scientifiche Italiane, 2018, p. 234-235: "Possiamo dire che il debitore consente a perdere la proprietà di un bene e il creditore consente a soddisfare il credito secondo valore di stima del bene oggetto di stipulazione col debitore, con ciò salvaguardando, insieme, l'interesse di quest'ultimo, ma anche dei suoi creditori. Ora, sebbene l'effetto attributivo descritto possa collocarsi all'interno di quello che, in senso lato, rappresenta il principale fine pratico del processo di espropriazione, si nota che quest'ultimo non offre lo stesso grado di efficienza se si pone mente ai tempi, ai costi e all'effettiva idoneità ad assicurare la realizzazione del valore oggettivo dei beni espropriati".

[111] Como já mencionado, o art. 891 do CPC indica que não será aceito, nas alienações judiciais, lance que apresente preço vil, sendo, todavia, referência legal de preço vil, conforme parágrafo único do mesmo art. 891, valor inferior a 50% da avaliação.

[112] Nesse sentido, BIANCA, Cesare Massimo. *Il divieto del patto commissorio*. Napoli: Edizioni Scientifiche Italiane, 1959, riproduzione 2013, p. 196, em meados do século passado: "La illiceità delle deroghe convenzionale alla procedura di espropriazione potrebbe essere affermata invocando la necessità di una adeguata tutela del debitore per quanto riguarda la vendita dei suoi beni. Resta da dimostrare, tuttavia, che tale tutela venga meno al di fuori dell'espropriazione giudiziale. A nostro avviso, in mancanza di una espressa disposizione legislativa che vieti una preventiva rinuncia alle forme di tale espropriazione, la valutazione di una adeguata tutela dell'interesse del debitore deve tener presente gli effettivi risultati che normalmente si conseguono attraverso le vendite giudiziali, dove il debitore è tenuto a sopportare altresì le maggiori spese che il procedimento di espropriazione comporta".

[113] DE BELVIS, Elisa. *L'esecuzione privatizzata*. Napoli: Edizioni Scientifiche Italiane, 2018, p. 195-196: "Utile ai nostri fini è ricordare che la vendita del pegno va inquadrata tra le forme di autotutela esecutiva (o di esecuzione espropriativa privata) poiché si fonda sulla iniziativa del creditore pignoratizio (…) In particolare, il potere di espropriazione stragiudiziale di cui stiamo ragionando configura una categoria atipica di autotutela privata che si pone a metà strada tra l'autotutela consensuale satisfattiva e l'autotutela unilaterale e consente la configurazione in capo al creditore pignoratizio di un vero e proprio *ius vendendi* che lo legittima a liquidare i beni in pegno secondo le regole del codice di rito o del codice civile.

executivo, o credor realiza a venda direta do bem dado em garantia e usa o valor obtido para a satisfação das suas razões creditícias.[114]

4.3.5. O pacto marciano e a política legislativa brasileira de valorização da autonomia privada

É possível indicar, no direito brasileiro atual, com a ampla valorização da autonomia privada, a admissibilidade da realização direta do direito material pelo próprio credor, no âmbito da autotutela executiva, cercada das cautelas marcianas, de modo que se pode reiterar, aqui, a orientação da doutrina italiana, no sentido de que, na atualidade, faz-se necessária reflexão sistematizada em torno dessas novas ferramentas chamadas de autotutela executiva, em que o próprio direito material, com base na autonomia privada das partes, admite sua realização direta, diante do surgimento de inúmeros e importantes novos casos de autotutela executiva, por meio de previsão de formas contratuais de realização direta do direito pelo credor, em caso de inadimplemento do devedor, especialmente na execução extrajudicial de garantias instituídas no âmbito do próprio negócio jurídico.

Assim, o pacto marciano e seu mecanismo de atuação, a autotutela executiva, podem, no direito brasileiro, permitir, no caso de inadimplemento do devedor, satisfação rápida, efetiva e mais barata do crédito,[115] beneficiando inclusive, como visto, o próprio devedor, além de incentivar até mesmo maior acesso ao crédito ou ao financiamento de atividades econômicas.

Em tal contexto, a responsabilidade patrimonial do devedor pode ganhar, pela via negocial, ou mesmo pela via legal, em alguns casos específicos, instrumento idôneo à realização do direito de crédito, no caso de inadimplemento do devedor, que, ao atribuírem ao credor poderes de atuação específicos, dirigidos à alienação ou aquisição do bem dado em garantia, permite a satisfação da obrigação via autotutela executiva, declinada na sua dupla forma de "autodefesa" satisfativa consensual e realização de execução forçada extrajudicial, que permitem a obtenção, pelo credor, de forma mais célere e com menos custo, do mesmo resultado a que se chegaria com a execução judicial.[116]

Infatti, il controllo giurisdizionale è del tutto eventuale, potendo il giudice dell'esecuzione intervenire solo operando una cognizione di tipo incidentale ove introdotta dall'opposizione del debitore".

[114] DE BELVIS, Elisa. L'esecuzione privatizzata. Napoli: Edizioni Scientifiche Italiane, 2018, p. 196: "Ciò significa che, senza alcuna autorizzazione della parte dell'autorità giudiziaria e senza le forme del processo esecutivo, il creditore può procedere alla vendita, che si svolgerà per iniziativa ed in forza dell'autorità dello stesso creditore (...), per poi trattenere dalla monetizzazione dei beni dati in pegno quanto è necessario al soddisfacimento delle sue ragioni".

[115] No direito brasileiro, cf. LAMEGO, Nelson Luiz Machado. Recuperação de crédito: evitando a excussão judicial de garantias. Revista dos Tribunais, São Paulo, v. 891, p. 9-28, jan. 2010: "A necessária excussão judicial dessas garantias, contudo, impõe longo tempo até a alienação do bem para a satisfação do crédito e, embora o direito processual civil brasileiro tenha sofrido recentes alterações em prol da celeridade, notadamente no processo de execução, o excessivo número de processos que abarrotam nossos tribunais e a possibilidade do manejo de vários incidentes processuais, recursos, embargos etc..., ainda fazem da excussão judicial a via-crúcis do credor, retardando a recuperação do crédito. A celeridade, entretanto, é fator determinante na recuperação de crédito. A extensão da recuperação de crédito: evitando a excussão judicial de garantias período de recuperação de crédito não prejudica apenas o credor, mas, também, os devedores, haja vista que na pendência de ações judiciais os bens imóveis perdem liquidez e os devedores sofrem restrição de crédito. Além disso, as garantias constituídas sobre bens duráveis se depreciam com o passar do tempo, enquanto os encargos financeiros do débito aumentam, substancialmente, em decorrência da mora".

[116] DE BELVIS, Elisa. L'esecuzione privatizzata. Napoli: Edizioni Scientifiche Italiane, 2018, p. 248: "L'autotutela esecutiva, declinata nella duplice forma dell'autodifesa satisfattoria consensuale e della esecuzione

4.3.6. A preservação do veto ao pacto comissório no direito brasileiro

Não se pode deixar, porém, de observar que a vedação do pacto comissório, prevista no direito brasileiro nos arts. 1.428 e 1.365 do Código Civil, encontra-se vigente, pois tal vedação busca assegurar o equilíbrio sinalagmático entre as partes, que pode ser quebrado com a instituição do pacto comissório "puro",[117] no qual a linha de licitude do pacto marciano que, não só corrige tal desequilíbrio, mas trabalha até mesmo para assegurar o equilíbrio das posições de credor e devedor no contrato.[118]

As várias figuras esparsas de pacto marciano previstas no direito brasileiro e no direito italiano atual, mesmo que heterogêneas, permitem a sistematização da possibilidade de a autonomia privada das partes atuar no âmbito da relação obrigacional, por meio de negócios atípicos ou inominados, para veicular, no âmbito da variante marciana, lícitos mecanismos negociais para a autossatisfação do crédito do credor, enquadráveis no campo da autotutela executiva, que devem até ser incentivados por permitirem mais eficiência na realização do crédito na via extrajudicial, sem deixar de lado a necessidade de proteção do devedor quanto ao risco de ser prejudicado na operação por eventual abuso do credor.[119]

Em suma, a autotutela executiva é interessante mecanismo de atuação extrajudicial dos direitos de crédito, por permitir ao credor importante reforço na tutela do crédito, com o vínculo de destinação do bem dado em garantia para que, no caso de inadimplemento do devedor, possa entrar em cena a função de autossatisfação inerente à autotutela executiva, que permite ao credor a atuação direta do seu crédito fora do ambiente da execução judicial.[120]

4.4. CONCLUSÕES PARCIAIS

1) Diante do enorme volume das execuções em relação ao total de processos em curso na Justiça, conforme informações da publicação do CNJ *Justiça em números* dos últimos anos (mais de 50% dos processos pendentes), e da impressionante taxa de congestionamento na execução judicial, é preciso, urgentemente, repensar e rediscutir a tutela executiva na Justiça brasileira, surgindo, por exemplo, debates em torno da "desjudicialização" da execução civil e o da execuçao fiscal, com dois projetos de

---

forzata in autotutela, può costituire oggi un valido strumento di realizzazione della responsabilità patrimoniale manifestata dall'obbligazione; essa passa attraverso la costituzione di un vincolo di destinazione funzionale, impresso al patrimonio del debitore, che si pone come fonte di poteri il cui esercizio è sufficiente al creditore pecuniario onde ottenere un risultato di esecuzione mediante un'azione non giurisdizionale".

[117] DE BELVIS, Elisa. *L'esecuzione privatizzata*. Napoli: Edizioni Scientifiche Italiane, 2018, p. 251: "Il divieto del patto commissorio continua a essere vigente nel nostro ordinamento, ma l'ambito contenutistico della convenzione nulla si ritrova confinato nei più restretti limiti dell'abuso sinallagmatico".

[118] DE BELVIS, Elisa. *L'esecuzione privatizzata*. Napoli: Edizioni Scientifiche Italiane, 2018, p. 254: "Ed è in quest'ottica va riguardato il patto marciano, il quale è costitutivamente strutturato in modo tale da prevenire sin dall'origine una situazione di squilibrio che, per la particolare meritevolezza di tutela della posizione del debitore, ove concretatasi (e, di fatto, continua a meritare nella configurazione commissoria), l'applicazione della sanzione caducatoria. Per questo, esso può oggi senza dubbio essere considerato espressione di una volontà negoziale che si colloca nell'alveo della liceità, in quanto modalità di esercizio dell'autonomia contrattuale che non necessita *di per sé* d'esser limitata da un intervento esterno sanzionatore".

[119] DE BELVIS, Elisa. *L'esecuzione privatizzata*. Napoli: Edizioni Scientifiche Italiane, 2018, p. 251-252.

[120] DE BELVIS, Elisa. *L'esecuzione privatizzata*. Napoli: Edizioni Scientifiche Italiane, 2018, p. 267 e 272.

lei apresentados em 2019, ora em tramitação no Senado, quais sejam o PL 4257/2019, envolvendo a execução fiscal, e o PL 6204/2019, tratando da execução civil;

2) na esteira dessa mesma tendência, de perseguir mais eficiência na atuação do sistema judicial, com melhor adequação e distribuição dos recursos judiciários, surge a discussão em torno de mecanismos adequados para atuação dos direitos, em sede de autotutela dos direitos, mais especificamente da chamada "autotutela executiva", criada mediante uso da autonomia negocial para engendrar contratualmente mecanismos voltados à realização direta dos direitos, em linha com as mais recentes tendências do direito europeu;

3) no direito brasileiro, contribui para a discussão, e atua como mecanismo de apoio ou reforço para a criação negocial da autotutela executiva, o amplo espectro dos negócios processuais que podem ser ajustados inclusive no ambiente executivo, como, por exemplo, os negócios em torno da limitação da responsabilidade patrimonial do devedor a determinados bens, excluindo os demais, nos quais se inserem os negócios jurídicos que criam mecanismos de garantia real que se interrelacionam com o tema da penhorabilidade; ou mesmo o ajustamento do *pactum de non exequendo* em que as partes estipulam a promessa de não exercitar a pretensão executiva ou não ajuizar a ação executiva;

4) não há dúvida de que todo esse contexto dos negócios processuais na execução judicial apresenta vários pontos de contato com a autotutela executiva, de cunho negocial, que encontra, assim, no direito brasileiro, importante ponto de apoio ou de confirmação do seu ajustamento consensual nos próprios negócios processuais executivos;

5) o pacto marciano, ao indicar a necessidade de a avaliação do bem ser realizada por terceiro, especializado e imparcial, apresenta a aproximação ou semelhança, no direito italiano, com a figura da perícia "contratual",[121] em que as partes contratuais, diante de controvérsia ou de conflito no âmbito contratual, estabelecem solicitar a terceiro, opinião técnica ou parecer técnico, para solucionar a divergência específica, solução que normalmente se coloca como vinculante para as partes contratuais, cenário que normalmente permite a solução do conflito extrajudicialmente, diante do relevante fator de "precognição" do resultado de eventual disputa judicial decorrente da vinculação da perícia contratual, que não poderia ser desconsiderado na via judicial;

6) no direito brasileiro, a chamada perícia contratual poderia se colocar como negócio jurídico processual atípico (art. 190 do CPC) no campo da prova, em que as partes escolhem contratualmente o perito – negócio típico já previsto no curso do processo judicial (art. 471 do CPC) – e se vinculam, contratualmente, ao resultado da perícia extrajudicial, inclusive judicialmente, de modo que ou a perícia contratual permite

---

[121] DOLMETTA, Aldo Angelo. La ricerca del "marciano utile". *Rivista di Diritto Civile*. Padova: Cedam/Wolters Kluwer, anno LXIII, n. 4, p. 811 e ss., 2017: "Valutazione di carattere tecnico, espressa con una dichiarazione di scienza e non di volontà (ovvero di integrazione della volontà altrui), la perizia marciana rientra nell'ambito delle c.d. perizie contrattuali". A respeito da perícia contratual no Brasil, cf. ANDRADE, Érico. Meios alternativos e de solução de controvérsias: comitês de resolução de divergências nos contratos de concessão. In: YARSHELL, Flávio Luiz; COSTA, Susana Henriques da; FRANCO, Marcelo Veiga. *Acesso à justiça, direito e sociedade. Estudos em homenagem ao Professor Marc Galanter.* São Paulo: Quartier Latin, 2022, p. 315-348.

a solução extrajudicial ou, quando nada, elimina a necessidade de realização de perícia judicial na instrução processual;

7) tal cenário negocial, com campo para atuação da autonomia privada das partes no âmbito substancial e processual, poderia inclusive permitir a previsão em pacto marciano de que a avaliação do bem realizada pelo terceiro especializado e imparcial, vincularia as partes inclusive em juízo, com dispensa da prova pericial judicial;

8) a autotutela exprime a ideia de que o exercício dos remédios para atuação dos direitos é realizado pelo próprio titular do direito violado ou ameaçado, indicando a doutrina italiana que a autotutela implica possibilidade de a parte realizar "justiça" por si mesma. Trata-se, pois, da "tutela do próprio interesse operada diretamente pelo próprio interessado", sem a intermediação de terceiro. Por essa razão, não se confunde a autotutela com outras formas de realização dos direitos fora da justiça estatal que envolvem a atuação da figura de um terceiro para intermediar a efetivação dos direitos, como ocorre na arbitragem, na mediação ou nas hipóteses que envolvem a atuação das serventias extrajudiciais;

9) a autotutela tem sido negligenciada pela doutrina como mecanismo de atuação dos direitos, sendo examinada no âmbito de poucas figuras legais como, por exemplo, o desforço imediato em defesa da posse (art. 1.210, § 1º, do CC/2002) e a legítima defesa em reação a ataques danosos à pessoa ou aos seus bens patrimoniais (art. 188 do CC/2002). Tal entendimento tradicional no direto brasileiro, gira em torno, basicamente, da interpretação do art. 345 do Código Penal, que prevê o tipo penal do exercício arbitrário das próprias razões, e tem levado ao enquadramento da autotutela, como medida excepcional, que teria de contar com previsão legal para seu exercício, o que afastaria a perspectiva, por exemplo, da autotutela convencional;

10) no entanto, na atualidade, a autotutela passou a ganhar novos contornos, como importante mecanismo de tutela dos direitos, especialmente quando encarado o relevante papel da autonomia negocial que hoje se amplia para abarcar também a criação negocial de meios de solução extrajudicial dos conflitos jurídicos, ao mesmo tempo que se desenvolve clara noção de que a solução dos conflitos não é mais monopólio do Estado,

11) nessa linha, tem-se anotado que não há nos ordenamentos jurídicos regras que traduzam inderrogabilidade da jurisdição, nem mesmo no âmbito da execução forçada, o que permite abrir o horizonte para que, dentro de determinados limites, as partes possam engendrar negocialmente o remédio extrajudicial da autotutela satisfativa, deixando a autotutela de ser vista como mecanismo excepcional e totalmente dependente de expressa previsão legal, para se admitir no ambiente contratual, com a possibilidade de atuação da autonomia negocial das partes engendrar novas hipóteses de autotutela executiva, com ganhos para a tutela dos direitos em geral e até mesmo atuar para deflacionar o contencioso judicial executivo, razão pela qual tal mecanismo deve ser encorajado e não desprezado;

12) diante de todo esse contexto mais atual, as hipóteses negociais ou contratuais de autotutela executiva não podem ser enquadradas na figura penal do exercício arbitrário das próprias razões, já que contratualmente respaldadas ou autorizadas pelas declarações de vontade das partes, que hoje goza de reconhecimento doutrinário para atuar como fonte do direito, ao lado da lei e dos costumes;

13) o uso da autotutela executiva não significa, nos dias de hoje, restabelecer a atuação dos direitos por meio da força privada, como ocorria na antiguidade, pois, além

de se cercar a atuação direta do credor de determinadas cautelas, ainda se tem a possibilidade sempre aberta do controle do exercício da autotutela no caso concreto na via judicial;

14) na zona cinzenta entre o inadimplemento e a execução forçada judicial encontra-se espaço propício ao exercício dos poderes negociais, em que as partes, por meio da autonomia privada podem, negocialmente, dotar o credor de poderes instrumentais para satisfação direta do crédito pecuniário, fora do ambiente do processo judicial, de modo que podem surgir figuras heterogêneas de autotutela executiva que tem como base comum o fato de autorizarem a satisfação extrajudicial do crédito mediante atuação de mecanismos que permitem a transferência da propriedade ao credor ou alienação do bem dado em garantia pelo credor, cujos efeitos podem ser reconduzidos ao ambiente do pacto marciano;

15) a figura que congloba atualmente os mais importantes mecanismos de autotutela executiva reside, justamente, no pacto marciano, como convenção voltada especificamente para disciplinar as possibilidades de realização coativa do crédito na via autotutela executiva, inserida no campo dos ajustes negociais que podem ser firmados para regular as obrigações nas suas várias fases, considerando, inclusive, a visualização da obrigação como processo;

16) o pacto marciano se insere como forma de autotutela executiva, pois não atua como *causa solutionis* propriamente dita da obrigação, mas permite a atuação coativa, pelo próprio credor, do vínculo de responsabilidade contratual, mediante atuação de mecanismo executivo de natureza privada, extrajudicial, que vem sendo denominado doutrinariamente de "autotutela executiva", e que representa não somente regra de responsabilidade patrimonial, mas verdadeira compatibilização entre autonomia privada e execução forçada;

17) o pacto marciano realiza a autotutela executiva por meio de dupla atuação: uma preventiva ou cautelar (autotutela com função cautelar), pois busca prevenir o inadimplemento do devedor mediante atribuição de poderes de autotutela ao credor; e a outra, sequencial, permeada pela eventualidade, no caso de se caracterizar o inadimplemento do devedor, de caráter satisfativo (autotutela satisfativa), ao permitir a atuação do credor, extrajudicialmente, voltada à realização direta do seu crédito com a transferência da propriedade ou venda do bem dado em garantia. O conjunto dessas duas vertentes integra o que vem sendo chamado de autotutela executiva, que traduz modalidade de autotutela convencional;

18) o pacto marciano constitui interessante mecanismo de que as partes podem se valer, com base na sua autonomia privada, que promove aceitável incursão da autonomia negocial no terreno da responsabilidade patrimonial e da execução forçada do crédito, via atuação do remédio extrajudicial da autotutela executiva, que se coloca ao largo da vedação do pacto comissório e da hoje inexistente exclusividade da tutela jurisdicional executiva e as partes podem realizar tal tipo de ajuste contratual independentemente de previsão legislativa específica, diante, inclusive, das várias figuras ou subtipos criados pela legislação tanto no direito brasileiro como italiano, figuras que permitem extrair, como visto, as "cautelas" marcianas para a válida estipulação do pacto marciano (avaliação do bem dado em garantia por perito especializado imparcial e obrigação do credor de restituir eventual valor excedente do bem em relação ao valor da dívida);

19) ao se comparar o resultado que pode ser atingindo no processo executivo judicial com aquele a que se pode chegar por meio da atuação do mecanismo extrajudicial da autotutela executiva, verifica-se que a atuação da autotutela executiva, como as já proclamadas cautelas marcianas, pode ser mais benéfica tanto para o credor como para o próprio devedor: ambos obtêm resultado bem delimitado e favorável a cada qual, pois, de um lado, o credor conta com a previsão, desde o nascimento do vínculo obrigacional, de mecanismo de realização do crédito no caso de inadimplemento do devedor, por meio da venda ou apropriação do bem dado em garantia (função cautelar e eventualmente satisfativa da autotutela executiva); e, de outro lado, o devedor também sabe de antemão que, no caso de inadimplemento, um bem específico do seu patrimônio, dado em garantia, será utilizado pelo credor para autossatisfação da dívida, na via da autotutela executiva, assegurado seu justo preço conforme avaliação, o que raramente ocorre na execução judicial;

20) assim, a autotutela executiva pode permitir que o inadimplemento do devedor possa ser combatido pela atuação direta do credor, com a venda ou aquisição da propriedade do bem dado em garantia, com maior eficiência, menor custo e adequação para ambas as partes contratuais, como destaque para a posição do devedor, ao se assegurar que o bem dado em garantia irá ser utilizado para satisfação do crédito pelo seu real valor de mercado, cenário que, como visto, no direito brasileiro, nem mesmo a execução judicial garante;

21) é possível indicar, no direito brasileiro atual, com a ampla valorização da autonomia privada, a admissibilidade da realização direta do direito material pelo próprio credor, no âmbito da autotutela executiva, no âmbito do pacto marciano e seu mecanismo de atuação, a autotutela executiva, para permitir, no caso de inadimplemento do devedor, satisfação rápida, efetiva e mais barata do crédito, que, além da proteção ao próprio devedor, pode permitir maior incentivo ao acesso ao crédito ou ao financiamento de atividades econômicas;

22) não se pode deixar de observar que a vedação do pacto comissório, prevista no direito brasileiro nos arts. 1.428 e 1.365 do Código Civil, encontra-se vigente, pois tal vedação busca assegurar o equilíbrio sinalagmático entre as partes, que pode ser quebrado com a instituição do pacto comissório "puro", em que a linha de licitude do pacto marciano que, não só corrige tal desequilíbrio, mas trabalha até mesmo para assegurar o equilíbrio das posições de credor e devedor no contrato;

23) em suma, a autotutela executiva é interessante mecanismo de atuação extrajudicial dos direitos de crédito, por permitir ao credor importante reforço na tutela do crédito, com o vínculo de destinação do bem dado em garantia para que, no caso de inadimplemento do devedor, possa entrar em cena a função de autossatisfação inerente à autotutela executiva, que permite ao credor a atuação direta do seu crédito fora do ambiente da execução judicial;

24) aliás, a adjudicação pelo exequente do bem que garante o crédito ou sua venda pelo próprio credor, não repugna ao sistema de nossa execução por quantia certa, pois mesmo no processo judicial essas duas modalidades expropriatórias são as preferenciais, tanto na execução civil como na fiscal (CPC, arts. 876 e 880; LEF, art. 24). Nada impede, então, que negocialmente, credor e devedor convencionem, dentro da autonomia negocial, que a autotutela executiva seja exercitada previamente, logo após configurado o inadimplemento, evitando, assim, os ônus e custas da execução judicial.

Capítulo 5

O PACTO MARCIANO E A AUTOTUTELA EXECUTIVA NO DIREITO BRASILEIRO: PERSPECTIVAS ATUAIS E FUTURAS

Sumário: 5.1. Introdução – 5.2. O pacto marciano e a autotutela executiva no direito brasileiro vigente (*de lege lata*) – 5.3. O pacto marciano e a autotutela executiva no direito brasileiro em perspectiva futura (*de lege ferenda*).

5.1. INTRODUÇÃO

O complexo cenário atual permeado, por exemplo, pela internacionalização dos mercados e criação de mercados eletrônicos, reverbera diretamente no ambiente contratual,[1] exigindo a renovação da teoria contratual, inclusive para aproximá-la do mercado e promover mais segurança e eficiência nas trocas econômicas, perspectiva que exige cada vez mais atenção para as práticas de mercado.[2]

Em tal ambientação, o contrato se renova e se converte num dos principais instrumentos de inovação jurídica,[3] especialmente em razão da experiência contratual internacional, com

---

[1] CANTALI, Rodrigo Ustárroz. Da teoria contratual clássica à sua reformulação: o mercado como contexto do contrato. *Revista dos Tribunais*, São Paulo, v. 1047, p. 37-59, jan. 2023: "A globalização é um processo que causa uma integração mais próxima de economias, culturas e sistemas jurídicos nacionais, além de remover barreiras em trocas, transações, interações e comunicações. Com uma arena internacional de trocas – um mercado internacional –, comunicações eletrônicas instantâneas, operação de empresas multinacionais em nível global e mesmo a criação de blocos econômicos (como a União Europeia), torna-se necessário pensar acerca do tema das ordens jurídicas transnacionais, para além da regulação estatal. Isso porque a conjugação desses diversos fatores criou uma infraestrutura para um mercado eletrônico mundial: pessoas em qualquer lugar do mundo podem se vincular por meio de um contrato, independentemente de barreiras geográficas, políticas ou temporais".

[2] CANTALI, Rodrigo Ustárroz. Da teoria contratual clássica à sua reformulação: o mercado como contexto do contrato. *Revista dos Tribunais*. São Paulo, v. 1047, p. 37-59, jan. 2023: "A proposta de reinterpretação da teoria contratual a partir do contexto do contrato – considerando, como contexto do contrato, o mercado – tem em Collins um de seus maiores adeptos. Segundo o autor, o mercado é o principal mecanismo para a produção e distribuição de riquezas – no que é acompanhado, exemplificativamente, por Atiyah, quando afirma que o 'Direito Contratual incide largamente nas trocas econômicas, que ocorrem no mercado (...) Direito Contratual tem pouco envolvimento em trocas que não ocorrem no mercado, embora ocasionalmente possa ser invocado'. (...) Por isso, o Direito Contratual deve conter um conjunto de conceitos jurídicos empregados simultaneamente na análise das operações de mercado para, então, regular a conduta das partes; deve focar nas práticas de mercado, determinando assim qual o momento de ingresso em relações e quando surgem obrigações referentes a um comportamento futuro a ser adotado pelas partes".

[3] GALGANO, Francesco. *Lex mercatoria*. Bologna: il Mulino, 2001, p. 243: "Il principale strumento della innovazione giuridica è il contratto".

modelos contratuais uniformes e atípicos, estabelecidos fora de modelos legais internos de determinado Estado.[4] A circulação internacional de modelos contratuais permite a doutrina indicar o surgimento até mesmo de uma nova *lex mercatoria*, que atua para criar modelos contratuais sem a intermediação legislativa dos Estados.[5]

Cabe lembrar que, na esteira dos direitos francês e italiano, atualmente a doutrina tem revisto alguns dogmas do direito civil, entre eles o princípio da tipicidade das garantias reais,[6] sendo que a autonomia contratual das partes abre campo para lícita criação de novos mecanismos de garantia e de remédios extrajudiciais para tutela do crédito, em consonância com a realidade de mercado, permitindo a maior aproximação dos contratos a tal realidade.

Em tal contexto, a criação de mecanismos eficientes para cobrança do crédito permite o fortalecimento do próprio mercado de crédito, com benefícios gerais para credor e devedor, como mais acesso ao crédito, segurança jurídica e previsibilidade no âmbito das operações econômicas, cercadas do uso das garantias.[7]

---

[4]   GALGANO, Francesco. *Lex mercatoria*. Bologna: il Mulino, 2001, p. 245: "Ciò che domina la scena giuridica del nostro tempo non sono le convenzioni internazionali di diritto uniforme né sono, in ambito europeo, le direttive comunitarie di armonizzazione del diritto entro l'Unione Europea. L'elemento dominante è, piuttosto, la circolazione internazionale dei modelli contrattuali uniformi. Sono, il più delle volte, contratti atipici: a crearli non sono i legislatori nazionali, ma sono gli uffici legali delle grandi multinazionali, sono i consulenti delle associazioni internazionali delle diverse categorie imprenditoriali".

[5]   GALGANO, Francesco. *Lex mercatoria*. Bologna: il Mulino, 2001, p. 248: "Altro diritto a carattere globale, il cui raggio di azione tende a coincidere con i mercati internazionali, è quello al quale si dà il nome di *lex mercatoria*. L'espressione ha origine colta: vuole alludere alla rinascita, in epoca moderna, di un diritto altrettanto universale quanto fu universale il diritto dei mercanti medioevali. Questo era stato *lex mercatoria*, o *ius mercatorum*, non solo perché regolava i rapporti mercantili, ma anche e soprattutto perché era un diritto creato dai mercanti (…) Del pari, per nuova *lex mercatoria* oggi si intendi un diritto creato dal ceto imprenditoriale, senza la mediazione del potere legislativo degli Stati, e formato da regola destinate a disciplinare in modo uniforme, al di là delle unità politiche degli Stati, i rapporti commerciali che si instauravano entro l'unità economica dei mercati".

[6]   MURINO, Filippo. *L'autotutela nell'escussione della garanzia finanziaria pignoratizia*. Milano: Giuffrè Editore, 2010, p. 7-8 destaca, a existência na atualidade, "di un clima culturale di revisione di alcuni dogmi del diritto civile considerati in passato dei veri e propri tabù. Già da anni, infatti, la dottrina ha proceduto ad un ridimensionamento del 'fato mito' della *par condicio creditorum*, anche nella disciplina concorsale; alla rivisitazione *funditus* della disciplina delle garanzie mobiliari (in particolare del pegno) nonché del principio del *numerus clausus* dei diritti reali di garanzia mediante la propensione ad una maggiore apertura verso le alienazioni in funzione di garanzia". Relembre-se, ainda, CIPRIANI, Nicola. *Patto commissorio e patto marciano*. Napoli: Edizioni Scientifiche Italiane, 2000, p. 73, "nel complesso, però, sembra di dover convenire con chi considera il dogma delle tipicità dei diritti reali un pregiudizio da superare. E ciò sia per ragioni di ordine sistematico, sia perché è la stessa realtà economico-giuridica a dimostrare con chiarezza non solo l'esigenza ma anche poi la concreta elaborazione nella pratica di situazioni soggettive reali che difficilmente trovano preciso riscontro nelle situazioni tipiche"; e, no direito francês, FIORENTINI, Francesca. La riforma francese delle garanzie nella prospettiva comparatistica. *Europa e diritto privato*. Milano: Giuffrè Editore, n. 3, p. 1160-1163, 2006.

[7]   Relembre-se, por exemplo, com FIORENTINI, Francesca. La riforma francese delle garanzie nella prospettiva comparatistica. *Europa e diritto privato*. Milano: Giuffrè Editore, n. 3, p. 1195-1196, 2006: "L'esperienza anche comparatistica insegna che, per essere efficace, e quindi incentivare lo sviluppo economico, un regime in materie di garanzie reali deve saper massimizzare gli interessi dei creditori garantiti, senza per questo pregiudicare la posizione del costituente la garanzia. In questa prospettiva, la riforma punta ad affinare l'efficacia del diritto francese attraverso uno snellimento delle tecniche di realizzazione delle garanzie. A tal fine esse abolisce il divieto del patto commissorio, in relazione alle garanzie mobiliari come immobiliari, senza per questo pregiudicare la posizione del concedente".

A maior vinculação do contrato ao mercado e às operações econômicas nele inseridas[8] oferece possibilidade de revisitar temas clássicos, como a vedação do pacto comissório e seu corretivo, o pacto marciano, com base no direito comparado, especialmente o italiano e o francês, próximos do direito privado e do direito processual brasileiros.

Assim, analisando os pactos que as partes podem ajustar para incidir nas diversas fases de atuação das obrigações, ganham destaque as convenções que disciplinam as possibilidades de realização coativa do crédito (a própria prestação e/ou ressarcimento dos danos decorrente do inadimplemento), mediante aplicação de mecanismos de autotutela executiva que têm, hoje, no pacto marciano, um dos seus modelos mais bem definidos e adequados, inclusive do ponto de vista da tutela dos interesses do devedor e mesmo dos demais credores.

O pacto marciano se coloca, tanto do ponto de vista substancial quanto processual, a partir da visão das obrigações como procedimento (cf. item 2.2, supra), como mecanismo de autotutela executiva, para combater o inadimplemento do devedor e permitir mais eficiência na realização do crédito, sem se descuidar da atenção que merece a posição do devedor em tal cenário.

É preciso, pois, conferir juridicidade a estas "novas" formas de garantia e mecanismos de combate ao inadimplemento, que atuam extrajudicialmente, como a autotutela executiva, para aproximar mais o direito brasileiro da realidade de mercado,[9] inclusive internacional, e da realidade das operações econômicas que estão na base contratual, engendradas pela autonomia privada.

Nos dois tópicos que se seguem, serão analisadas, em linha conclusiva, a possibilidade de uso atual do pacto marciano no direito brasileiro vigente, bem como as perspectivas futuras do mecanismo, no contexto em que surgem novos projetos e anteprojetos de lei nos quais se discutem a atualização e modernização das regras que conformam o sistema de garantias no direito brasileiro, em cujo âmbito se encontra previsão de introdução, em via geral, no próprio Código Civil, tal como ocorreu no direito francês, do pacto marciano.

5.2. O PACTO MARCIANO E A AUTOTUTELA EXECUTIVA NO DIREITO BRASILEIRO VIGENTE (*DE LEGE LATA*)

O direito brasileiro atual tem forte abertura normativa para atuação da autonomia negocial, com previsão de revisão judicial mínima dos contratos (Lei 13.874/2019 – Lei de

---

[8]   GABRIELLI, Enrico. L'operazione economica nella teoria del contratto. *Rivista trimestrale di diritto e procedura civile*. Milano: Giuffrè, anno LXIII, n. 3, p. 925-926, set. 2009: "Contratto e operazione economica sono dunque concetti che esprimono un diverso significato giuridico e quindi anche applicativo, seppure rivengano il loro punto di congiunzione nell'unità del negozio, attraverso il quale l'ordinamento 'secondo le diverse esigenze di tutela, valuta come operazione l'assetto dei privati interessi'. L'operazione da mero fatto economico diviene fenomeno giuridico attraverso il contratto. Il contratto tuttavia non è spesso in grado di esprimere l'unità dell'affare e quindi dell'atto di autonomia privata". O mesmo autor destaca, *ob. cit.*, p. 910, que normalmente a operação econômica retratada nos contratos traduz o significado mais profundo da autonomia privada: "È in tale contesto che l'operazione economica esprime, al di là delle formule impiegate dalle parti per definirla e ella raffigurazione esteriore dello schema adottato, il significato più profondo del potere di autonomia riconosciuto ai privati".

[9]   PENTEADO, Mauro Bardawil. *O penhor de ações no direito brasileiro*. São Paulo: Malheiros Editores, 2008, p. 198, por exemplo, destaca que "é preciso dar juridicidade a essas novas modalidades de garantias – verdadeiras garantias atípicas, como se convencionou chamar – sob pena de o direito brasileiro, em cumprimento a um princípio jurídico da época de Constantino, distanciar-se da realidade e, principalmente, das necessidades do tráfego".

Liberdade Econômica) e, ao mesmo tempo, não conta com regra de inafastabilidade da jurisdição estatal no âmbito da tutela executiva judicial. Muito pelo contrário, o CPC, como visto, incentiva a abertura para soluções extrajudiciais do conflito (art. 3º, §§ 1º a 3º), prevendo no próprio ambiente da tutela executiva, por exemplo, a possibilidade da venda extrajudicial do bem penhorado por iniciativa particular (art. 880).

Todo esse contexto normativo do direito brasileiro – aliado à previsão de mecanismos marcianos previstos no próprio Código Civil de 2002 (por exemplo, na venda extrajudicial no penhor, art. 1.433, IV; na apropriação dos frutos da coisa empenhada pelo credor, art. 1.435, III; no penhor sobre direitos de crédito previsto no art. 1.451, em que se admite a possibilidade de o credor realizar o recebimento do crédito empenhado, para satisfação do próprio crédito, arts. 1.453, 1.455 e 1.459, IV; ou mesmo a possibilidade da dação em pagamento após o vencimento da dívida, conforme parágrafo único do art. 1.428 e parágrafo único do art. 1.365); na legislação extravagante (por exemplo, Lei 4.728/1965 e Decreto-lei 911/1969, que regula a alienação fiduciária de bens móveis; e Decreto-lei 70/1966 e Lei 9.514/1997, que regula a alienação fiduciária de bens imóveis, legislação esta considerada constitucional pelo Supremo Tribunal Federal em julgamentos relativamente recentes); e até no Código de Processo Civil de 2015 (por exemplo, a adjudicação pelo credor dos referidos bens, por preço não inferior ao da avaliação, art. 876; a opção de realizar a venda por iniciativa particular, art. 880; a construção de negócios processuais na execução, na linha dos negócios atípicos previstos no art. 190) – permite a construção, mesmo sem previsão legal geral expressa no Código Civil, do pacto marciano de "direito comum".

Assim, não obstante a vedação do pacto comissório inserida no Código Civil de 2002 (arts. 1.428 e 1.365), o cenário geral do direito brasileiro – apoiado pela análise comparada especialmente com o direito italiano que apresenta contexto normativo semelhante – admite a construção válida do pacto marciano "útil", como corretivo adequado para a vedação do pacto comissório, de modo a permitir a possibilidade de as partes no contrato, com base na sua autonomia negocial, ajustar o pacto marciano afastando-o da *ratio* da vedação do pacto comissório,[10] composta – segundo o consenso da doutrina brasileira e estrangeira –, pela conjugação das duas razões mais relevantes para justificar a proibição, que residem na tutela do devedor e da *par condicio creditorum*, sem embargo de outras razões também serem arroladas, como monopólio da jurisdição estatal, interesse social e até mesmo repressão à usura.

Como identificam as doutrinas brasileira e italiana, analisadas nos capítulos antecedentes, a vedação do enriquecimento injustificado do credor acaba por constituir a verdadeira razão da vedação do pacto comissório, por permitir o desequilíbrio ou desproporção entre o valor do bem e o valor da dívida, que busca tutelar o devedor em relação ao prejuízo que decorreria da desproporção entre o valor do bem objeto da garantia e o valor da dívida, de modo que, como parte mais fraca da relação, premido pela necessidade de tomar crédito, seria levado a concluir o contrato em condições iníquas, sujeitando-o a perder, no futuro, bem de grande valor para ter acesso imediato ao crédito.

O marciano "útil", como corretivo da vedação comissória, agrega importante mecanismo para realização do direito de crédito do credor, que pode ser ativado após o inadimplemento do devedor, e, ao mesmo tempo, confere determinado grau de proteção à posição do devedor

---

[10] Relembre-se, com BIANCA, Cesare Massimo. *Il divieto del patto commissorio*. Napoli: Edizioni Scientifiche Italiane, 1959, riproduzione 2013, p. 204, que o problema do pacto marciano se coloca, antes de mais nada, como problema relacionado diretamente com a *ratio* da vedação do pacto comissório: "Nella impostazione comunemente data, il problema del patto marciano si pone, così, innanzi tutto come problema della *ratio* del divieto del patto commissorio".

e dos demais credores. Para tanto, deve o pacto marciano apresentar as seguintes caraterísticas básicas, que o afastam da *ratio* da vedação do pacto comissório e, por isso, lhe conferem licitude e juridicidade: *i)* avaliação para apuração do justo preço do bem dado em garantia; *ii)* devolução de eventual excedente acaso o valor do bem seja maior do que o da dívida.

Tais características do marciano "útil" asseguram tanto a posição do credor, oferecendo mecanismo célere e eficiente para satisfação direta do crédito, quanto do próprio devedor, com a garantia procedimental da apuração do valor do bem por perito especializado e imparcial, escolhido de comum acordo por ambas as partes.

O pacto marciano, permeado por tal garantia procedimental, se mostra benéfico para o devedor, que nem judicialmente tem assegurada a aplicação do preço justo ou preço de mercado do bem;[11] ao que se soma a obrigação do credor de restituir ao devedor eventual valor a maior do bem em relação ao crédito.

Ademais, pode-se considerar que a venda ou expropriação extrajudicial também pode favorecer o devedor, ao se considerar que sua realização, no âmbito do processo de execução, além de lenta e ineficiente, implica a imobilização improdutiva do bem por longo prazo e não assegura, por si só, que o bem irá alcançar preço adequado.[12]

Registre-se que a doutrina e jurisprudência brasileiras, ainda que incipientes, ao mesmo tempo que ressaltam a vigência da vedação do pacto comissório no direito brasileiro indicam a possiblidade e a licitude do ajustamento do pacto marciano, como mecanismo de correção adequado da vedação comissória, por eliminar o desequilíbrio contratual, quando exige a avaliação do bem por terceiro especializado e imparcial – ou mesmo aplicação de cotações de mercado de reconhecida objetividade –, para assegurar que a avaliação do bem dado em garantia corresponda ao preço de mercado, ao que se soma, reitere-se, o dever do credor de restituir ao devedor eventual valor excedente do bem em relação ao valor da dívida.

Em síntese, o pacto marciano pode ser, em linha de princípio, considerado lícito, mesmo quando não previsto expressamente no ordenamento, porque se afasta da *ratio* da vedação do pacto comissório ou da nulidade cominada para as alienações comissórias, quando incorpora esses dois requisitos "qualificantes" da sua licitude: restituição ao devedor de eventual diferença a maior entre o valor do bem e o valor do crédito e apuração adequada do valor do bem por terceiro especializado e imparcial.

O pacto marciano se insere, pois, no âmbito obrigacional, como ajuste que atua na última fase da vida das obrigações, após a caracterização do inadimplemento, conferindo ao credor a possibilidade de atuar diretamente para realizar a satisfação do seu crédito, mediante apropriação ou alienação do bem dado em garantia.

Apresenta-se o pacto marciano nitidamente como forma de autotutela executiva, que não atua como *causa solutionis* da obrigação, mas sim realiza a atuação coativa, pelo próprio credor, do vínculo de responsabilidade contratual, por meio de mecanismo executivo de na-

---

[11] O art. 891 do CPC indica que não será aceito, nas alienações judiciais, lance que apresente preço vil, sendo, todavia, referência legal de preço vil, conforme parágrafo único do mesmo art. 891, valor inferior a 50% da avaliação.

[12] PAGLIANTINI, Stefano. Sull'art. 48-bis T.U.B.: il "pasticcio" di un marciano bancario quale meccanismo surrogatorio di un mancato adempimento. In: D'AMICO, Giovanni; PAGLIANTINI, Stefano; PIRAINO, Fabrizio; RUMI, Tiziana. *I nuovi marciani*. Torino: G. Giappichelli Editore, 2017, p. 62: "il tutto al netto della circostanza che un'espropriazione negoziale ridonderà pure a vantaggio del debitore, non foss'altro quanto all'utilità – per costui – di conseguire prima quel *surplus*, che un'esecuzione secondo le regole di rito per conto azzera, coll'aggiunta di un'immobilizzazione improduttiva del bene per un lungo lasso di tempo. Non è causale, al riguardo, che la stima, di cui il comma 6 discorre, alluda ad un valore di mercato effettivo e non a quello calcolato simulando ribassi d'asta connaturali ad un'esecuzione forzata".

tureza privada, extrajudicial, que vem sendo denominado doutrinariamente de "autotutela executiva", que se insere no âmbito da regra de responsabilidade patrimonial, traduzindo verdadeira compatibilização entre autonomia privada e execução forçada no plano da realização das garantias do crédito.

O adimplemento normalmente é decorrente de atividade reconduzível à esfera jurídica do devedor, enquanto o mecanismo de autotutela executiva permite ao próprio credor realizar a satisfação do crédito, mas fora do conceito de adimplemento, uma vez que a satisfação do crédito decorre do exercício de poderes conferidos ao credor pela lei (autotutela executiva unilateral) ou contrato (autotutela executiva bilateral).

Assim, a apropriação ou alienação do bem pelo credor encontra seu fundamento direto não propriamente no contexto da garantia apresentada, mas sim na autorização consentida pelo devedor ao credor para satisfazer diretamente seu crédito, por meio da autotutela executiva em caso de inadimplemento, mediante venda ou apropriação do bem dado em garantia.

Com a efetivação da autotutela executiva, o contrato não é propriamente adimplido, mas, mediante a transferência da propriedade do bem dado em garantia, ou sua alienação com apropriação do valor pelo credor, se insere numa espécie de procedimento extrajudicial que se coloca como remédio contra o inadimplemento, de modo que a autotutela executiva permite ao credor, no caso de inadimplemento do devedor, deflagrar mecanismos que vão permitir a satisfação do próprio direito de crédito, sem a intervenção do aparato judiciário.

O pacto marciano realiza, assim, a autotutela executiva por meio de dupla atuação: uma preventiva ou cautelar (autotutela com função cautelar), pois busca prevenir o inadimplemento do devedor mediante atribuição de poderes de autotutela ao credor; e a outra, sequencial, permeada pela eventualidade, no caso de se caracterizar o inadimplemento do devedor, de caráter satisfativo (autotutela satisfativa), ao permitir a atuação do credor, extrajudicialmente, voltada à realização direta do seu crédito com a transferência da propriedade ou venda do bem dado em garantia.

É preciso, pois, sempre destacar que o pacto marciano, com seus contornos atuais, e ao contrário do pacto comissório, traduz lícita figura convencional que tutela adequadamente a posição do devedor na relação, não só para permitir acesso adequado ao crédito, mas, ao assegurar a avaliação adequada do bem dado em garantia, de realizar a transferência da propriedade ao credor pelo preço de mercado, como mecanismo de solução do débito, assegurando-se a equivalência entre valor da dívida e o valor do bem dado em garantia.

Assim, o pacto marciano constitui interessante mecanismo de que as partes podem se valer, com base na autonomia privada, para promover aceitável e lícita incursão da autonomia negocial no terreno da responsabilidade patrimonial e da execução forçada do crédito, via atuação do remédio extrajudicial da autotutela executiva, que se coloca ao largo da vedação do pacto comissório e da hoje inexistente exclusividade da tutela jurisdicional executiva.

Interessante registrar que a figura atual do pacto marciano comporta variação importante – fora do padrão original, por meio do qual se dá a aquisição da propriedade do bem dado em garantia pelo credor, para satisfação do crédito inadimplido – mediante alienação do bem dado em garantia pelo credor, para, com o resultado da venda, promover a satisfação do crédito, o que, como destaca a doutrina (cf. item 3.6), não obstante "anômalo" em relação à figura originária de pacto marciano, pode ser ajustado mediante cláusula expressa como uma sua "variante" moderna.

Todavia, para validade do pacto marciano como mecanismo de autotutela executiva, em qualquer de suas duas vertentes (apropriação ou alienação do bem pelo credor), afastando--o do campo da vedação do pacto comissório, sugere-se observar o seguinte: o contexto da procedimentalização advinda tanto do direito substancial quanto do processual, tudo a fim de assegurar o cumprimento dos pontos centrais do marciano "útil", que giram, como visto, em torno da apuração adequada do preço de mercado, seguida da devolução ao devedor de eventual excedente de valor do bem em relação ao montante da dívida:

i) previsão contratual do procedimento para atuação do pacto marciano, permeado sempre pela boa-fé objetiva;

ii) ativação do procedimento marciano somente após a caracterização do inadimplemento do devedor, recomendando-se, inclusive, a previsão da configuração do inadimplemento relevante, ou substancial,[13] que poderia dar ensejo ao uso do mecanismo da autotutela executiva inserida no pacto marciano;

iii) notificação do devedor caracterizando o inadimplemento, apresentado valor atualizado do débito e indicando prazo razoável para purgação da mora que, se não ocorrer, vai implicar a ativação do pacto marciano e seu mecanismo de atuação, a autotutela executiva;

iv) avaliação do bem deve ser feita sempre após o inadimplemento do devedor, por perito especializado, independente e imparcial, o que significa que a nomeação do perito deve ocorrer de comum acordo entre credor e devedor, sendo que a especialização do perito se evidencia, por exemplo, com a sua inscrição em conselho ou entidade profissional, devendo, ainda, ser prevista a modalidade de avaliação e o seu tempo de duração;

v) apuração do preço justo pode ser simplificada no caso de o bem for objeto de cotação de mercado divulgada, por exemplo, em lista ou boletim ou índices, conforme previso e indicado contratualmente;

vi) vedada a inserção de indicações convencionais dirigidas ao perito, para afastá-lo da estimativa do valor real do bem, ou apresentação de critérios inadequados para valoração do bem ou mesmo promover diminuição prévia do seu valor, de modo a manter-se o equilíbrio da relação contratual, tornando irrelevante qualquer tentativa de coerção da parte do credor;

vii) previsão contratual clara e explícita do dever do credor de restituir ao devedor o eventual valor excedente do bem dado em garantia em relação ao valor da dívida;

viii) como a avaliação do bem dado em garantia envolve verdadeiro procedimento, deve ser assegurado no contrato, além da modalidade de perícia e tempo de duração, o contraditório entre as partes,[14] com possibilidade, por exemplo, de apresentação

---

[13] Cf., sobre inadimplemento substancial, PACHECO, Danilo Sanchez. O adimplemento visto sob a perspectiva da obrigação como processo. *Revista dos Tribunais*, São Paulo, v. 1047, p. 61-81, jan. 2023: "Nesta ordem de ideias, situa-se a doutrina do adimplemento substancial, que relativiza o rigor do princípio da exatidão do adimplemento, mas tão somente para o efeito de afastar o exercício do direito formativo extintivo de resolução, mas não o cumprimento por via indenizatória. De fato, porque o adimplemento substancial é, na realidade, inadimplemento; só que, neste inadimplemento, a prestação encontra-se tão próxima do que poderia ser legitimamente esperado pelo credor que se dispensa um tratamento distinto das outras modalidades de inadimplemento".

[14] DOLMETTA, Aldo Angelo. La ricerca del "marciano utile". *Rivista di Diritto Civile*. Padova: Cedam/ Wolters Kluwer, anno LXIII, n. 4, p. 811 e ss. 2017: "Anche il tema dei 'tempi certi e modalità definite' di perizia, che la sentenza della Cassazione pure segnala, richiama due notazioni almeno, del resto scontate. La prima è che la clausola dovrà necessariamente dare accoglienza e rispetto sostanziale al principio del contraddittorio. L'altra, la cui importanza risulta esasperata (pure) dalla rilevanza riconosciuta alle

de quesitos ou pedido de esclarecimentos, na linha de assegurar que o bem seja avaliado pelo preço justo ou de mercado;[15] bem como permitir que o devedor possa acompanhar a venda extrajudicial, seguida, no caso de sucesso, de prestação de contas do credor.

Relembre-se, porém, que, o devedor, ou credores eventualmente prejudicados, podem sempre acessar a justiça estatal para discutir a adequação do pacto marciano e a atuação direta do credor na realização da garantia, como a ocorrência de abusos tanto na construção do pacto marciano quanto na sua execução extrajudicial,[16] para, neste último caso, alegar, por exemplo, que a estimativa foi inadequada ou encontra-se incorreto o valor atribuído ao bem, cenário que abre para o devedor, ou mesmo outros credores prejudicados pela estimativa inadequada, a possiblidade de impugnar judicialmente o laudo de avaliação.[17]

Por outro lado, como o pacto marciano não mais pode ser tido, de plano, como presumidamente ilícito ou abusivo, veiculador de coerção moral do credor em relação do devedor – a chamada *debitoris soffocatio* – acaso o devedor venha submeter o ajuste ao controle judicial deve demonstrar, por meio de prova específica, os eventuais vícios ou inadequações da cláusula marciana ou de sua operacionalização.[18]

Em suma, diante de todo esse contexto atual do direito brasileiro, é que o pacto marciano, ao se colocar como lícito mecanismo de autotutela executiva, pode ser validamente admitido como derivação da autonomia negocial das partes, para autossatisfação do crédito diretamente pelo credor, com a alienação do bem dado em garantia, ou mesmo a aquisição da sua propriedade, nos termos da procedimentalização ora apresentada, que o afasta da *ratio* tradicional da vedação do pacto comissório e lhe permite atuar para beneficiar ambas as partes da relação contratual, além de contribuir, como mecanismo extrajudicial de autotutela

---

regole del contraddittorio, consiste nell'esigenza di assegnare termini contenuti ai tempi di svolgimento del procedimento peritale".

[15] LUMINOSO, Angelo. Patto marciano e sottotipi. *Rivista di Diritto Civile*. Padova: Cedam/Wolters Kluwer, anno LXIII, n. 6, p. 1398 e ss., 2017: "Si comprendono quindi le ragioni per le quali la dottrina e la giurisprudenza abbiano attribuito alla stima un rilievo di primo piano, segnalando la necessità che essa venga compiuta in un momento successivo all'inadempimento, ad opera di un perito indipendente ed esperto, in tempi certi e con modalità definite (che assicurino il diritto al contraddittorio delle parti) al fine di individuare il giusto prezzo del bene alienato, ossia il prezzo corrente".

[16] Por essa razão, como destaca LEPORE, Andrea. *Autotutela e autonomia negoziale*. Napoli: Edizioni Scientifiche Italiane, 2019, p. 40, a tutela dos direito fora da justiça estatal "significa conferire un potere, utile alla comunità e al sistema giuridico, senza eliminare i mezzi per riparare ad eventuali abusi", razão pela qual, continua o mesmo autor, ob. cit., p. 48, o sistema estatal de tutela jurisdicional "è sempre presente, con un ruolo fondamentale, di garanzia".

[17] BIANCA, Cesare Massimo. *Il divieto del patto commissorio*. Napoli: Edizioni Scientifiche Italiane, 1959, riproduzione 2013, p. 222-223: "In effetti, per quanto non possa escludersi il pericolo che il creditore imponga la nomina di un soggetto di non sicura imparzialità, a favore del debitore rimarrebbe sempre fermo il diritto ad un equo accertamento del valore del bene, con la possibilità, offerta anche ai creditori eventualmente pregiudicati, di impugnare la determinazione del terzo dolosamente influenzata ovvero manifestamente iniqua o erronea".

[18] PIRAINO, Fabrizio. L'inadempimento del contratto di credito immobiliare ai consumatori e il patto marciano. In: D'AMICO, Giovanni; PAGLIANTINI, Stefano; PIRAINO, Fabrizio; RUMI, Tiziana. *I nuovi marciani*. Torino: G. Giappichelli Editore, 2017, p. 202-203: "Ciò non esclude che anche il patto marciano possa essere il frutto di un'imposizione del creditore al debitore, soltanto che nella fattispecie in esame non vi sono indici presuntivi della *debitoris soffocatio* sicché, ove invocata, essa deve essere oggetto di una specifica prova e di un accertamento giudiziario in concreto".

executiva, com a própria justiça estatal que tem na execução judicial, como visto (cf. item 5.1), um dos seus maiores gargalos.

Não se pode, outrossim, deixar de lembrar, mais uma vez, que na própria execução judicial, a apropriação ou adjudicação do bem penhorado pelo credor, observado o preço mínimo da avaliação, se apresenta como a forma preferencial de satisfação da obrigação exequenda, seguida da opção pela venda por iniciativa do credor, com ou sem o concurso de corretor particular (CPC, arts. 876, *caput*, e 880, *caput*). Se tal procedimento é lícito na execução judicial, não haverá ilicitude alguma no ajuste negocial entre as partes, com base no art. 190 do CPC, para viabilizar a autossatisfação executiva extrajudicial (cf., por exemplo, itens 4.2 e 4.3).

5.3. O PACTO MARCIANO E A AUTOTUTELA EXECUTIVA NO DIREITO BRASILEIRO EM PERSPECTIVA FUTURA (*DE LEGE FERENDA*)

A efervescência das discussões e debates em torno dos contornos atuais da vedação do pacto comissório e seu corretivo, o pacto marciano, vivida, por exemplo, nos direitos italianos e francês neste século XXI, começa a reverberar no direito brasileiro quando, por exemplo, o Governo Federal, por meio da atualmente extinta Secretaria de Acompanhamento Econômico – SEAE do Ministério da Economia,[19] constituiu, em 2021, grupo de estudos temático para propor ampla reforma do regime de garantias de crédito no país, e que veio a elaborar "Anteprojeto de Lei de Reforma das Garantias Reais",[20] submetido a consulta pública no período de 09.08.2021 a 09.09.2021, conforme Consulta Pública SEAE 03/2021, na qual se apresenta a íntegra do Anteprojeto.[21]

No diagnóstico da realidade brasileira apresentada no anteprojeto destaca-se que, no indicador "obtenção de crédito" da classificação do Banco Mundial denominada *Doing Business*, "o Brasil está abaixo da 100ª colocação mundial no *ranking* de 2020, ocupando a 104ª posição entre 190 economias" e um dos pontos fracos do Brasil encontra-se justamente no quesito "falta de garantias ou exigências de garantias muito elevadas" o que "é um impeditivo para a obtenção de crédito por empresas de todos os portes".[22]

Diante de tal diagnóstico, o objetivo declarado do anteprojeto foi "atualizar a legislação brasileira aos padrões reconhecidos pelo Banco Mundial, de forma a tanto inserir melhorias no mercado de crédito" e, para tanto, apresentou "a revisão, a modernização e a adequação aos padrões internacionais das normas relacionadas às garantias reais no Direito Brasileiro, mediante reforma do Código Civil, especialmente o Título X do Livro II da sua Parte Especial,

---

[19] A Secretaria de Acompanhamento Econômico – SEAE do Ministério da Economia foi extinta e substituída pela Secretaria de Promoção da Produtividade e Advocacia da Concorrência (SEPRAC), ligada agora ao Ministério da Fazenda, em face da extinção também do Ministério da Economia. Cf. informação disponível em: https://www.gov.br/fazenda/pt-br/orgaos/seprac. Acesso em: 25 jul. 2023.

[20] A doutrina, como, por exemplo, MILAGRES, Marcelo. *Manual de direito das coisas*. 3. ed. Belo Horizonte: Editora D'Plácido, 2022, p. 412-413, também noticia a existência das discussões em relação ao Anteprojeto de Lei para Reforma das Garantias Reais, especialmente no âmbito do Código Civil.

[21] Disponível em: https://www.gov.br/participamaisbrasil/projeto-reforma-garantias. Acesso em: 25 jul. 2023.

[22] Cf. Relatório do Anteprojeto de Lei de Reforma das Garantias Reais, p. 3. Disponível em: https://www.irib.org.br/app/webroot/files/downloads/files/get-garantias-relatorio-e-anteprojeto-582021.pdf. Acesso em: 25 jul. 2023.

composto pelos arts. 1.419 a 1.510, e as demais normas correlacionadas do Código (privilégios, propriedade fiduciária, cessão de créditos)".[23]

Reconhece-se, no âmbito do "Anteprojeto de Reforma das Garantias Reais",[24] que o Código Civil de 2002 pouco inovou no campo das garantias em relação ao Código Civil de 1916 e, mesmo com o advento do novo Código Civil, a extensão da legislação extravagante sobre o tema das garantias permaneceu fora da atual codificação civil, cenário causador de ampla insegurança jurídica, agravada pelo casuísmo legislativo e jurisprudencial, prejudicando "a obtenção de crédito privado, especialmente por pequenas e médias empresas, e por empreendedores individuais, e, ademais, refletem negativamente na avaliação do Brasil por organismos internacionais".[25]

O anteprojeto inspirou-se, por exemplo, nas recentes inovações dos direitos francês e italiano, além da padronização internacional apresentada por organismos internacionais, como UNCITRAL e UNIDROIT, tendo vários pilares, tais como generalização do penhor não possessório, garantias flutuantes e recarregáveis, simplificação das regras de constituição, flexibilização das obrigações garantidas.

No que interessa mais de perto a este trabalho, o anteprojeto pretende unificar regras para excussão de garantias reais no âmbito do Código Civil, inserindo o art. 1.427-A, cujo § 1º admite, mediante previsão expressa no contrato, desde que não se trate de bem de família (art. 1.427-A, § 2º), além da execução judicial das garantias, a excussão extrajudicial da garantia que recaia sobre quaisquer bens móveis ou imóveis, via venda direta pelo credor, venda por meio de cartório público ou apropriação direta do bem dado em garantia pelo credor,[26] referida como pacto marciano,[27] e que, como visto no capítulo anterior, constituem todas mecanismos de autotutela executiva convencional.

---

[23] Disponível em: https://www.gov.br/participamaisbrasil/projeto-reforma-garantias. Acesso em: 25 jul. 2023.

[24] A íntegra do Relatório do Anteprojeto de Lei de Reforma das Garantias Reais pode ser encontrada, por exemplo, no *site* do Instituto de Registro Imobiliário do Brasil – IRIB. Disponível em: https://www.irib. org.br/app/webroot/files/downloads/files/get-garantias-relatorio-e-anteprojeto-582021.pdf. Acesso em: 25 jul. 2023.

[25] Cf. Relatório do Anteprojeto de Lei de Reforma das Garantias Reais, p. 6-7. Disponível em: https://www. irib.org.br/app/webroot/files/downloads/files/get-garantias-relatorio-e-anteprojeto-582021.pdf. Acesso em: 25 jul. 2023.

[26] Cf. Relatório do Anteprojeto de Lei de Reforma das Garantias Reais, p. 30. Disponível em: https://www. irib.org.br/app/webroot/files/downloads/files/get-garantias-relatorio-e-anteprojeto-582021.pdf (acesso em: 25 jul. 2023): "Art. 1.427-A. A execução das garantias é feita no legítimo interesse do credor. § 1º Quando previstas no contrato, poderão ser adotadas as seguintes formas de execução extrajudicial: I – Venda direta do bem pelo credor, nos termos do art. 1.427-C; II – Apropriação direta do bem pelo credor, nos termos do art. 1.428; III – Execução realizada perante o Registro Público, na forma da lei especial. § 2º. As modalidades referidas nos incisos I e II aplicam-se às garantias constituídas sobre quaisquer bens móveis e imóveis, ainda que oriundas de contratos não paritários, exceto quando se tratar de imóvel bem de família, legal ou convencional".

[27] Cf. Relatório do Anteprojeto de Lei de Reforma das Garantias Reais, p. 30. Disponível em: https://www. irib.org.br/app/webroot/files/downloads/files/get-garantias-relatorio-e-anteprojeto-582021.pdf (acesso em: 25 jul. 2023): "Em seguida, são enumeradas três formas extrajudiciais de execução: a venda direta (*power of sale* ou *via parata*), a apropriação direta (pacto marciano), e a venda por meio do Registro Público, a exemplo do que já ocorre com a alienação fiduciária de imóvel, na Lei 9.514/1997. Dois requisitos são estabelecidos para as primeiras formas de execução extrajudicial: a existência de previsão contratual e que o bem excutido não seja um bem de família, legal ou convencional".

Capítulo 5 · O PACTO MARCIANO E A AUTOTUTELA EXECUTIVA NO DIREITO BRASILEIRO | 139

Acolhe, assim, o "Anteprojeto de Reforma das Garantias Reais", de forma expressa o pacto marciano,[28] não obstante limitar teoricamente a figura ao modelo romano clássico de apropriação do bem pelo credor, excluindo a venda do bem do espectro marciano, cenário que não tem muito sentido no ambiente jurídico atual, pois, como visto nos capítulos antecedentes, a alienação do bem dado em garantia pelo credor é "variante" moderna do pacto marciano e se enquadra plenamente na sua tipologia,[29] já que tal venda se faz no interesse do credor que pretende a liquidação da dívida e não a propriedade do bem em si,[30] sendo que frequentemente a legislação ou o contrato conferem ao credor a opção de realizar uma ou outra forma de autotutela executiva após o inadimplemento do devedor.[31]

A figura do pacto marciano, no anteprojeto, vem, na esteira do direito francês, introduzida em via geral no Código Civil, ou seja, de forma generalizada, excluído apenas o imóvel de morada,[32] sendo prevista genericamente no art. 1.427-A, § 1º,[33] e, em seguida, no próprio art. 1.428 do Código Civil, com a introdução dos §§ 2º a 4º, mantendo, todavia, a vedação do pacto comissório no *caput*. Confira-se:

> Art. 1.428. É nula a cláusula que autoriza o credor a ficar com o objeto da garantia, se a dívida não for paga no vencimento.

---

[28] MILAGRES, Marcelo. *Manual de direito das coisas*. 3. ed. Belo Horizonte: Editora D'Plácido, 2022, p. 413, destaca no "anteprojeto de Lei de Reforma das Garantias Reais, a possibilidade do pacto marciano, ou seja, a possibilidade de o credor ficar com a coisa dada em garantia".

[29] Cf., por exemplo, DOLMETTA, Aldo Angelo. La ricerca del "marciano utile". *Rivista di Diritto Civile*. Padova: Cedam/Wolters Kluwer, anno LXIII, n. 4, p. 811 e ss., 2017: "La struttura caratteristica del marciano non richiede, in altri termini, che il bene in garanzia sia effettivamente venduto a terzi. Che il soddisfacimento del creditore garantito avvenga a mezzo appropriazione del ricavato della vendita, anzi, pare introdurre una variante anomala nella figura. Per sé, il marciano configura un'esecuzione in via di autotutela per assegnazione". Em seguida o mesmo autor, ob. cit., esclarece que "ciò posto, non avrei dubbi nel ritenere, con riferimento ai patti correnti nella pratica attuale, che una simile variante debba necessariamente essere esplicitamente prevista nel corpo della clausola, perché possa, nel caso, entrare in applicazione".

[30] Como esclarece PAGLIANTINI, Stefano. Sull'art. 48-bis T.U.B.: il "pasticcio" di un marciano bancario quale meccanismo surrogatorio di un mancato adempimento. In: D'AMICO, Giovanni; PAGLIANTINI, Stefano; PIRAINO, Fabrizio; RUMI, Tiziana. *I nuovi marciani*. Torino: G. Giappichelli Editore, 2017, p. 61-62, "neanche dovrebbe omettersi di osservare che il creditore, al cospetto di un inadempimento grave, di massima persegue uno scopo *liquidatorio* e di *realizzo* piuttosto che uno di tipo *acquisitivo*".

[31] D'AMICO, Giovanni. La resistibile ascesa del patto marciano. In: D'AMICO, Giovanni; PAGLIANTINI, Stefano; PIRAINO, Fabrizio; RUMI, Tiziana. *I nuovi marciani*. Torino: G. Giappichelli Editore, 2017, p. 27-28.

[32] Cf. Relatório do Anteprojeto de Lei de Reforma das Garantias Reais, p. 30. Disponível em: https://www.irib.org.br/app/webroot/files/downloads/files/get-garantias-relatorio-e-anteprojeto-582021.pdf (acesso em: 25 jul. 2023): "Para os demais bens, à exceção do imóvel de moradia, haverá importante incremento na velocidade e no custo da retomada. As modalidades extrajudiciais de venda direta e de pacto marciano vêm sendo adotadas em diversas reformas internacionais. Essas modalidades, também previstas na Lei Modelo da ONU sobre garantias reais, são expressamente recomendadas no Relatório Doing Business, do Banco Mundial".

[33] Cf. redação do art. 1.427-A, § 1º, do Relatório do Anteprojeto de Lei de Reforma das Garantias Reais, p. 32. Disponível em: https://www.irib.org.br/app/webroot/files/downloads/files/get-garantias-relatorio--e-anteprojeto-582021.pdf (acesso em: 25 jul. 2023): "Art. 1.427-A. A execução das garantias é feita no legítimo interesse do credor. § 1º Quando previstas no contrato, poderão ser adotadas as seguintes formas de execução extrajudicial: I – Venda direta do bem pelo credor, nos termos do art. 1.427-C; II – Apropriação direta do bem pelo credor, nos termos do art. 1.428; III – Execução realizada perante o Registro Público, na forma da lei especial".

§ 1º Após o vencimento, poderá o devedor, com aquiescência do credor, dar o bem ou direito em pagamento da dívida, desde que não o faça em prejuízo dos demais credores.

§ 2º É lícita a cláusula que autoriza o credor a ficar com o bem ou direito objeto da garantia, se a dívida não for paga no vencimento, desde que o valor da dívida seja igual ou superior ao valor do bem; ou, sendo inferior, que haja a restituição do excedente.

§ 3º O bem ou direito de que trata o parágrafo anterior será apropriado pelo credor pelo valor justo, apurado com pelo menos cento e oitenta dias de antecedência por profissional designado por acordo ou judicialmente.

§ 4º Aplicam-se, na hipótese do § 2º deste artigo, as exceções previstas no § 2º do artigo precedente.[34]

Percebe-se, pois, que os fundamentos do pacto marciano moderno, como corretivo da vedação do pacto comissório, são acolhidos, quando se admite que as partes, com base na autonomia negocial, possam ajustar o pacto marciano para que o credor possa se apropriar do bem em garantia, desde que este seja avaliado por profissional designado por acordo das partes ou judicialmente (art. 1.428, § 3º), podendo a avaliação ser substituída por cotações de mercado (art. 1.428, § 4º, combinado com o art. 1.427-C, § 2º), seguida da necessidade de devolução de eventual valor excedente do bem em relação à dívida (art. 1.428, § 2º).

É de notar, ainda, que o "Anteprojeto de Lei de Reforma das Garantias Reais" acolhe a orientação dos direitos francês e italiano, no sentido de que a tradição jurídica ocidental trabalha, desde o direito romano, com a vedação do pacto comissório que, por isso, deve ser mantida, mas, a seu lado, deve ser inserida a previsão geral, no próprio Código Civil, de admissão do pacto marciano de "direito comum".

Registre-se que a configuração específica do pacto marciano mediante venda direta do bem pelo credor encontra-se regulado no art. 1427-C, a ser introduzido no Código Civil conforme "Anteprojeto de Lei de Reforma das Garantias Reais", sendo de se destacar também aqui a possibilidade de substituição da avaliação do bem por cotações de mercado, conforme previsto no § 2º do referido artigo:

Art. 1427-C. O credor poderá promover a venda direta do bem dado em garantia, dispensado o leilão ou qualquer forma especial, se lhe permitir expressamente o contrato, ou lhe autorizar o garantidor em instrumento específico.

§ 1º. A prerrogativa atribuída por este artigo será precedida de avaliação do bem a valor justo, realizada com menos de 180 (cento e oitenta) dias da data da venda, por profissional designado por acordo ou judicialmente, não podendo o preço de venda ser inferior a 50% (cinquenta por cento) do valor de avaliação.

§ 2º Excetuam-se da regra do parágrafo anterior:

I – o bem fungível, cujo valor puder ser obtido por meio de índice de preços ou cotação de mercado, objeto de divulgação pública;

II – o ativo financeiro ou valor mobiliário, com cotação em mercado regulamentado, integrante de índice de mercado;

III – o bem imóvel objeto de loteamento ou incorporação imobiliária, se a realização da garantia, pelo empreendedor ou pelo agente financiador da aquisição, tiver como base

---

[34] Cf. Relatório do Anteprojeto de Lei de Reforma das Garantias Reais, p. 33. Disponível em: https://www.irib.org.br/app/webroot/files/downloads/files/get-garantias-relatorio-e-anteprojeto-582021.pdf. Acesso em: 25 jul. 2023.

Capítulo 5 · O PACTO MARCIANO E A AUTOTUTELA EXECUTIVA NO DIREITO BRASILEIRO | **141**

o preço convencionado ou o preço da unidade constante da tabela de preços vigente do empreendimento, praticada pelo empreendedor na data da realização da garantia; IV – os bens cujo critério de avaliação for estabelecido por órgão regulador aplicável ao credor exequente.

§ 3º O credor deverá observar a boa-fé objetiva na venda do bem, assegurando ao garantidor, na forma prevista no contrato, o direito de acompanhar os esforços de venda, prestando contas ao final.[35]

Interessante anotar que o anteprojeto, no citado art. 1.427-C, especificamente no seu § 1º, veda a venda extrajudicial por valor inferior a 50% do valor da avaliação, mas, com isso, acaba por admitir a possibilidade de venda do bem, por exemplo, em valor de 50% do valor da avaliação, o que traduz desvio importante do modelo de pacto marciano italiano ou francês, na linha de proteção da posição do devedor, em que o valor da venda deveria ser aquele da avaliação.

Cria, assim, o anteprojeto, criticável diferenciação no âmbito do pacto marciano, entre a venda do bem e a apropriação do bem pelo credor, quando prevê, por exemplo, no art. 1.428, § 3º, que no caso de apropriação do bem pelo credor, esta ocorreria "pelo valor justo"; enquanto a alienação do bem poderia ocorrer por 50% do valor da avaliação, como previsto no art. 1.427-C, § 1º.

Não se vê, pois, razão para tal diferenciação em prejuízo do devedor, pois ambas as formas de autossatisfação do crédito, após o inadimplemento, traduzem o exercício do mesmo mecanismo de autotutela executiva convencional encartada no pacto marciano, e, em ambas, o marciano "útil" exigiria que o valor do bem dado em garantia fosse realizado pelo credor, para satisfação do seu crédito, seja por apropriação, seja por venda do bem, pelo preço justo ou de mercado.

Registre-se, ainda, que, tal como previsto no direito italiano (cf. item 2.5), o legislador brasileiro poderia deixar claro que o cenário da ativação do pacto marciano é sempre uma **faculdade** do credor,[36] razão pela qual se não tiver o credor interesse em incorporar o bem dado em garantia ao seu patrimônio, pelo valor da avaliação; ou mesmo alienar o bem extrajudicialmente, sempre pelo valor da avaliação, no âmbito do mecanismo de autotutela executiva inserido no pacto marciano; pode optar por não exercer a faculdade de ativar a cláusula marciana e se valer da tradicional via executiva judicial, com a penhora do bem dado em garantia e sua alienação nos termos da regulação processual inserida no CPC.

---

[35] Cf. Relatório do Anteprojeto de Lei de Reforma das Garantias Reais, p. 32-33. Disponível em: https://www.irib.org.br/app/webroot/files/downloads/files/get-garantias-relatorio-e-anteprojeto-582021.pdf. Acesso em: 25 jul. 2023.

[36] Relembre-se, por exemplo, lição de LUMINOSO, Angelo. Patto marciano e sottotipi. *Rivista di Diritto Civile*. Padova: Cedam/Wolters Kluwer, anno LXIII, n. 6, p. 1398 e ss., 2017: "Dall'art. 48 *bis* TUB emerge che gli elementi caratteristici della convenzione in esso regolata sono: (…) d) la facoltà della banca finanziante di non avvalersi del patto una volta verificatosi l'inadempimento del debitore". No mesmo sentido, D'AMICO, Giovanni. La resistibile ascesa del patto marciano. In: D'AMICO, Giovanni; PAGLIANTINI, Stefano; PIRAINO, Fabrizio; RUMI, Tiziana. *I nuovi marciani*. Torino: G. Giappichelli Editore, 2017, p. 9-10: "L'analisi delle nuove normative in materia di patto marciano può muovere dalla disciplina più recente (e, anche, maggiormente complessa ed articolata), che è quella contenuta nell'art. 48-*bis* del T.U.B. In base a tale disposizione, l'inserimento – nell'operazione di finanziamento tra una banca e un imprenditore – di una 'clausola marciana' comporta la *facoltà* del creditore di attivare, al verificarsi dell'inadempimento del debitore, un procedimento che porterà al trasferimento alla banca (o ad una società dalla stessa controllata o ad essa collegata) della proprietà di un bene immobile, attraverso il quale soddisfare il proprio credito".

Nesse sentido, o sistema brasileiro pode ser construído mais em linha com o contexto atual do pacto marciano, com o mecanismo da autotutela executiva, sempre com o bem em garantia sendo apropriado ou alienado extrajudicialmente pelo credor pelo preço da avaliação indicada na perícia marciana, que constitui, entretanto, faculdade do credor que, se preferir, pode optar, reitere-se, pela tradicional via executiva judicial.

Prevê, ainda, o "Anteprojeto de Lei de Reforma das Garantias Reais", no art. 1.428-A, a ser introduzido no Código Civil, a necessidade de o devedor e o eventual terceiro garantidor serem notificados para cientificação do inadimplemento, com indicação do valor do débito e dos bens que serão objeto apropriação direta pelo credor ou alienação extrajudicial, assegurando-se o prazo de 5 dias, no caso de bem móvel, ou 15 dias, no caso de imóvel, para a realização do pagamento do débito[37], a fim de evitar a ativação da autotutela executiva.

Ao lado do "Anteprojeto de Lei de Reforma das Garantias Reais" – anteprojeto que, ao que tudo indica, não foi ainda apresentado ao legislativo federal como projeto de lei –, encontra-se tramitando no Congresso Nacional o PL 4.188/2021 que tem por objetivo promover atualizações no campo das garantias de forma mais setorial, prevendo, após a votação no Senado,[38] dentre outras, o aprimoramento de regras de garantias e das medidas extrajudiciais para recuperação do crédito, especialmente no âmbito da Lei 9.514/1997, que regula o Sistema de Financiamento Imobiliário, e alteração do Código Civil, para introduzir a figura do "agente de garantia" (art. 853-A) e a hipoteca "recarregável" (art. 1.487-A).[39]

---

[37] Cf. redação do art. 1.428-A do Relatório do Anteprojeto de Lei de Reforma das Garantias Reais, p. 33-34. Disponível em: https://www.irib.org.br/app/webroot/files/downloads/files/get-garantias-relatorio-e--anteprojeto-582021.pdf (acesso em: 25 jul. 2023): "Art. 1.428-A. Nas hipóteses dos artigos 1.427-A e 1.428, o devedor e o terceiro garantidor serão notificados pelo credor, informando o inadimplemento, o valor executado e os bens a serem excutidos, assegurando-lhes o prazo mínimo de 5 (cinco) dias do recebimento da notificação para realizarem o pagamento, quando tratar-se de bem móvel, ou de 15 (quinze) dias, sendo o bem imóvel. § 1º. Quando houver outros credores com garantia de maior prioridade sobre os mesmos bens, o credor que iniciar a execução os notificará para, querendo, exercerem a prerrogativa descrita no artigo 1.428-B ou apresentarem os valores dos seus créditos, para concorrerem no produto da execução. § 2º. A notificação prévia será dispensada quando a garantia tiver por objeto bens móveis fungíveis, obrigando-se o credor a promover a sua venda na forma do artigo 1.427-A: I – se houver risco fundado de que se percam, deteriorem ou desvalorizem, caso a garantia não seja executada de imediato; II – se os bens forem vendidos em um mercado organizado de valores mobiliários. § 3º. Após a venda do bem, na forma do parágrafo anterior, o credor prestará contas da venda realizada às pessoas a que diz respeito o caput e o § 1º. § 4º. Quando mais de um credor for titular de garantia sobre o mesmo bem, o credor de maior prioridade, após o pagamento do seu crédito, depositará o saldo restante judicialmente, citando-se os interessados para a formação do quadro de credores e distribuição do produto da alienação, exceto: I – se os credores, o devedor e o garantidor convencionarem forma diversa de distribuição do saldo; II – se a garantia for executada por um agente de garantias, comum a todos os credores, a quem caiba a distribuição. § 5º. O credor responde perante o garantidor e os demais credores quando não observar as normas previstas nesta Seção. § 6º. Quando houver concurso de credores convencionais, legais ou judiciais sobre o mesmo bem, a ausência de liquidez do crédito de menor prioridade não suspenderá ou obstará a execução da garantia e o pagamento dos credores com maior prioridade".

[38] O PL 4.188/2021 foi aprovado pela Câmara dos Deputados em 01.06.2022 e enviado na sequência ao Senado Federal que, em 5 de julho de 2023, aprovou o projeto com modificações, tendo sido reenviado para a Câmara dos Deputados em 12 de julho de 2023, para reapreciação dos temas objeto de modificação na forma do art. 65, parágrafo único, da Constituição. Disponível em: https://www25.senado. leg.br/web/atividade/materias/-/materia/154430. Acesso em: 25 jul. 2023.

[39] Como se encontra noticiado em sites especializados na matéria, como o da Associação Nacional dos Notários e Registradores do Brasil – ANOREG, o PL 4.188/2021 foi gestado no âmbito de foro criado pelo Ministério da Economia e pelo Banco Central para colher sugestões para reformar o sistema de garantias, buscando seu aprimoramento, e tem como um dos seus objetivos a reforma da Lei 9.514/1997,

Capítulo 5 · O PACTO MARCIANO E A AUTOTUTELA EXECUTIVA NO DIREITO BRASILEIRO | **143**

No que tange às alterações propostas em relação à Lei 9.514/1997, um dos temas centrais do PL 4.188/2021[40] seguem alguns pontos que interessam mais de perto ao tema deste trabalho:

i) os arts. 22, *caput*, e 26, *caput*, são alterados para se prever a possibilidade de a garantia ser apresentada também por terceiro, e não só pelo próprio devedor;

ii) o art. 26-A passa a regular os procedimentos para cobrança, purgação da mora, consolidação da propriedade fiduciária e leilão decorrentes de financiamentos para aquisição ou construção de imóvel residencial do devedor, exceto as operações do sistema de consórcio regulado na Lei 11.795/2008, prevendo-se, no § 3º, na redação apresentada nas modificações propostas no Senado, que no segundo leilão será aceito lance igual ou superior ao valor integral da dívida garantida pela alienação fiduciária mais antiga vigente sobre o bem, mais os encargos descritos; prevê, ainda, o § 4º, do mesmo art. 26-A, que se no segundo leilão não houver lance que atenda ao referencial mínimo previsto no § 3º, a dívida será considerada extinta, com recíproca quitação, hipótese em que o credor fiduciário ficará investido na livre disponibilidade do imóvel, sendo tal extinção aplicável também à hipótese em que o credor optou pela via judicial para executar a dívida, conforme § 5º inserido pelo Senado;

iii) o art. 27, em seu § 2º, na redação dada pelo Senado, prevê que no segundo leilão será aceito o maior lance oferecido, desde que igual ou superior ao valor integral da dívida garantida mais encargos; podendo, caso não haja lance que alcance referido valor, ser aceito pelo credor fiduciário, a seu exclusivo critério, lance que corresponda a, pelo menos, metade do valor de avaliação do bem, prevendo-se, ainda, no § 5º-A, que se o produto do leilão não for suficiente para o pagamento integral do montante da dívida mais despesas e encargos, o devedor continua obrigado pelo saldo remanescente, por meio de cobrança via ação de execução, e, se for o caso, com excussão das demais garantias da dívida;

iv) o art. 33-G é acrescido na lei, para regular a execução extrajudicial de créditos garantidos por hipoteca, prevendo o *caput* aprovado na Câmara dos Deputados que tal poderia se dar até mesmo sem previsão contratual, mas essa parte final foi suprimida na redação dada pelo Senado. A seguir, estabelece o procedimento, indicando a necessidade de intimação do devedor e se for o caso do terceiro garantidor para purgação da mora (§ 1º) que, se não ocorrer, permite que o credor possa, no prazo de 60 dias da averbação do fato do inadimplemento sem purgação da mora, dar início ao procedimento de excussão extrajudicial, com marcação do primeiro leilão (§§ 2º e 3º), e, acaso o imóvel não seja arrematado no primeiro leilão, parte-se para o segundo, em que o imóvel pode ser vendido por valor igual ou

---

sendo, em seguida, apresentado para discussão o Anteprojeto para reforma mais ampla do sistema de garantias, visando a modernização das garantias no próprio Código Civil (cf. em https://www.anoreg.org.br/site/artigo-pl-4-188-21-o-caminho-para-a-reforma-das-garantias-e-a-falsa-polemica-por-fabio--rocha-pinto-e-silva/. Acesso em: 25 jul. 2023). No mesmo sentido, o relatório do Anteprojeto de Lei de Reforma das Garantias Reais, p. 14, também menciona a ampla iniciativa do Governo em renovar o sistema de garantias, não só com o Anteprojeto para reforma do Código Civil, mas também com sugestão de alterações na Lei 9.514/1997. Disponível em: https://www.irib.org.br/app/webroot/files/downloads/files/get-garantias-relatorio-e-anteprojeto-582021.pdf. Acesso em: 25 jul. 2023.

[40] O PL 4.188, após aprovação pela Câmara dos Deputados e pelo Senado Federal, com apresentação de emendas, pode ser consultado no site do Congresso Nacional. Disponível em: https://www.congressonacional.leg.br/materias/materias-bicamerais/-/ver/pl-4188-2021. Acesso em: 25 jul. 2023.

superior ao valor integral da dívida mais despesas, podendo, caso não haja lance que alcance referido valor, ser aceito pelo credor hipotecário, a seu exclusivo critério, lance que corresponda a pelo menos metade do valor da avaliação do bem (§ 6º, na redação apresentada pelo Senado); acaso arrematado por valor superior ao da dívida o credor deve devolver ao hipotecante o excedente (§ 8º) e, nos casos envolvendo financiamento para construção de imóvel residencial, excluídas as hipóteses compreendidas no sistema de consórcio, caso o produto da excussão da garantia hipotecária não seja suficiente para o pagamento da dívida, acessórios e despesas, o devedor fica exonerado do saldo remanescente (§ 10). Interessante anotar que o § 9º na redação dada pelo Senado prevê que na hipótese de o lance mínimo "não ser igual ou superior ao referencial mínimo estabelecido no § 6º para arrematação" o credor poderá "apropriar-se do imóvel em pagamento da dívida" pelo valor referencial mínimo atualizado (inciso I), ou, no prazo de até 180 dias contado do último leilão, "realizar a venda direta do imóvel a terceiro, por valor não inferior ao referencial mínimo, dispensado novo leilão".

De tal breve contexto *de lege ferenda* pode-se perceber que o direito brasileiro se insere na discussão internacional de modernização do sistema de garantias, inspirado tanto em organizações internacionais quanto nos direitos italiano e francês, sem perder de vista a necessidade de não romper com as tradições jurídicas do direito brasileiro,[41] focando, inclusive, na tentativa de redução da lacuna existente no sistema de garantias que gira, basicamente, em torno daquelas imobiliárias, quando as empresas possuem cada vez menos imóveis em seus ativos.[42]

Nessa linha, por exemplo, o "Anteprojeto de Lei de Reforma das Garantias", além de incorporar o pacto marciano no Código Civil, como corretivo da vedação do pacto comissório, também acolhe amplamente o penhor não possessório[43], conforme nova redação proposta para o art. 1.431 do Código Civil;[44] prevê as chamadas garantias flutuantes e recarregáveis, na

---

[41] Cf. Relatório do Anteprojeto de Lei de Reforma das Garantias Reais, p. 9. Disponível em: https://www.irib.org.br/app/webroot/files/downloads/files/get-garantias-relatorio-e-anteprojeto-582021.pdf. Cf., ainda, nos direitos italiano e francês, FIORENTINI, Francesca. La riforma francese delle garanzie nella prospettiva comparatistica. Europa e diritto privato. Milano: Giuffrè editore, 2006, n. 3, p. 1.199: "Tra le sfide cruciali che i sistemi giuridici odierni sono chiamati ad affrontare vi è quella di saper essere di supporto alle pressanti esigenze di competitività che si manifestano sul mercato globale, coltivando regole e soluzioni che trovino bensì le loro solide radici nella tradizione, ma che sappiano, al contempo, dar risposta alle esigenze di un mercato transfrontaliero".

[42] Cf. Relatório do Anteprojeto de Lei de Reforma das Garantias Reais, p. 3. Disponível em: https://www.irib.org.br/app/webroot/files/downloads/files/get-garantias-relatorio-e-anteprojeto-582021.pdf.

[43] O Relatório do Anteprojeto de Lei de Reforma das Garantias Reais, p. 9. Disponível em: https://www.irib.org.br/app/webroot/files/downloads/files/get-garantias-relatorio-e-anteprojeto-582021.pdf. apresenta como um dos pilares da proposta de reforma o acolhimento do penhor não possessório: "Generalização do penhor não possessório: Nova regra geral passa a permitir a constituição de garantia não possessória sobre qualquer espécie de bem móvel, simplificando o regime atual que requer a utilização de modalidades de penhor especial ou de alienação fiduciária para constituir garantia não possessória".

[44] Cf. Relatório do Anteprojeto de Lei de Reforma das Garantias Reais, p. 30. Disponível em: https://www.irib.org.br/app/webroot/files/downloads/files/get-garantias-relatorio-e-anteprojeto-582021.pdf: "Art. 1.431. O penhor pode constituir-se sobre um ou vários bens móveis, determinados ou determináveis, presentes ou futuros, corpóreos ou incorpóreos, fungíveis ou infungíveis, desde que alienáveis a título oneroso. Parágrafo único. O contrato de penhor poderá dispor sobre a transmissão da posse do bem ao credor ou sua conservação pelo garantidor".

Capítulo 5 · O PACTO MARCIANO E A AUTOTUTELA EXECUTIVA NO DIREITO BRASILEIRO | **145**

esteira do direito francês, como no caso da hipoteca (art. 1.487-A).[45], previsão esta também contida no PL 4.188/2021, em uma das alterações proposta para o Código Civil, com inserção do art. 1.487-A.[46] Poder-se-ia pensar, também, na introdução, no direito brasileiro, dos empréstimos vitalícios hipotecários, previstos nos direitos francês e italiano (itens 2.3 e 2.5 *supra*).

Por outro lado, o § 9º do art. 33-G, a ser acrescido à Lei 9.514/1997 na redação dada pelo Senado, prevê especificamente que se no segundo leilão o lance oferecido não for igual ou superior ao referencial mínimo indicado no § 6º do mesmo art. 33-G, o credor poderá "apropriar-se do imóvel em pagamento da dívida" ou "realizar a venda direta do imóvel a terceiro, por valor não inferior ao referencial mínimo", cenários que remontam, respectivamente, à variante tradicional e àquela moderna do pacto marciano, como indicado pela doutrina italiana no item 2.6, *supra*.

Outro ponto de discussão, em relação ao pacto marciano, que pode se mostrar interessante aprofundar no direito brasileiro, é o chamado, no direito italiano, efeito "esdebitativo" ou extintivo do valor da dívida, mesmo que o valor apurado para o bem na perícia marciana seja inferior ao valor da dívida, previsto em algumas figuras de pacto marciano, especialmente em casos que envolve partes em cenário de maior desequilíbrio contratual, como o consumidor (*vide* itens 2.5.1 e 2.5.2 *supra*).

Nesse sentido, é interessante notar que o PL 4.188, na versão aprovada pelo Senado, como visto acima, oscila em relação ao efeito liberatório ou extintivo da dívida com a incorporação pelo credor do bem dado em garantia no âmbito da alienação fiduciária:

i)   o art. 26-A, ao regular procedimentos para cobrança, purgação da mora, consolidação da propriedade fiduciária e leilão decorrentes de financiamentos para aquisição ou construção de imóvel residencial do devedor, prevê no seu § 4º que se no segundo leilão não houver lance que atenda ao referencial mínimo previsto no § 3º, a dívida será considerada extinta, com recíproca quitação, hipótese em que o credor fiduciário ficará investido na livre disponibilidade do imóvel, extinção da dívida que ocorre, inclusive, quando o credor optar pela cobrança judicial, conforme § 5º;

ii) o art. 33-G, ao regular a execução extrajudicial de créditos garantidos por hipoteca prevê, no seu § 10, que nos casos envolvendo financiamento para construção de imóvel residencial, caso o produto da excussão da garantia hipotecária não seja suficiente para o pagamento da dívida, acessórios e despesas, o devedor fica exonerado do saldo remanescente;

iii) o art. 27, ao regular de forma geral a consolidação da propriedade fiduciária em nome do credor fiduciário, prevê no § 5º-A que se o valor ofertado no leilão não for suficiente para o pagamento integral do crédito e encargos, o devedor ficar obrigado pelo saldo remanescente.

Assim, no caso de dívida garantida por alienação fiduciária para que o devedor posa realizar a construção ou a aquisição de imóvel residencial, opera-se o efeito extintivo de toda a dívida, mesmo que o valor do bem seja inferior ao da dívida, com a liberação do devedor do

---

[45]   Cf. Relatório do Anteprojeto de Lei de Reforma das Garantias Reais, p. 9-10 e p. 52. Disponível em: https://www.irib.org.br/app/webroot/files/downloads/files/get-garantias-relatorio-e-anteprojeto-582021.pdf.

[46]   Disponível em: https://www.camara.leg.br/proposicoesWeb/prop_mostrarintegra?codteor=2112509&filename=PL%204188/2021.

pagamento do saldo (arts. 26-A, §§ 4º e 5º, e 33-G, § 10 do PL 4.188);[47] enquanto nos demais casos tal liberação ou exoneração não ocorreria, de modo que o devedor continuaria obrigado pelo saldo, mesmo após a alienação do bem (art. 27, § 5º-A, do PL 4.188).

A discussão encontrada no direito italiano é interessante e pode ser trazida para balizar o debate da temática no direito brasileiro, diante da variedade das posições encontradas em relação a qual das partes, credor ou devedor, seria alocado o risco de o valor do bem objeto do pacto marciano se mostrar inferior ao valor da dívida.

Na doutrina italiana, como visto (cf. item 2.5.1), são encontradas diversas opiniões a respeito da alocação de tal risco de "esdebitazione" para o credor ou para o devedor: há entendimento no sentido de que o risco deve ser alocado para o devedor, salvo caso em que trate de sujeito que pudesse justificar tal proteção, como é o caso do consumidor;[48] há também linha favorável ao efeito liberatório do devedor como regra no pacto marciano, considerando que a transferência da propriedade do bem ao credor se assemelharia a uma dação em pagamento, que não poderia ser parcial e, além disso, acaso não ocorresse a extinção da integralidade do crédito, não se teria o almejado efeito benéfico de diminuição do contencioso judicial executivo.[49]

---

[47] Interessante anotar que a doutrina brasileira às vezes se refere à liberação do devedor em razão da apropriação pelo credor do bem dado em garantia por valor inferior ao da dívida de "perdão legal", cf., por exemplo, ZAGNI, João Pedro Fontes. Pacto comissório e pacto marciano: comentários e distinções funcionais. *Revista de Direito Privado*, São Paulo, v. 101, p. 73-101, set.-out. 2019: "Necessário se faz, todavia, investigar acerca da disciplina do perdão legal, que incide na adjudicação compulsória, em caso de pacto marciano na alienação fiduciária em garantia com relação ao credor. Noutras palavras, no bojo do pacto marciano, estaria o credor obrigado a dar a quitação do débito mesmo em caso de o justo valor do bem demonstrar ser menor que o valor do débito? Aline Miranda Valverde Terra e Gisela Sampaio da Cruz Guedes, em estudo sobre o tema, ao analisarem a *ratio* da legislação em comento, qual seja, a de conferir tutela diferenciada (perdão legal) em função do fato de que o financiamento imobiliário serviria para fins habitacionais, não justificaria extensão do instituto do perdão legal a outros tipos de financiamentos imobiliários, concluindo, portanto, que o perdão legal aplicar-se-ia exclusivamente aos financiamentos com finalidade de aquisição da casa própria, quando da adjudicação compulsória decorrente de frustração do segundo leilão, conforme mandamento legal". Todavia, o cenário não se encaixa propriamente no contexto do perdão de dívida, ou remissão, regulada no art. 385 do Código Civil, que traduz perspectiva voluntária, com a renúncia do crédito pelo credor, seguida da aceitação pelo devedor, assimilado a verdadeira doação, como destaca AZEVEDO, Álvaro Villaça. *Curso de Direito Civil*. 13. ed. São Paulo: Saraiva, 2019, v. II, p. 170: "a remissão é o perdão da dívida, aceito pelo devedor, é a renúncia do crédito pelo credor, que nada recebe em retribuição. É a remissão, como visto, verdadeira doação". Assim, parece mais adequado o tratamento conferido pelo PL 4.188-A/2021, ao retratar tal cenário como "extinção" legal da dívida ou liberação legal do devedor pelo saldo restante da dívida.

[48] Relembre-se, por exemplo, entendimento de LUMINOSO, Angelo. Patto marciano e sottotipi. *Rivista di Diritto Civile*. Padova: Cedam/Wolters Kluwer, anno LXIII, n. 6, p. 1398 e ss., 2017: "È verosimile che tale effetto sia stato previsto dal legislatore in materia bancaria nel settore del credito a favore di consumatori, quale specifico beneficio riservato a tale categoria di clienti – come parrebbe confermare anche la disciplina sopra richiamata sul prestito vitalizio ipotecario – di talché non sembra sussistere neppure una giustificazione sostanziale per la sua estensione ai finanziamenti bancari alle imprese, e ancor meno – come si dirà più avanti – al patto marciano di diritto comune".

[49] FOLLIERI, Luigi. Il patto marciano tra diritto "comune" e "speciale". *La Nuova Giurisprudenza Civile*. Padova: Cedam-WKI, n. 12, p. 1857 e ss., 2018: "Secondo alcuni, anche tale marciano metterebbe capo ad un'efficacia estintiva dell'intera obbligazione verso l'istituto creditizio. Un'estinzione solo parziale del debito andrebbe infatti incontro a tre obiezioni: l'inconcepibilità di una *datio in solutum* parziale; il contrasto con la ratio della novella, che è di abbattere il contenzioso per esecuzione forzata; la mancanza di un incentivo per il debitore a stipulare il patto in assenza di un effetto esdebitativo". Cf. também D'AMICO, Giovanni. La resistibile ascesa del patto marciano. In: D'AMICO, Giovanni; PAGLIANTINI,

Encontra-se, ainda, interessante posição doutrinária no sentido de que a transferência do bem objeto do pacto marciano para o credor deveria ter sempre, como regra, eficácia liberatória do devedor em relação ao inteiro valor da dívida, admitindo-se, porém, que as partes, com base na autonomia negocial no âmbito de relações paritárias, possam afastar tal efeito e assegurar ao credor o recebimento de eventual valor residual em razão de avaliação do bem em montante inferior ao da dívida.[50]

Nesse sentido, argumenta-se que seria razoável considerar que a destinação do bem dado em garantia no âmbito do pacto marciano, para realização do vínculo de responsabilidade patrimonial do devedor – ao facilitar a satisfação do crédito do credor, conferindo-lhe via mais célere e eficiente por meio da autotutela executiva – possa apresentar, como contrapartida, limitação da responsabilidade patrimonial do devedor ao bem dado em garantia, de modo que o credor não poderia exigir o saldo residual no caso de o valor alcançado pelo bem se mostrar inferior em relação ao débito.[51]

Em tal contexto, pode ser objeto de debate no direito brasileiro as hipóteses em que o legislador poderia, de um lado, criar o efeito extintivo da dívida, com a liberação do devedor em relação ao saldo residual, quando o valor do bem dado em garantia no pacto marciano for inferior ao valor da dívida, especialmente nos cenários de maior fragilidade da posição do devedor, como é o caso do consumidor; e, de outro lado, tal efeito poderia, como regra geral, ocorrer nos casos de relações paritárias, especialmente aquelas de direito comercial,[52]

Stefano; PIRAINO, Fabrizio; RUMI, Tiziana. *I nuovi marciani*. Torino: G. Giappichelli Editore, 2017, p. 17.

[50] D'AMICO, Giovanni. La resistibile ascesa del patto marciano. *In*: D'AMICO, Giovanni; PAGLIANTINI, Stefano; PIRAINO, Fabrizio; RUMI, Tiziana. *I nuovi marciani*. Torino: G. Giappichelli Editore, 2017, p. 19: "Detto altrimenti, l'art. 48-*bis* dovrebbe interpretarsi (valorizzandone la *ratio*) nel senso che il legislatore abbia attribuito efficacia (normalmente) 'liberatoria' al trasferimento del bene immobile in attuazione del patto marciano, ammettendo cionondimeno che questa conseguenza possa essere esclusa dalle parti, introducendo la previsione (pattizia) della possibilità per il creditore di richiedere l'eventuale debito residuo, non coperto dal valore del bene immobile trasferito (come stimato al momento dell'inadempimento)".

[51] PIRAINO, Fabrizio. L'inadempimento del contratto di credito immobiliare ai consumatori e il patto marciano. In: D'AMICO, Giovanni; PAGLIANTINI, Stefano; PIRAINO, Fabrizio; RUMI, Tiziana. *I nuovi marciani*. Torino: G. Giappichelli Editore, 2017, p. 199: "È ragionevole ritenere che la destinazione del bene oggetto del patto marciano all'esecuzione del vincolo di responsabilità comporti anche una limitazione alla responsabilità patrimoniale del debitore. Nonostante gli accorgimenti tipici del marciano, ossia la stima del bene alla data dell'inadempimento da parte di un soggetto terzo e la restituzione al debitore del *surplus* rispetto all'entità del credito residuo, è indiscutibile che il ricorso al patto marciano apra al creditore una via privilegiata di soddisfacimento in autotutela del proprio diritto al risarcimento del danno, con riflessi vantaggiosi in termini di celerità nell'attuazione del meccanismo esecutivo e di possibilità di un più proficuo realizzo del bene dato in garanzia in antitesi ai consueti ribassi e alle inefficienze che caratterizzano le vendite forzate. Per quanto questi vantaggi non siano tali da valicare quel limite di eccessiva vantaggiosità ritenuto inammissibile e consacrato della ratio del divieto del patto commissorio, è necessario tuttavia bilanciarli a tutela della massa dei creditori mediante la correlata limitazione della responsabilità patrimoniale del debitore all'oggetto del patto marciano, sicché, ove il valore del bene al tempo dell'inadempimento risulti inferiore all'ammontare del credito residuo, il creditore non può agire per il residuo sul rimanente patrimonio del debitore in quanto il suo diritto non può essere soddisfatto in misura maggiore al valore del bene oggetto del patto".

[52] CANTALI, Rodrigo Ustárroz. Da teoria contratual clássica à sua reformulação: o mercado como contexto do contrato. Revista dos Tribunais, São Paulo, v. 1047, p. 37-59, jan. 2023: 'Tais concepções refletem a ideia de que, no mercado, as partes raramente estão em situação de igualdade no momento de celebração de contratos. Isso ressalta a necessidade de se interpretar a relação a partir do seu contexto – o que auxilia a melhor compreender a aplicação das cláusulas gerais nas relações contratuais. Pense-se, por exemplo, na cláusula geral de boa-fé: a doutrina brasileira indica suas diferentes consequências conforme o contexto da relação. Em uma relação de Direito Civil, há um maior espaço para exercício da autonomia

permitindo-se, porém, que as partes convencionem no sentido da não liberação do devedor de eventual saldo residual.

Outra hipótese de discussão interessante, inclusive para fins de previsão legislativa futura no direito brasileiro, seria aquela da caracterização do inadimplemento relevante, para dar ensejo à ativação do pacto marciano, ou seja, como previsto no direito italiano, fixação do "piso" de inadimplemento ou de gravidade suficiente para permitir o acionamento da cláusula marciana[53], cenário que poderia trazer maior segurança para caracterização de um dos pontos centrais e que pode gerar divergência, que é aquele da configuração do inadimplemento.

Em suma, o direito brasileiro, seja *de lege lata* seja *de lege ferenda*, vem se alinhando com o cenário internacional no ambiente contratual e encontra espaço para acolhimento do pacto marciano que, em sua configuração atual, exige procedimento de avaliação do bem dado em garantia por perito imparcial e especializado – ou mesmo mediante substituição por critérios objetivos de marcado como bens com cotação em bolsa ou outros registros de preços com ampla publicidade e aceitação de mercado –, seguido de eventual devolução ao devedor do saldo decorrente da diferença entre o valor do bem e da dívida, como mecanismo adequado de autotutela executiva convencional para permitir a realização na via extrajudicial mais célere e eficiente do crédito, sem prejudicar a posição do devedor e demais credores, registrando-se, atualmente, movimentação para discussões de projetos de lei para modernizar o sistema de garantias brasileiro, inclusive com previsão de inserção do pacto marciano em via geral no Código Civil, o que justifica o presente trabalho, para contribuir com as discussões e debates em torno de tema de grande relevância jurídica, em razão das nuances de direito privado e de direito processual que apresenta.

---

privada e, consequentemente, maior peso da contrapartida necessária, a autorresponsabilidade, o que faz com que a função primordial da boa-fé seja como standard de lealdade e de probidade; em uma relação obrigacional comercial, há uma maior importância da atipicidade dos contratos comerciais e dos usos do comércio e das práticas negociais, de modo que a boa-fé atua a partir de standards diversos; da mesma forma, em relações consumeristas, a boa-fé conecta-se às noções de vulnerabilidade, assimetria informacional e transparência no mercado de consumo".

[53] Relembre-se, por exemplo, com D'AMICO, Giovanni. La resistibile ascesa del patto marciano. *In*: D'AMICO, Giovanni; PAGLIANTINI, Stefano; PIRAINO, Fabrizio; RUMI, Tiziana. *I nuovi marciani*. Torino: G. Giappichelli Editore, 2017, p. 32: "Anche qui il legislatore si preoccupa – anzitutto – di individuare un livello 'adeguato' di 'gravità' dell'inadempimento, richiesto ai fini della possibilità per il creditore di attivare la 'clausola marciana', e che viene individuato in questo caso nel mancato pagamento di almeno diciotto rate mensili".

CONCLUSÕES

É chegado o momento de apresentar a síntese conclusiva destas breves linhas de contextualização e análise da vedação do pacto comissório e do seu corretivo, o pacto marciano, nos dias atuais, especialmente no direito brasileiro, não obstante o recurso aos estudos de direito comparado – sem prejuízo das indicações conclusivas que foram sendo apresentadas ao final de quase todos os capítulos antecedentes – como tentativa de contribuição tanto para maior compreensão da figura atual do pacto marciano, como lícita figura ou mecanismo de atuação da autotutela executiva no direito positivo vigente, quanto para o aperfeiçoamento da legislação brasileira sobre o tema, diante das discussões atuais que começam a surgir na doutrina, jurisprudência e no parlamento:

1) o complexo cenário atual permeado pela internacionalização dos mercados e criação de mercados eletrônicos, reverbera diretamente no ambiente contratual exigindo a renovação da teoria contratual, em que o contrato se renova e se converte num dos principais instrumentos de inovação jurídica, especialmente em razão da experiência contratual internacional, com modelos contratuais uniformes e atípicos, sendo que tal circulação internacional de modelos contratuais permite a doutrina indicar o surgimento até mesmo de uma nova *lex mercatoria*, que atua para criar modelos contratuais sem a intermediação legislativa dos Estados;

2) em tal cenário, merecem destaque, dentre os pactos que as partes podem ajustar para incidir nas diversas fases de atuação das obrigações, as convenções que disciplinam as possibilidades de realização coativa do crédito, mediante aplicação de mecanismos de autotutela executiva que tem, hoje, no pacto marciano, um dos seus modelos mais bem definidos e adequados, inclusive do ponto de vista da tutela dos interesses do devedor e mesmo dos demais credores;

3) o pacto marciano se coloca, tanto do ponto de vista substancial como processual a partir da visão das obrigações com procedimento, como mecanismo de autotutela executiva, para combater o inadimplemento do devedor e permitir maior eficiência na realização do crédito, sem se descuidar da atenção que merece a posição do devedor em tal cenário;

4) o contexto normativo atual do direito brasileiro permite a construção, mesmo sem previsão legal geral expressa no Código Civil, do pacto marciano de "direito comum", de incidência geral, considerando que: a) o Código Civil de 2002 prevê vários mecanismos marcianos (arts. 1.433, IV, 1.435, III, 1.451, 1.453, 1.455 e 1.459, IV), além da possibilidade da dação em pagamento após o vencimento da dívida (art. 1.428, parágrafo único, e art. 1.365, parágrafo único); b) a legislação extravagante também prevê vários tipos de pacto marciano (Lei 4.728/1965 e Decreto-lei 911/1969; e Decreto-lei 70/1966 e Lei 9.514/1997; c) a Lei 13.874/2019 – Lei de Liberdade Econômica, apresenta forte abertura normativa para atuação da autonomia negocial, com

previsão de revisão judicial mínima dos contratos; d) e, por fim, o próprio CPC, além de incentivar a abertura para soluções extrajudiciais do conflito (art. 3º, §§ 1º a 3º), ainda prevê a possibilidade da venda extrajudicial do bem penhorado por iniciativa particular (art. 880), a adjudicação pelo credor do bem penhorado (art. 876), sem perder de vista a ampla abertura para os negócios atípicos (no art. 190);

5) assim, não obstante a vedação do pacto comissório inserida no Código Civil de 2002 (arts. 1.428 e 1.365), o cenário geral do direito brasileiro – apoiado pela análise comparada especialmente com o direito italiano que apresenta contexto normativo semelhante – admite a construção válida do pacto marciano "útil", como corretivo adequado para a vedação do pacto comissório, de modo a permitir a possibilidade de as partes no contrato, com base na sua autonomia negocial, ajustar o pacto marciano afastando-o da *ratio* da vedação do pacto comissório, composta – segundo o consenso da doutrina brasileira e estrangeira –, pela conjugação das duas razões mais relevantes para justificar a proibição, que residem na tutela do devedor e da *par condicio creditorum*;

6) o marciano "útil", como corretivo da vedação comissória, agrega importante mecanismo para realização do direito de crédito do credor, que pode ser ativado após o inadimplemento do devedor, e, ao mesmo tempo, confere determinado grau de proteção à posição do devedor e dos demais credores. Para tanto, deve o pacto marciano apresentar as seguintes caraterísticas básicas, que o afastam da *ratio* da vedação do pacto comissório e, por isso, lhe conferem licitude e juridicidade: *i*) avaliação para apuração do justo preço do bem dado em garantia; *ii*) devolução de eventual excedente acaso o valor do bem seja maior do que o da dívida;

7) o pacto marciano, portanto, pode ser, em linha de princípio, considerado lícito, mesmo quando não previsto expressamente no ordenamento, porque se afasta da *ratio* da vedação do pacto comissório ou da nulidade cominada para as alienações comissórias, quando incorpora esses dois requisitos "qualificantes" da sua licitude: restituição ao devedor de eventual diferença a maior entre valor do bem e o valor do crédito e apuração adequada do valor do bem por terceiro especializado e imparcial;

8) o pacto marciano se insere no âmbito obrigacional, como ajuste que atua na última fase da vida das obrigações, após a caracterização do inadimplemento, conferindo ao credor a possibilidade de atuar diretamente para realizar a satisfação do seu crédito, mediante apropriação ou alienação do bem dado em garantia, apresentando--se como mecanismo de autotutela executiva que não atua como *causa solutionis* da obrigação, mas sim realiza a atuação coativa, pelo próprio credor, do vínculo de responsabilidade contratual, por meio de mecanismo executivo de natureza privada, extrajudicial;

9) o pacto marciano realiza a autotutela executiva por meio de dupla atuação: uma preventiva ou cautelar (autotutela com função cautelar), pois busca prevenir o inadimplemento do devedor mediante atribuição de poderes de autotutela ao credor; e a outra, sequencial, permeada pela eventualidade, no caso de se caracterizar o inadimplemento do devedor, de caráter satisfativo (autotutela satisfativa), ao permitir a atuação do credor, extrajudicialmente, voltada à realização direta do seu crédito com a transferência da propriedade ou venda do bem dado em garantia;

10) é preciso, pois, sempre destacar que o pacto marciano, com seus contornos atuais, e ao contrário do pacto comissório, traduz lícita figura convencional que tutela

adequadamente a posição do devedor na relação, não só para permitir acesso adequado ao crédito, mas, ao assegurar a avaliação adequada do bem dado em garantia, realiza a transferência da propriedade ao credor pelo preço de mercado, como mecanismo de solução do débito, assegurando-se a equivalência entre valor da dívida e o valor do bem dado em garantia;

11) interessante registrar que a figura atual do pacto marciano comporta variação importante – fora do padrão original, por meio do qual se dá a aquisição da propriedade do bem dado em garantia pelo credor, para satisfação do crédito inadimplido – mediante alienação do bem dado em garantia pelo credor, para, como o resultado da venda, promover a satisfação do crédito, o que, como destaca a doutrina (cf. item 3.6), não obstante "anômalo" em relação à figura originária de pacto marciano, pode ser ajustado mediante cláusula expressa como uma "variante" moderna;

12) o pacto marciano, como mecanismo de autotutela executiva, em qualquer de suas duas vertentes (apropriação ou alienação do bem pelo credor), deve, para o completo afastamento da vedação do pacto comissório, se inserir no contexto da procedimentalização advinda tanto do direito substancial como do processual, a fim de assegurar o cumprimento dos pontos centrais do marciano "útil", que giram, como visto, em torno da apuração adequada do preço de mercado, seguida da devolução ao devedor de eventual excedente de valor do bem em relação ao montante da dívida, de modo que podem ser apresentadas as seguintes sugestões:

i) previsão contratual do procedimento para atuação do pacto marciano, permeado sempre pela boa-fé objetiva;

ii) ativação do procedimento marciano somente após a caracterização do inadimplemento do devedor, recomendando-se, inclusive, a previsão da configuração do inadimplemento relevante, ou substancial, que poderia dar ensejo ao uso do mecanismo da autotutela executiva inserida no pacto marciano;

iii) notificação do devedor caracterizando o inadimplemento, apresentado valor atualizado do débito e indicando prazo razoável para purgação da mora que, se não ocorrer, vai implicar a ativação do pacto marciano e seu mecanismo de atuação, a autotutela executiva;

iv) avaliação do bem deve ser feita, sempre após o inadimplemento do devedor, por perito especializado, independente e imparcial, o que significa que a nomeação do perito deve ocorrer de comum acordo entre credor e devedor, sendo que a especialização do perito se evidencia, por exemplo, com a sua inscrição em conselho ou entidade profissional, devendo, ainda, ser prevista a modalidade de avaliação e o seu tempo de duração;

v) apuração do preço justo pode ser simplificada no caso de o bem for objeto de cotação de mercado divulgada, por exemplo, em lista ou boletim ou índices, conforme previso e indicado contratualmente;

vi) vedada a inserção de indicações convencionais dirigidas ao perito, para afastá-lo da estimativa do valor real do bem, ou apresentação de critérios inadequados para valoração do bem ou mesmo promover diminuição prévia do seu valor, de modo a manter-se o equilíbrio da relação contratual, tornando irrelevante qualquer tentativa de coerção da parte do credor;

vii) previsão contratual clara e explícita do dever do credor de restituir ao devedor o eventual valor excedente do bem dado em garantia em relação ao valor da dívida;

viii) como a avaliação do bem dado em garantia envolve verdadeiro procedimento, deve ser assegurado no contrato, além da modalidade de perícia e tempo de duração, o contraditório entre as partes, com possibilidade, por exemplo, de apresentação de quesitos ou pedido de esclarecimentos, na linha de assegurar que o bem veja avaliado pelo preço justo ou de mercado; bem como permitir que o devedor possa acompanhar a venda extrajudicial, seguida, no caso de sucesso, de prestação de contas do credor;

13) não se pode perder de vista, por outro lado, que o devedor, ou credores eventualmente prejudicados, podem sempre acessar a justiça estatal para discutir a adequação do pacto marciano e a atuação direta do credor na realização da garantia, como a ocorrência de abusos tanto na construção do pacto marciano como quando da sua execução extrajudicial, para, neste último caso, alegar, por exemplo que a estimativa foi inadequada ou encontra-se incorreto o valor atribuído ao bem, cenário que abre para o devedor, ou mesmo outros credores prejudicados pela estimativa inadequada, a possiblidade de impugnar judicialmente o laudo de avaliação;

14) em relação à eventual judicialização do pacto marciano, é importante registrar que este não pode ser presumido ilícito ou abusivo, veiculador de coerção moral do credor em relação do devedor (a chamada *debitoris soffocatio*), razão pela qual acaso o devedor ou outro credor venha submeter o ajuste ao controle judicial, deve demonstrar, por meio de prova específica, os eventuais vícios ou inadequações da cláusula marciana ou de sua operacionalização;

15) a efervescência das discussões e debates em torno dos contornos atuais da vedação do pacto comissório e seu corretivo, o pacto marciano, vivida, por exemplo, nos direitos italianos e francês neste século XXI, começa a reverberar no direito brasileiro quando, por exemplo, o Governo Federal, por meio da extinta Secretaria de Acompanhamento Econômico – SEAE (atualmente Secretaria de Promoção da Produtividade e Advocacia da Concorrência – SEPRAC) do também extinto Ministério da Economia (atualmente Ministério da Fazenda), constituiu, em 2021, grupo de estudos temático para propor ampla reforma do regime de garantias de crédito no país, e que veio a elaborar "Anteprojeto de Lei de Reforma das Garantias Reais", submetido a consulta pública no período de 09.08.2021 a 09.09.2021, conforme Consulta Pública SEAE nº 03/2021, na qual se apresenta a íntegra do Anteprojeto;

16) o "Anteprojeto de Lei de Reforma das Garantias Reais" tem por objetivo atualizar a legislação brasileira aos padrões reconhecidos pelo Banco Mundial, de forma a inserir melhorias no mercado de crédito e, para tanto, apresentou a revisão, a modernização e a adequação aos padrões internacionais das normas relacionadas às garantias reais no Direito Brasileiro, mediante reforma do Código Civil;

17) reconhece-se, assim, no âmbito do "Anteprojeto de Reforma das Garantias Reais", que o Código Civil de 2002 pouco inovou no campo das garantias em relação ao Código Civil de 1916 e, mesmo com o advento do atual Código Civil, a extensão legislação extravagante sobre o tema das garantias permaneceu fora da atual codificação civil, cenário causador de ampla insegurança jurídica, agravada pelo casuísmo legislativo

e jurisprudencial, que prejudicam a obtenção de crédito e impactam negativamente na avaliação do Brasil por organismos internacionais;

18) a figura do pacto marciano, no anteprojeto, vem, na esteira do direito francês, introduzida em via geral no Código Civil, ou seja, de forma generalizada, excluído apenas o imóvel de morada, sendo prevista genericamente no art. 1.427-A, § 1º, e, em seguida, no próprio art. 1.428 do Código Civil, com a introdução dos §§ 2º a 4º, mantendo, todavia, a vedação do pacto comissório no *caput*;

19) os fundamentos do pacto marciano moderno, como corretivo da vedação do pacto comissório, são acolhidos no anteprojeto, quando se admite que as partes, com base na autonomia negocial, possam ajustar o pacto marciano para que o credor possa se apropriar do bem em garantia, desde que este seja avaliado por profissional designado por acordo das partes ou judicialmente (art. 1.428, § 3º), podendo a avaliação ser substituída por cotações de mercado (art. 1.428, § 4º, combinado com o art. 1.427-C, § 2º), seguida da necessidade de devolução de eventual valor excedente do bem em relação à dívida (art. 1.428, § 2º);

20) além da elaboração mais recente do "Anteprojeto de Reforma das Garantias Reais", encontra-se tramitando no Congresso Nacional o PL 4.188/2021, que tem por objetivo promover atualizações no campo das garantias de forma mais setorial, mediante aprimoramento de regras de garantias e das medidas extrajudiciais para recuperação de crédito, especialmente com alterações no âmbito da Lei 9.514/1997, que regula o Sistema de Financiamento Imobiliário, e alteração do Código Civil, para introduzir a figura do "agente de garantia" (art. 853-A) e aquela da hipoteca "recarregável" (art. 1.487-A);

21) tal breve contexto *de lege ferenda* permite afirmar que o direito brasileiro se insere na discussão internacional de modernização do sistema de garantias, inspirado tanto em organizações internacionais como nos direitos italiano e francês, sem perder de vista a necessidade de não romper com as tradições jurídicas do direito brasileiro, focando na tentativa de redução da lacuna existente no sistema de garantias que gira, basicamente, em torno daquelas imobiliárias, quando as empresas possuem cada vez menos imóveis em seus ativos;

22) nessa linha, por exemplo, o "Anteprojeto de Lei de Reforma das Garantias", além de incorporar o pacto marciano no Código Civil, como corretivo da vedação do pacto comissório, também acolhe amplamente o penhor não possessório,[1] conforme nova redação proposta para o art. 1.431 do Código Civil,[2] prevê ainda as chamadas

---

[1] O Relatório do Anteprojeto de Lei de Reforma das Garantias Reais, p. 9. Disponível em: https://www. irib.org.br/app/webroot/files/downloads/files/get-garantias-relatorio-e-anteprojeto-582021.pdf (acesso em: 25 jul. 2023), apresenta como um dos pilares da proposta de reforma o acolhimento do penhor não possessório: "Generalização do penhor não possessório: Nova regra geral passa a permitir a constituição de garantia não possessória sobre qualquer espécie de bem móvel, simplificando o regime atual que requer a utilização de modalidades de penhor especial ou de alienação fiduciária para constituir garantia não possessória".

[2] Cf. Relatório do Anteprojeto de Lei de Reforma das Garantias Reais, p. 30. Disponível em: https://www. irib.org.br/app/webroot/files/downloads/files/get-garantias-relatorio-e-anteprojeto-582021.pdf (acesso em: 25 jul. 2023): "Art. 1.431. O penhor pode constituir-se sobre um ou vários bens móveis, determinados ou determináveis, presentes ou futuros, corpóreos ou incorpóreos, fungíveis ou infungíveis, desde que alienáveis a título oneroso. Parágrafo único. O contrato de penhor poderá dispor sobre a transmissão da posse do bem ao credor ou sua conservação pelo garantidor".

garantias flutuantes e recarregáveis, na esteira do direito francês, como no caso da hipoteca (art. 1.487-A),[3] previsão também contida no PL 4.188/2021, em uma das alterações proposta para o Código Civil, com inserção do art. 1.487-A.[4] Poder-se-ia pensar, também, na introdução, no direito brasileiro, dos empréstimos vitalícios hipotecários, previstos nos direitos francês e italiano (itens 2.3 e 2.5 *supra*).

23) outro ponto de discussão que pode se mostrar interessante aprofundar no direito brasileiro, em relação ao pacto marciano, é o chamado, no direito italiano, efeito "esdebitativo" ou extintivo do valor da dívida, mesmo que o valor apurado para o bem na perícia marciana seja inferior ao valor da dívida, previsto em algumas figuras de pacto marciano, especialmente em casos que envolve partes em cenário de maior desequilíbrio contratual, como o consumidor (*vide* itens 2.5.1, 2.5.2 e 5.3 *supra*);

24) pode ser interessante debater no direito brasileiro as hipóteses em que o legislador poderia, de um lado, criar o efeito extintivo da dívida, com a liberação do devedor em relação ao saldo residual, quando o valor do bem dado em garantia no pacto marciano for inferior ao valor da dívida, especialmente nos cenários de maior fragilidade da posição do devedor, como é o caso do consumidor; e, de outro lado, tal efeito poderia, como regra geral, ocorrer nos casos de relações paritárias, especialmente aquelas de direito comercial, permitindo-se, porém, que as partes convencionem no sentido da não liberação do devedor de eventual saldo residual;

25) outra hipótese de discussão interessante, inclusive para fins de previsão legislativa futura no direito brasileiro, seria aquela da caracterização do inadimplemento relevante, para dar ensejo à ativação do pacto marciano, ou seja, como previsto no direito italiano, fixação do "piso" de inadimplemento ou de gravidade suficiente para permitir o acionamento da cláusula marciana, cenário que poderia trazer maior segurança para caracterização de um dos pontos centrais e que pode gerar divergência, que é aquele da configuração do inadimplemento;

26) em suma, o direito brasileiro, seja *de lege lata* seja *de lege ferenda*, vem se alinhando com o cenário internacional no ambiente contratual e encontra espaço para aco-lhimento do pacto marciano que, em sua configuração atual, exige procedimento de avaliação do bem dado em garantia por perito imparcial e especializado – ou mesmo mediante substituição por critérios objetivos de mercado como bens com cotação em bolsa ou outros registros de preços com ampla publicidade e aceitação de mercado –, seguido de eventual devolução ao devedor do saldo decorrente da diferença entre o valor do bem e da dívida, como mecanismo adequado de auto-tutela executiva convencional para permitir a realização na via extrajudicial mais célere e eficiente do crédito, sem prejudicar a posição o devedor e demais credores, registrando-se, atualmente, movimentação para discussões de projetos de lei para modernizar o sistema de garantias brasileiro, com previsão de inserção do pacto marciano em via geral no Código Civil.

---

[3] Cf. Relatório do Anteprojeto de Lei de Reforma das Garantias Reais, p. 9-10 e 52. Disponível em: https://www.irib.org.br/app/webroot/files/downloads/files/get-garantias-relatorio-e-anteprojeto-582021.pdf. Acesso em: 25 jul. 2023.

[4] Disponível em: https://www.congressonacional.leg.br/materias/materias-bicamerais/-/ver/pl-4188-2021. Acesso em: 25 jul. 2023.

BIBLIOGRAFIA

ANDRADE, Érico. Meios alternativos de solução de controvérsias: comitês de resolução de divergências nos contratos de concessão. In: YARSHELL, Flávio Luiz; COSTA, Susana Henriques da; FRANCO, Marcelo Veiga. *Acesso à justiça, direito e sociedade. Estudos em homenagem ao Professor Marc Galanter*. São Paulo: Quartier Latin, 2022.

ANDRADE, Érico; GONÇALVES, Gláucio Maciel; MILAGRES, Marcelo de Oliveira. Autonomia privada e solução de conflitos fora do processo: autotutela executiva, novos cenários para a realização dos direitos? *Revista de Processo*, São Paulo: RT, v. 322, dez. 2021.

ANDREWS, Neil. La "doppia elica" della giustizia civile: i legami tra metodi privati e pubblici di risoluzione delle controversie. *Rivista trimestrale di diritto e procedura civile*. Milano: Giuffrè editore, v. LXIV, 2010.

AYNÈS, Laurent; CROCQ, Pierre; AYNÈS, Augustin. *Droit des sûretés*. 16. ed. Paris: LGDJ, 2022.

AZEVEDO, Álvaro Villaça. *Curso de Direito Civil*. 13. ed. São Paulo: Saraiva, 2019, v. II.

BARILLÀ, Giovanni Battista. Pegno non possessorio e patto marciano: della tutela statica del credito alle nuove forme di garanzia. *Giurisprudenza commerciale*. Milano: Giuffrè Editore, luglio-agosto. 2017.

BERMUDES, Sergio. *Introdução ao Processo Civil*. 4. ed. Rio de Janeiro: Forense, 2006.

BETTI, Emilio. Voce Autotutela (dir. priv.) *Enciclopedia del Diritto*. Milano: Giuffrè, 1959, v. IV.

BIANCA, Cesare Massimo. *Il divieto del patto commissorio*. Napoli: Edizioni Scientifiche Italiane, 1959, riproduzione 2013.

BIANCA, Cesare Massimo di. Voce Autotutela (dir. priv) *Enciclopedia del Diritto*. Milano: Giuffrè, 2000, v. IV (agg.).

BOBBIO, Noberto. *Dalla struttura alla funzione*. Bari: Editori Laterza, 2007.

BONGIORNO, Girolamo. Profili sistematici e prospettiva dell'esecuzione forzata in autotutela. *Rivista trimestrale di diritto e procedura civile*. Milano: Giuffrè Editore, anno XLII, n. 2, 1988.

BOVE, Mario. *La giustizia privata*. 4. ed. Milano: Wolters Kluwer, 2018.

BRIANDA, Giovanni. Le prospettive del divieto del patto commissorio tra normativa comunitaria, lex mercatoria e tradizione. *Contratto e impresa*. Milano: Cedam-Wolters Kluwer, n. 3, 2016.

CABRAL, Antonio do Passo. *Pactum de non petendo*: a promessa de não processar no direito brasileiro. *Revista de Processo*. São Paulo, v. 305, jul. 2020.

CAMPOBASSO, Mario. Il pegno non possessorio. "Pegno", ma non troppo. *Le nuove leggi civili commentate*. Milano: Cedam/Wolters Kluwer, anno XLI, n. 3, 2018.

CANTALI, Rodrigo Ustárroz. Da teoria contratual clássica à sua reformulação: o mercado como contexto do contrato. *Revista dos Tribunais*. São Paulo, v. 1047, jan. 2023.

CARBONE, Enrico. *Debitoris soffocatio* e patto commissorio. *Rivista trimestrale di diritto e procedura civile*. Milano: Giuffrè editore, v. LXVI, n. 4, 2012.

CARVALHO DE MENDONÇA, José Xavier. *Tratado de Direito Comercial Brasileiro*. 5. ed. São Paulo: Livraria Freitas Bastos, 1956, v. VI.

CINTRA, Antônio Carlos de Araújo Cintra; GRINOVER, Ada Pellegrino; DINAMARCO, Cândido Rangel. *Teoria Geral do Processo*. 28. ed. São Paulo: Malheiros, 2012.

CIPRIANI, Nicola. *Patto commissorio e patto marciano*. Napoli: Edizioni Scientifiche Italiane, 2000.

COSTA E SILVA, Paula. Pactum de non petendo: exclusão convencional do direito de acção e exclusão convencional da pretensão material. In: CABRAL, Antonio do Passo; NOGUEIRA, Pedro Henrique. *Negócios Processuais*. 3. ed. Salvador: JusPodivm, 2017.

COSTANTINO, Georgio. La istituzione dell'"arbitrato bancario finanziario". In: FERRUCCIO, Auletta; CALIFANO, Gian Paolo; DELLA PIETRA, Giuseppe; RASCIO, Nicola (a cura di). *Sull'arbitrato – Studi offerti a Giovanni Verde*. Napoli: Jovene Editore, 2010.

COSTANTINO, Giorgio. Degiurisdizionalizzazione della espropriazione immobiliare. *Rivista trimestrale di diritto e procedura civile*. Milano: Giuffrè Editore, anno XLVII, n. 4, 1993.

COUTO E SILVA, Clóvis V. do. *A obrigação como processo*. Rio de Janeiro: Editora FGV, 2006.

CRISCUOLO, Fabrizio. *Autonomia negoziale e autonomia contrattuale*. Napoli: Edizioni Scientifiche Italiane, 2008.

D'AMICO, Giovanni; PAGLIANTINI, Stefano; PIRAINO, Fabrizio; RUMI, Tiziana. *I nuovi marciani*. Torino: G. Giappichelli Editore, 2017.

DE BELVIS, Elisa. *L'esecuzione privatizzata*. Napoli: Edizioni Scientifiche Italiane, 2018.

DE MENECH, Carlotta. Il patto marciano e gli incerti confini del divieto di patto commissorio. *I Contratti*. Milano: IPSOA- Wolters Kluwer, n. 8-9, 2015.

DIDIER JR., Fredie. *Curso de Direito Processual Civil*. 18. ed. Salvador: JusPodivm, 2016, v. 1.

DIDIER JR., Fredie. *Ensaio sobre os negócios jurídicos processuais*. Salvador: JusPodivm, 2018.

DIDIER JR., Fredie; CABRAL, Antônio do Passo. Negócios jurídicos processuais atípicos e execução. *Revista de Processo*, São Paulo, v. 275, jan. 2018.

DIDIER JR., Fredie; CUNHA, Leonardo Carneiro da; BRAGA, Paula Sarno; OLIVEIRA, Rafael Alexandria de. *Curso de Direito Processual Civil*. 7. ed. Salvador: JusPodivm, 2017. v. 5.

DOLMETTA, Aldo Angelo. La ricerca del "marciano utile". *Rivista di diritto civile*. Padova: Cedam/Wolters Kluwer, anno LXIII, n. 4, 2017.

ELGUETA, Giacomo Rojas. Il pegno mobiliare non possessorio nel sistema delle cause di prelazione. In: GRISI, Giuseppe (a cura di). *Processo e tecniche di attuazione dei diritti*. Napoli: Jovene Editore, 2019.

FAPPIANO, Giovanni. Il patto marciano: tra tipicità e autonomia contrattuale. *I Contratti*. Milano: IPSOA-WKI, n. 1, 2019.

FERREIRA, Valdemar. *Tratado de Direito Comercial*. São Paulo: Saraiva, 1963, v. 11.

FERRI, Luigi. *L'autonomia privata*. Milano: Giuffrè Editore, 1959.

FERRI JR., Giuseppe. L'attività di liquidazione tra negozio e procedimento. *Rivista del diritto commerciale*. Padova: Piccin, n. 1, 2014.

FIORENTINI, Francesca. La riforma francese delle garanzie nella prospettiva comparatistica. *Europa e diritto privato*. Milano: Giuffrè editore, n. 3, 2006.

FOLLIERI, Luigi. *Esecuzione forzata e autonomia privata*. Torino: G. Giappichelli Editore, 2016.

FOLLIERI, Luigi. Il patto marciano tra diritto "comune" e "speciale". *La nuova giurisprudenza civile*. Padova: Cedam-WKI, n. 12, 2018.

GABRIELLI, Enrico. L'operazione economica nella teoria del contratto. *Rivista trimestrale di diritto e procedura civile*. Milano: Giuffrè, anno LXIII, n. 3, set. 2009.

GABRIELLI, Enrico. Nuovi modelli di garanzie patrimoniali – una garanzia reale senza possesso. *Giurisprudenza italiana*. Torino: UTET-WKI, n. 7, 2017.

GABRIELLI, Enrico. Pegno "non possessorio" e teoria delle garanzie mobiliari. *Rivista del diritto commerciale e del diritto generale delle obbligazioni*. Padova: Piccin, anno CXV, parte seconda, 2017.

GABRIELLI, Enrico. Autonomia privata ed esclusione dei rimedi contrattuali (brevi spunti di riflessione sulla clausola di exclusive remedy). In: GRISI, Giuseppe (a cura di). *Processo e tecniche di attuazione dei diritti*. Napoli: Jovene Editore, 2019.

GALGANO, Francesco. *Lex mercatoria*. Bologna: il Mulino, 2001.

GARCIA, Rodrigo Saraiva Porto. O pacto marciano na alienação fiduciária em garantia. *Revista dos Tribunais do Rio de Janeiro – on-line*, São Paulo, n. 4, mar.-abr. 2014.

GOMES, Orlando. *Obrigações*. 8. ed. Rio de Janeiro: Forense, 1992.

HÉRY, Philippe; GIJSBERS, Charles. *Droit des sûretés*. Paris: LGDJ, 2022.

LAMEGO, Nelson Luiz Machado. Recuperação de crédito: evitando a excussão judicial de garantias. *Revista dos Tribunais*, São Paulo, v. 891, jan. 2010.

LARENZ, Karl. *Derecho de Obligaciones*. Santiago: Ediciones Olejnik, 2020.

LEPORE, Andrea. *Autotutela e autonomia negoziale*. Napoli: Edizioni Scientifiche Italiane, 2019.

LUISO, Francesco P. *Diritto Processuale Civile*. Decima edizione. Milano: Giuffrè-Francis Lefebvre, 2019, v. V.

LUMINOSO, Angelo. Patto commissorio, patto marciano e nuovi strumenti di autotutela esecutiva. *Rivista di diritto civile*. Padova: Cedam/Wolters Kluwer, anno LXIII, n. 1, 2017.

LUMINOSO, Angelo. Patto marciano e sottotipi. *Rivista di diritto civile*. Padova: Cedam/ Wolters Kluwer, anno LXIII, n. 6, 2017.

LUPOI, Michele Angelo. *Tra flessibilità e semplificazione – Un embrione di case management all'italiana?* Bologna: Bononia University Press, 2018.

MARTINS, Fran. *Curso de Direito Comercial*. 18. ed. Rio de Janeiro: Forense, 1993.

MEZZANOTTE, Luisa. *Il diritto di ritenzione. Dall'autotutela alla pena privata*. Napoli: Edizioni Scientifiche Italiane, 1995.

MILAGRES, Marcelo. *Manual de direito das coisas*. 3. ed. Belo Horizonte: Editora D'Plácido, 2022.

MONTEIRO FILHO, Carlos Edison do Rêgo. *Pacto comissório e pacto marciano no sistema brasileiro de garantias*. Rio de Janeiro: Editora Processo, 2017.

MOREIRA ALVES, José Carlos. *Da alienação fiduciária em garantia*. São Paulo: Saraiva, 1973.

MURINO, Filippo. *L'autotutela nell'escussione della garanzia finanziaria pignoratizia*. Milano: Giuffrè Editore, 2010.

NAVONE, Livia Clelia. Il divieto del patto commissorio nell'ermeneutica contrattuale: la linea di confine tra il patto vietato e la *datio in solutum*. *Nuova giurisprudenza civile*. Padova: Cedam-WKI, n. 12, 2008.

NOGUEIRA, Pedro Henrique; MAZZEI, Rodrigo. Anotações prévias sobre a negociação processual e a proposta de desjudicialização da execução. In: BELIZZE, Marco Aurélio; MENDES, Aluísio Gonçalves de Castro; ALVIM, Teresa Arruda; CABRAL, Trícia Navarro Xavier. *Execução Civil – Novas Tendências*. Indaiatuba: Editora Foco, 2022.

PACHECO, Danilo Sanchez. O adimplemento visto sob a perspectiva da obrigação como processo. *Revista dos Tribunais*, São Paulo, v. 1047, jan. 2023.

PAGLIANTINI, Stefano. Sull'art. 48-bis T.U.B.: il "pasticcio" di un marciano bancario quale meccanismo surrogatorio di un mancato adempimento. In: D'AMICO, Giovanni; PAGLIANTINI, Stefano; PIRAINO, Fabrizio; RUMI, Tiziana. *I nuovi marciani*. Torino: G. Giappichelli Editore, 2017.

PENTEADO, Mauro Bardawil. *O penhor de ações no direito brasileiro*. São Paulo: Malheiros Editores, 2008.

PERLINGIERI, Pietro. *Il diritto dei contratti fra persona e mercato*. Napoli: Edizioni Scientifiche Italiane, 2003.

PERLINGIERI, Pietro. *Il diritto civile nella legalità costituzionale*. Terza edizione. Napoli: Edizioni Scientifiche Italiane, 2006.

PERLINGIERI. Pietro. Il "giusto remedio" nel diritto civile. *Il giusto processo civile*. Napoli: Edizioni Scientifiche Italiane, anno VI, n. 1, 2011.

PICARDI, Nicola. *La giurisdizione all'alba del terzo millennio*. Milano: Giuffrè Editore, 2007.

PIRAINO, Fabrizio. L'inadempimento del contratto di credito immobiliare ai consumatori e il patto marciano. In: D'AMICO, Giovanni; PAGLIANTINI, Stefano; PIRAINO, Fabrizio; RUMI, Tiziana. *I nuovi marciani*. Torino: G. Giappichelli Editore, 2017.

PONTES DE MIRANDA, Francisco Cavalcanti. *Tratado de Direito Privado*. São Paulo: RT, 2012. v. XX.

PONTES DE MIRANDA, Francisco Cavalcanti. *Tratado de Direito Privado*. São Paulo: RT, 2012. v. XXI.

PUNZI, Carmine. Dalla crisi del monopolio statale della giurisdizione al superamento dell'alternativa contrattualità-giurisdizionalità dell'arbitrato. *Rivista di diritto processuale*. Padova: Cedam, anno LXIX, n. 1, 2014.

SACCO, Rodolfo. Voce Autonomia nel diritto privato. In: *Digesto delle Discipline Privatistiche*, Torino: UTET-WKI, 1987.

TALAMINI, Eduardo. adjudicação compulsória extrajudicial: pressupostos, natureza e limites. *Revista de Processo*, São Paulo, v. 336, fev. 2023.

TERRA, Aline de Miranda Valverde; GUEDES, Gisela Sampaio da Cruz. A apropriação do objeto da garantia pelo credor: da vedação ao pacto comissório à licitude do pacto marciano. *Revista da Faculdade de Direito da UFMG*, Belo Horizonte, n. 70, jan.-jun. 2017.

THEODORO JÚNIOR, Humberto. *Curso de Direito Processual Civil*. 65. ed. Rio de Janeiro: Forense. v. I. (no prelo.)

THEODORO JÚNIOR, Humberto. Pacto marciano: a autotutela satisfativa como importante instrumento na política universal de superação da crise vivenciada pela execução civil. In: NASCIMENTO FILHO, Firly; FERREIRA, Márcio Vieira Souto Costa; BENEDUZI, Renato. *Estudos em Homenagem a Sérgio Bermudes*. Rio de Janeiro: G/Z Editora, 2023.

THEODORO JÚNIOR, Humberto; ANDRADE, Érico. Impactos da Constituição Federal na evolução do processo civil. In: MORAES, Guilherme Peña de (Org.). *30 Anos da Constituição Federal e o Direito Brasileiro*. Rio de Janeiro: Forense, 2018.

THEODORO JÚNIOR, Humberto; ANDRADE, Érico. Novas perspectivas para atuação da tutela executiva no direito brasileiro: autotutela executiva e "desjudicialização" da execução. *Revista de Processo*, São Paulo, v. 315, maio 2021.

THEODORO JÚNIOR, Humberto; ANDRADE, Érico. Análise comparativa do acertamento judicial no direito italiano e no direito brasileiro. *Revista de Processo*, São Paulo, v. 336, fev. 2023.

THÉRY, Philippe; GIJSBERS, Charles. *Droit des sûretés*. Paris: LGDJ, 2022.

YARSHELL, Flávio Luiz; RODRIGUES, Viviane Siqueira. Desjudicialização da execução civil: uma solução útil e factível entre nós? In: MEDEIROS NETO, Elias Marques: RIBEIRO, Flávia Pereira (coords.). *Reflexão sobre a desjudicialização da execução civil*. Curitiba: Juruá Editora, 2020.

ZAGNI, João Pedro Fontes. Pacto comissório e pacto marciano: comentários e distinções funcionais. *Revista de Direito Privado*. São Paulo, v. 101, set.-out 2019.

ZOPPINI, Andrea. L'effettività in-vece del processo. *Rivista di diritto processuale*. Padova: Cedam/Wolters Kluwer, anno LXXIV, n. 3, 2019.